왕의 수명을 줄여라

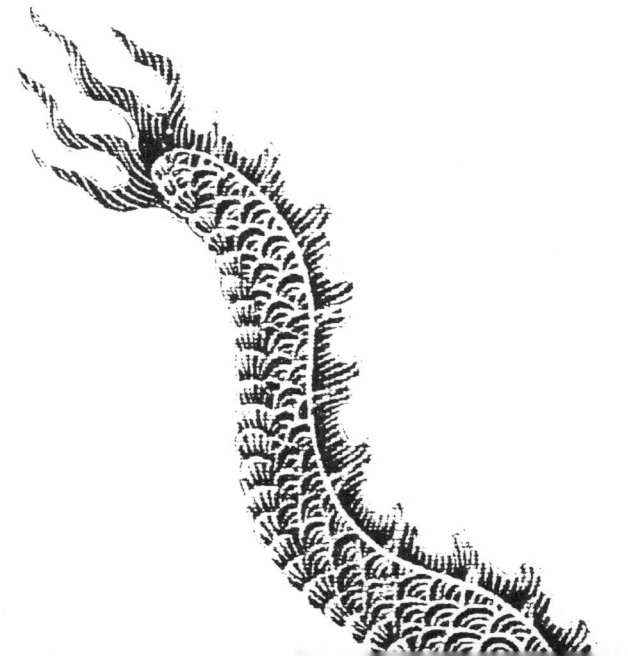

반역 사건으로 보는 조선의 이면

왕의 수명을 줄여라

편용우   한승훈   문경득

책을 펴내며

다이나믹 코리아

역사歷史는 인류 사회의 발전과 관련된 의미 있는 과거 사실들에 대한 인식이나 기록을 뜻하는 말이다(『고려대한국어대사전』). 우리가 교과서 등을 통해 알고 있는 정리된 역사는 사실 서술자에게 '의미 있는' 사실인 경우가 많아 승자 위주의 기록이 대부분이다. 그런 점에서 『추안급국안』은 패자들의 이야기로만 채워진 흥미로운 자료이다.

서울대학교 규장각에 소장되어 있는 『추안급국안』은 1975년 뒤늦게 학계에 소개되었다. 『추안급국안』은 1601년부터 1892년까지 약 300년의 기간, 270여 개의 사건, 1만 2천여 명의 심문 대상이라고 하는 방대한 양을 자랑한다. 사료로서 가치를 인정받아 학계를 중심으로 다루어지던 『추안급국안』은 2014년 전주대학교 한국고전학연구소가 중심이 되어 현대어로 번역되어 대중에게 한 걸음 다가갔다. 하지만 90권이라는 압도적인 분량은 물론 심문 기록이라고 하는 독자를 고려하지 않은 기술은 여전히 대중 독자의 접근을 어렵게 하고 있다.

우선 책의 제목부터 심상치 않다. '추안推案'은 죄인에게 죄를 심문한 기록물을, '국안鞫案'이란 그중에서도 죄가 매우 중하여 임금의 명령이 필요했던 죄인의 심문 기록물을 가리킨다. 그 사이의 '급及'은 '~와/과'의 뜻이므로, 『추안급국안』은 '죄인과 중죄인을 다룬 심문 기록물', 특히 '역모 죄인과 그 주변 인물을 심문한 기록물' 정도의 뜻이 된다.

임금은 상소나 고변告變, 의금부義禁府나 포도청捕盜廳의 보고 등으로 반역이나 그에 준하는 사건을 인지하면, 죄인을 체포하고 추국청을 열라는 지시를 내린다. 그러면 추국에 참여할 관리들의 명단이 작성되고, 죄인들을 잡아들여 신문이 시작된다. 대부분의 죄인은 처음에는 역모를 전면 부정하지만 결국 대질신문과 형신刑訊, 즉 매질을 통해 자백을 하게 된다. 신문 과정에서 가하는 매질이 어색한 지금이지만, 당시에는 역모가 의심되는 경우 자백을 받아낼 때까지 반복해 형신을 행했다. 그 과정에서 피의자가 사망에 이르기도 했는데 이를 '물고物故'라고 했다. 피의자의 목숨을 건 진술은 형신 과정에서 몇 번이고 번복되었다. 이 모든 과정을 상세하게 기록한 『추안급국안』은 비슷한 진술이 진술자에 따라, 신문 시기에 따라 미묘한 차이를 보이기에 매우 읽기 까다롭다.

『왕의 수명을 줄여라』는 위와 같은 현실을 마주한 필자들이 『추안급국안』을 대중에게 쉽게 소개하는 책이다. 필자는 문경득 교수(전주대학교, 한국역사전공), 한승훈 교수(한국학중앙연구원, 한국종교사 전공), 편용우 교수(전주대학교, 일본고전문학 전공) 세 명으로 구성되었다. 머리말을 담당한 편용우를 제외한 두 교수는 모두 『추안급국안』으로 박사학위를 받은 전문가 중의 전문가이다. 일본 고전 예능인 가부키歌舞伎로 박사학위를 받은 편용우는 일반 독자의 대표자라고 할 수 있다.

필자들은 『추안급국안』에서 흥미로운 10개의 사건을 골라 역사적 배경 설명을 곁들여 학문과 오락이라는 두 마리 토끼를 잡으려고 노력했다. 필자들은 『추안급국안』을 읽고 조사하면서 느꼈던 흥미와 주변적인 지식들을 이야기에 녹여내고 있다. 각 이야기의 앞부분에는 기반이 된 『추안급국안』의 부분을 명기했다. 이야기를 읽고 흥미가 생겼다면 『추안급국안』의 사료를 읽어 보기를 추천한다.

심문 장소인 추국청에 불려온 사람들의 면면은 상당히 다양하다. 고관부터 거지까지 조선을 구성하는 모든 신분의 사람들이 『추안급국안』에 등장한다. 그들을 꿰뚫는 공통 키워드는 '모반'이다. 당대 최고 권력인 '왕'에게 불만을 가진 사람들이 '공개적으로' 드러난 것만 해도 1만 2천여 명인 셈이다.

모반 시도는 방법의 정당성을 떠나 사회를 변혁하려는 시도이다. 엄격한 신분제 사회였던 조선에서 그렇게 많은 사회변혁가가 존재했다는 사실이 새삼 놀랍다. 이런 모습이 현대 한국의 역동성과 변화를 만들어 낸 것임에 틀림없다. 그런 면에서 『추안급국안』은 수많은 벤처 기업가들의 실패기 내지 도전기라고도 할 수 있다.

한편 우리는 그 실패담을 통해 조선 사회의 부족했던 점, 소외받았던 사람들을 살펴볼 수 있다. 승자들의 성공담인 역사(정사)에 패자들의 실패담인 『추안급국안』이 추가되면 조선 사회의 전모를 알 수 있지 않을까? 물론 이 실패담조차 승자들에 의해 기록되었다는 점은 항상 염두에 두어야 한다.

2024. 3.

공동 저자를 대신하여
편 용 우 씀

차례

책을 펴내며 / 4

1부
그들은 왜 그리고 어떻게 역모를 꿈꿨을까?

왕족이 되고자 한 요승 1676년 요승 처경 사건   15

요승과 추국 / 16
처경의 죄 / 19
소현세자의 병사와 그 가족의 수난 / 21
처경의 절실함 / 26
처경, 소현세자의 유복자가 될 뻔하다 / 29
왜, 소현세자의 유복자가 되려 했을까? / 32

제주 삼성혈의 저주 1687년 양우철 사건   35

한밤의 필담 / 36
탐라국의 발상지, 삼성혈 / 39
삼성혈의 신령께 아룁니다 / 44
예언과 저주 / 47
결정적 증거, 『비기대총』 / 51
미제 사건으로 남다 / 55

왕의 상을 가진 노비 1688년 박업귀 사건   59

몸에 새겨진 왕의 징표 / 60
조선시대 역모 사건에서의 관상 / 62
이자를 잡으려면 장사 백여 명이 필요하다 / 64
나비 모양 사마귀와 네 개의 젖꼭지 / 67
나는 큰 뜻을 품고 있다 / 69
장대한 거사 계획 / 72
노비에서, 술사에서, 반역자로 / 75

두 명의 진인과 승려들의 군대 1697년 이영창 사건   79

소설가가 빌려 간 연구 노트 / 80
귀를 씻고 달아날 수도 없다 / 81
형제의 의리를 맺다 / 84
진인의 사주팔자 / 87
정씨 진인과 최씨 진인 / 90
진짜 반역자는 저들이다 / 93
운부는 실존하는가? / 96
상복을 입고 검은 소를 탄 여인들 / 100

어느 미역 장수의 반란 음모 1712년 이운 고변 사건   103

역적 만들기 / 104
흉악한 고변서 / 106
이운과 백씨 일가 / 110
"이것을 증거로 삼을 수는 없습니다." / 114
삼한 분열과 축신천제 / 120

거사居士들의 거사擧事 1785, 1786년 유태수 사건   125

봇짐 속의 금서, 정감록 / 126
거사, 승려, 무속인? / 132
이문목과 유태수가 입을 열다 / 136
송덕상을 둘러싼 역모 / 138
유배지의 네트워크 / 141

왕의 수명을 줄여라 1872년 김응룡·오윤근 사건   145

구혹조진口或祚盡 / 146
연등을 보며 세상을 원망하다 / 149
삼인검三寅劍 / 151
'명복'의 이름 / 154
서소문 밖 사형장 / 157
상징적인 반란 / 161
원한을 가진 백성들 / 164

2부
시대는 바뀌어도 역사는 이어진다

소 궁둥이에 풀 먹이기 1723년 어의 이시필 사건   169

소 궁둥이에 풀 먹이기, 어느 어의御醫의 어이없는 죽음 / 170

매 앞에 장사 없다   181
1728년 무신년 역적, 1731년 경술년 모반 사건 외

〈살인의 추억〉과 〈1987〉 / 182
조선시대의 고신 / 183
어느 영세 상인의 거짓말 / 186
반역과 정치, 피도 눈물도 없는 / 191
자살 '당'하는 시대 / 195
정의의 여신은 눈이 멀었다 / 201

객사의 전패를 훔치고, 왕릉에 불을 지르다   205
1735년 최하징, 1725년 최석산 사건

전패작변殿牌作變 / 206
왕릉 방화 / 214

영조 친국의 막후 1753년 조관빈 사건 외   223

전하, 사체事體에 합당하지 않습니다 / 224
정치적 행위 아래 숨겨진 비밀 – 공개 대본과 은닉 대본 / 226
영조는 얼마나 친국을 했을까? / 229
고작 절도인데 친국은 아니옵니다. 전하 / 233
네 이놈, 마음속에 당심黨心이 가득하구나 / 237
죽책문은 종통을 이은 비빈만 가능합니다. 전하 / 239
영조가 숨기고자 했던 것들, 그리고 그 결과 / 246

국역 『추안급국안』 권별 사건 구성   251

미주 / 268

1부

그들은　왜

그리고　　　　　　어떻게

역모를　꿈꿨을까?

왕족이 되고자 한 요승
1676년 요승 처경 사건

편용우

문용식 역주, 『추안급국안』 22, 흐름, 2014, 171~302쪽.

요승과 추국

숙종 2년(1676) 11월 1일에 숙종은 "승려 처경處瓊과 거사居士 두 사람, 그리고 집주인 한천경韓天敬을 모두 붙잡아 가두라"고 명을 내렸다. 그리고 같은 날 다시 "승려 처경을 거두어 기른 사람들의 거주지와 성명姓名을 오늘 상세히 조사하여 심문할 수 있도록 도사都事를 보내어 붙잡아 가두라"고 추가로 명을 내렸다. 처경의 주변 인물들을 모두 잡아들인 것이다. 이후 16일 동안 추국청에서는 처경과 관련 인물들이 차례대로 심문을 받았고, 결과적으로 처경은 복주伏誅, 즉 사형에 처해졌다. 다음은 『숙종실록』이 전하는 처경의 행태이다.

> 용모는 자못 청수淸秀한 듯하나, 성질이 간교奸巧하고 사특하였다. 신해년辛亥年에 그 스승을 버리고 기전畿甸을 떠돌아다니면서 자칭自稱 신승神僧이라 이르고 궤변詭辯으로 '곡식을 끊었다' 하고는 밤에 암혈岩穴에 들어가서 가만히 떡과 고기를 먹었으며, 또 여거사女居士로 나이 젊은 자를 꾀어서 불경佛經을 가르친다 칭탁하고 간음奸淫을 자행하였다. 또 작은 옥玉으로 만든 불상佛像을 가지고 있으면서 선전하여 말하기를, '무릇 빌어서 구求하는 바 있으면, 이루어지지 않는 것이 없다'고 하였다. 이렇게 함으로써 어리석은 백성들이 물결처럼 달려가 생불生佛이라 일컬었고, 여러 궁宮의 나인內人들이 공불供佛하기 위해 사찰寺刹에 왕래往來하는 자들도 존신尊信하지 않는 자가 없어서 혹은 그와 더불어 사통하는 자도 있었다.[1]

수려한 외모와 궤변, 며칠 곡식을 끊고도 멀쩡한 신통력까지 전형적인 사이비종교의 사기꾼 같은 모습이다. 당시 사람들이 물결처럼 달려가 살아 있는 부처生佛로 모시기까지 했다니 사람을 끄는 힘이 있었나 보다. 처경 사건 외에도 요승에 대한 이야기는 실록에 종종 등장한다. 태종 3년(1403)에도 옥에 갇힌 요승의 이야기가 실려 있다.

> 요망한 중[妖僧]을 양주楊州의 옥獄에 거두었다. 어떤 중[僧]이 대궐에 나와서 고하기를, "양주楊州 땅에 금정金井이 있습니다. 승僧이 꿈에 얻어서 파 보았더니, 과연 있었습니다. 우물가에 나무를 심어 표를 하였는데, 지금 이미 3년이 되었습니다" 하였다. 임금이 곧 내관內官 이용李龍을 시켜 중과 함께 역마驛馬를 타고 가 보게 하였더니, 헛일이었다.[2]

연산 9년(1503)에도 요승 허웅에 관한 기사가 있다.

> 충청도 관찰사 이자건李自健이 아뢰기를, "요사스러운 중 허웅虛雄이 생불이라 칭하면서, 사람들의 중병·폐질廢疾·창瘡·종기 등 일체 잡병을 치료하지 않는 것이 없으며, 또 화복禍福의 말로써 어리석은 백성들을 속이고 유혹하며 여러 고을로 돌아다니므로, 가는 곳마다 어리석은 백성들이 늙은이를 부축하고 어린이를 데리고 천 명, 백 명씩 무리 지어 서로 다투어 모여들며, 유식한 자들 역시 모두 물밀듯 하여 예절을 갖추어 뵈니, 풍속과 교화를 오염시킴이 이보다 더할 수 없습니다. 끝까지 조사하고 통절히 징계하여 요망한 버릇을 없애야 하겠기에 이미 잡아다가 캐어 물어보니, 과연 듣던 바와 같습니다. …"[3]

허웅은 질병을 치료한다고 사람들을 속여 많은 사람을 모았다. 허웅의 거짓 치료가 그럴듯했는지 "유식한 자"들도 허웅의 사기 행각에 놀아난 것으로 보인다. 그중에는 현감縣監, 훈도訓導, 군수와 같은 벼슬아치들도 있었으며 "뜨락에 내려가 예를 갖추기"까지 했다고 한다. 그런데 허웅의 죄목은 하나 더 있었다.

병든 여자가 뵙고 치료하게 되면 반드시 암실로 끌고 들어가 다른 사람은 들여다보지 못하게 하고 남편은 뜨락에서 절하는데, 추한 소문이 퍼지고 있으니, 극형으로 처벌하시기 바랍니다.

허웅은 치료를 빙자하여 부녀자들과 음행을 서슴지 않았다. 고려의 신돈 이후 요승의 악덕을 설명할 때 빠지지 않고 등장하는 것이 음행이다. 결국 허웅은 형장의 이슬로 사라졌다. 이처럼 요승이라 불리던 사기꾼들은 질병이나 재물욕 등 사람들의 약점을 파고들어 사기 행각을 벌였다. 양주의 요승, 충청도의 허웅은 일신의 영위를 위해 거짓된 말과 행동으로 관과 백성을 속였다. 하지만 이 둘은 『추안급국안』에는 등장하지 않는다. 그렇다면 과연 처경을 추국장까지 가게 한 죄는 무엇이었을까.

처경의 죄

11월 1일 의금부에 잡혀 온 처경은 체포 당일 첫 심문을 받았다.

심문
너를 거두어 길러 준 사람들의 거주지와 성명을 상세히 조사하여 심문하라고 임금님이 명령하셨다. 임금님의 지시 내용을 숨김없이 낱낱이 바른 대로 진술하라. 조사한다.

처경의 진술
제가 갓난아이였을 때 나인[內侍]이 몰래 빼내어 여승女僧 정씨丁氏에게 주었고, 정씨는 다시 나를 창동倉洞에 사는 김 첨지金僉知라고 부르는 사람의 아내인 묘향妙香에게 맡겼습니다. 묘향이 안성安城 동면東面의 역촌驛村으로 이사했을 때 부부는 살아 있었습니다. 제 나이 열 살이 되자, 묘향은 저를 이름을 기억하지 못하는 승려에게 보냈습니다. 다시 철원鐵原 보개산寶盖山 용화사龍華寺에 사는 제월당濟月堂이라 호號를 부르고 이름은 석숭釋崇이라는 승려에게 갔고, 일 년이 못 되어 태백산太白山 청량사淸凉寺로 데리고 갔습니다. 열세 살 때 비로소 머리를 깎고 승려가 되었습니다.

심문 내용에 처경의 죄목은 언급되지 않고 있다. 다짜고짜 길러 준 사람들에 대해 고하라 한 것이다. 그런데도 처경은 당황하지 않고 출생부터 출가에 이르기까지의 이력을 침착하게 진술하고 있다. 진술에 따르면 처경은 나인, 정씨, 묘향(김 첨지), 이름 모를 승려, 석숭을 거쳐 승려가 되었다. 그러나 나인, 여승 정씨 등은 존재 여부조차 확인이 불가능한 상태였다. 결국 심문이 끝난 자정 무렵에 도사가 묘향을 잡아들이기 위해 안성으로 떠났다.

11월 4일 추국 관리가 처경에게 왕실과 매우 가까운 인물이라고 스스로 떠벌리며 다닌 행동거지에 대해 묻자 그는 "제가 왕실과 매우 가까운 인물이 되는지의 여부는 스스로 알 수 없습니다"라며 묘향에게 들었다는 말로 답을 대신한다.

너는 소현세자昭顯世子의 유복자遺腹子로 처음 태어났을 때 나인이 몰래 빼내어 여승 정씨에게 주었고, 정씨는 궤짝에 넣어 강물에 던졌다고 여러 사람에게 말하고는 나에게 주었다. 그러나 정씨는 이 일로 인해 매질을 당해 죽었고 내가 너를 보살핀 지가 십 년이구나.

처경이 거짓 치료로 사람들을 현혹하고 부녀자들과 음행을 저지른 것은 허웅 등의 요승과 다를 게 없었다. 하지만 그는 거기서 더 나아가 로열패밀리에 편입되려고 했다. 그 점이 왕의 역린을 건드린 것이다. 하지만 처경의 주장은 그날 잡혀 온 묘향의 진술로 인해 바로 허점을 드러낸다.

지난 갑인년(1674, 현종15)쯤에 죽산竹山 땅 봉송암鳳松菴에 한 젊은 스님이 있다고 처음 들었습니다. 그 스님은 오대산五臺山에서 왔고, 곡기를 끊고 아무것도 먹지 않은 지가 수개월이나 되며, 불경佛經에도 해박하여 사람들이

모두 살아 있는 부처라는 뜻으로 '생불'이라 부른다고 들었습니다.[4]

묘향의 진술대로라면 출가한 젊은 승려 처경에 대한 소문을 듣고 찾아간 것이 그녀와 처경의 첫 만남이었다. 묘향의 손에 길러졌다고 하는 처경의 말과 아귀가 맞지 않았다. 처경은 알리바이를 위해 묘향을 이용하려고 했지만, 오히려 자신의 말이 거짓임을 증명하고 만 꼴이었다.

소현세자의 병사와 그 가족의 수난

처경이 자신의 아버지라고 소개하고 다닌 소현세자는 누구일까. 소현세자(1612~1645)는 인조의 장남으로 14세에 세자에 책봉되었다. 병자호란 때 청나라와의 전쟁에 패한 후 조선의 세자로서 인질로 잡혀가 1637년부터 9년간 청나라에서 생활했다. 1645년 2월 18일에 한양으로 돌아왔으나, 2달 후인 4월 26일 급사하고 말았다. 세자의 갑작스러운 죽음은 세간의 여러 추측을 낳았다.

> 세자는 본국에 돌아온 지 얼마 안 되어 병을 얻었고 병이 난 지 수일 만에 죽었는데, 온몸이 전부 검은빛이었고 이목구비의 일곱 구멍에서는 모두 선혈鮮血이 흘러나오므로, 검은 멱목幎目으로 그 얼굴 반쪽만 덮어 놓았으나, 곁에 있는 사람도 그 얼굴빛을 분변할 수 없어서 마치 약물藥物에 중

독되어 죽은 사람과 같았다.⁵

몸이 검게 변하거나 이목구비의 일곱 구멍에서 선혈이 흘러나오는 등의 모습은 마치 독살당한 사람의 시신과 같았다. 소현세자의 실용적인 사고나 친청親清 사상은 인조의 불신을 샀고, 이것이 의문의 죽음으로 이어졌다고 하는 후대의 연구도 있다. 혹자는 소현세자가 청나라에서 만난 선교사 아담 샬Johann Adam Schall von Bell(중국명 湯若望)과 적극적으로 교류한 데서 인조와 소현세자 간의 불화 이유를 찾기도 한다. 1622년 명나라에 온 아담 샬은 포술과 역법에 밝았다. 명나라를 위해 대포를 주조했고, 청나라에서는 천문대장에 해당하는 흠천감欽天監이라는 벼슬을 하기도 했다. 아담 샬은 소현세자에게 받은 편지를 자신의 회고록에서 다음과 같이 소개하고 있다.

> 어제 뜻밖에 제게 보내주신 구세주 천주상, 역서들, 기타 서학서들을 선물로 받고 제가 얼마나 감격했는지 상상도 못 하실 것입니다. … 몇몇 서책들을 대충 살펴보니 저희가 이제까지 모르던 교리를 다루더군요. 마음을 닦고 덕을 기르는 데 매우 적절한 교리입니다. … 성화상은 장중하여, 벽에 걸어 놓고 바라보는 이들의 마음을 가라앉히고 마음에서 온갖 불결과 먼지를 없애 줍니다. 천문도와 역서들로 말하면 저희 시대에는 없어서는 안 될 만큼 소중한 것들입니다. … 제가 조선으로 돌아갈 때 이것들을 궁정으로 갖고 갈 뿐 아니라, 인쇄하고 복사해서 선비들에게 널리 알리겠습니다.⁶

요한 아담 샬 폰 벨 신부(1592-1666) 초상화

　소현세자는 아담 샬에게 천주교 관련 서적 및 천주상, 역서를 받았다. 시간과 절기, 계절을 계산하는 역법서는 농업과 일상생활에 미치는 영향이 지대했는데, 능력을 인정받아 청나라의 천문대장을 할 정도였던 아담 샬에게 받은 역서이니 당시의 첨단 지식이 담겨 있었음은 의심할 여지가 없다. 문제는 천주상과 서학서, 즉 천주교 관련 서적이다. 소현세자는 천주교에 대해 "마음을 닦고 덕을 기르는 데 매우 적절한 교리"라고 평하고, '선비들에게 널리 알리겠다'고 공언하기까지 했다. 소현세자가 어떤 책을 받았는지는 확실하지 않다. 하지만 1603년에 마테오 리치Matteo Ricci(중국명 利瑪竇)가 저술한 『천주실의天主實義』와 같이 중국의 유학 사상을 이용한 천주 교리 설명서였음은 소현세자가 천주교 교리서를 수양서 정도로 생각했던 것에서 짐작할 수 있다. 그러나 유일신

23

을 모시는 천주교가 절대군주를 옹위하는 조선 왕실에서 환영받을 리는 만무했다.

게다가 소현세자가 인조에게 미운털이 박힌 이유가 서양 문물 수용에만 있는 것도 아니었다. 소현세자는 청나라로 끌려온 조선인 포로들을 구제하여 농사에 종사하게 했고, 이를 바탕으로 무역을 행해 부를 축적할 수 있었다. 하지만 이 소식을 전해 들은 인조는 세자를 칭찬하기는커녕 "마치 시장과 같다"라며 불만을 표했다고 한다. 인조는 청나라에 대한 분심을 자신을 대신해 인질 생활을 보내고 있는 소현세자에게 투영해 해소하려 했던 것이다.

소현세자의 죽음에 대해서는 독살설 외에도 말라리아에 의한 급사, 또는 당시 어의였던 이형익의 의료 미스 등 여러 설이 전해지고 있다. 이렇게 다양한 설이 존재한다는 것 자체가 많은 사람들이 소현세자의 죽음을 의아하게 여겼고 관심을 가졌다는 방증이다.

소현세자의 억울함은 본인의 죽음으로 그치지 않았다. 세자빈 강씨는 인조의 전복구이에 독을 넣었다는 모함을 받고 사약을 받아 죽었다. 당시 소현세자와 강빈姜嬪 사이에는 경선군慶善君, 경완군慶完君, 경안군慶安君의 세 아들과 딸 셋이 있었는데, 아들 셋은 강빈 사사 후 제주도로 유배되었다. 경선군과 경완군은 유배지인 제주도에서 역병에 걸려 목숨을 잃었고, 경안군은 제주도와 강화도 등 유배지를 전전하다가 1659년 3월 삼촌인 효종에 의해 복권되었다. 그러나 효종 사망 6년 후인 1665년에 세상을 떠났다.

경안군慶安君 이회李檜가 졸卒하였다. 경안군은 곧 소현세자의 아들이다. 소

현의 자녀子女가 모두 죽었고 유독 경안군만이 살아 있었는데, 이때에 이르러 온천에 목욕하러 갔다가 병이 나서 실려 돌아와 죽었다. 상이 매우 애도하여 정원에 하교하기를, "경안군의 상사喪事는 뜻밖에 나온 것이어서 내가 매우 비통하게 여기고 있다. 아, 선조先朝 때부터 돌보아 기르고 어루만져 보살펴 왔으니 진실로 후세 자손들은 의당 이를 본받아야 한다. 말과 생각이 여기에 이르니 눈물이 옷깃을 적시는 것을 깨닫지 못하겠다" 하고, 특별히 예장禮葬할 것을 명하였다. 그리고 의관醫官 박군朴頵은 삼가서 구호하지 못했다는 것으로 잡아다가 심문한 다음 형장을 가하고 먼 곳에 정배시켰다.[7]

효종의 아들 현종은 사촌인 경안군에 마음의 빚이 있었던 것일까. 경안군의 병을 살피지 못했다는 이유로 의관에게 매질을 하고 유배를 보냈다. 인조가 당시 왕세자인 소현세자에게 적절한 처치를 못 해 죽음에 이르게 한 어의 이형익에게 아무런 죄를 묻지 않은 것과는 비교되는 조치이다. 어찌 보면 경안군의 복권과 사후 극진한 예우는 소현세자와 그 자손에 대한 복권이라고도 할 수 있다.

처경의 사기 행각은 소현세자의 허무한 죽음과 그 주위 인물들의 불행을 안타까워하는 주위의 동정심을 이용한 것이다. 처경이 추국을 당한 것은 1676년, 현종을 이어 즉위한 숙종이 16세 때의 일이었다. 처경이 소현세자의 유복자라면 숙종의 육촌에 해당하는 집안 어른이 된다.

처경의 절실함

처경은 자신이 소현세자가 병사한 1645년에 태어났다고 주장했지만, 조사 결과 1652년에 출생했음이 밝혀졌다. 25세이면서 7살이나 더 많은 행세를 한 것이다. 처경의 실제 행적을 정리하면 이러하다. 처경의 속명은 손태철로 1652년 강원도에서 태어나 일찍이 부모를 여의었다. 1653년 지웅이라는 승려에 이끌려 출가하고 처경이라는 승명을 받았다. 1671년 지웅 곁을 떠난 처경은 떠돌이 생활을 하다가 1674년에 경기도 안성과 죽산 지역에 자리를 잡게 되었다.

이때 묘향은 영험한 젊은 승려가 마을에 왔다는 소식에 가서 계를 청하고 처경을 스승으로 모시게 된다. 처경은 죽산에서 나름 명성을 얻어 큰 어려움 없이 살았던 것 같다. 그러나 약 1년 후 안성 관아에 끌려가 매를 맞으며 조사받고 풀려나게 되었다. 그런데 이 사건의 원인에 대해서 처경과 묘향의 진술이 엇갈린다.

처경의 진술

같이 살던 승려가 안성 교노校奴를 꾀어서, 상좌上佐로 삼아 경상도에 갔습니다. 그러므로 안성 관아에서 그 교노를 찾아내려 하다가 잘못 보고 저를 끌어가서 감사監司에게 보고하여 두 차례 매질을 가하여 심문한 뒤에야 풀어 주었습니다.

안성 석남사 대웅전과 영산전 전경 [문화재청]

묘향의 진술

지난해 사월 그 지역의 양반들이 안성의 석남사石南寺에 모여서 술을 마실 때 처경이 비범한 승려라는 소문을 듣고는, 그를 보기 위해 사람을 보내 불렀습니다. 처경은 승려가 술을 마시는 자리에 가서 참석할 수 없다고 했습니다. 여러 차례 사람이 오갔으나 양반들의 말을 따라 그 자리에 나아가지 않았습니다. 화가 난 양반들이 처경을 붙잡아 오게 해, 꽁꽁 묶어 마구 때린 뒤에 '음흉한 승려'라고 칭해 모략하여 고발했습니다. 관가에서 두 차례 매질을 가하여 심문한 뒤에야 풀어 주었습니다.

묘향은 처경의 죄목이 양반들의 모략이었다고 이야기하고 있다. 그런데 처경은 자신이 다른 사람(교노)으로 오해를 받아 대신 잡혀가 매를 맞고 나왔다고 서술하고 있다. 어느 말이 진실인지 알 수 없지만, 양반을 비롯한 다른 사람들이 처경의 인기를 시기하고 있었으며, 처경이 여거사들과 안 좋은 소문이 나고 있었다는 것만은 확실할 것이다.

매를 맞은 후 억울한 마음이 들었는지 처경은 묘향에게 '승려가 되어서도 고달프니, 내가 환속還俗이나 하고자 한다'고 털어놓게 된다. 사실 처경이 출가를 하게 된 이유는 어렸을 때 부모를 잃고 고아가 됐기 때문이다. 그런 그가 스승의 곁을 떠나 '걸승乞僧'으로 떠돌아다니기 시작한 1671년은 조선의 대표적인 대기근인 경신대기근이 한창일 때였다. 『현종실록』 2월 29일 기사에는 당시의 비참함을 '늙은이들의 말로는 이런 상황은 태어난 뒤로 보거나 들어 본 적이 없는 것으로 참혹한 죽음이 임진년의 병화보다도 더하다고 하였다'고 기록하고 있다. 처경은 배고픔을 벗어나기 위해 구걸을 하며 전국을 떠돌다가 안성, 죽산에 기거하게 된 것이다.

하지만 안락함도 잠시, 사람들의 시기와 수상한 행적으로 인해 매를 맞은 처경은 자신의 처지에 대한 서글픔, 억울함과 분노가 최고조로 달했을 것이다. 그때 환속하고 싶다는 처경의 말에 묘향은 남편의 망건과 갓을 그에게 차려 입히고는 이렇게 이야기했다.

승려일 때나 속인俗人일 때나 차린 모습이 모두 보기 좋습니다. 예전에 보았을 때는 부처님처럼 생겼더니, 제자가 된 뒤에 보니 왕자님처럼 보이네요.

출구가 보이지 않는 자신의 삶에 왕자님처럼 보인다는 말은 일종의 구원의 계시처럼 들리지 않았을까.

처경, 소현세자의 유복자가 될 뻔하다

안성에서 곤욕을 치른 처경은 경기도 광주의 양지陽智 대해산大海山 묘희암妙喜庵으로 옮겨 현감顯監과 같은 권력자에게 의도적으로 접근한다. 그리고 인조의 3남인 인평대군의 아들 복창군福昌君을 만나기 위해 주변 인물들의 여종과 접촉한다. 자신의 뛰어난 외모를 적절히 사용했을 것임은 의심할 여지가 없다.

처경이 사기에 능했음은 자신이 소현세자의 유복자라는 이미지를 만들어 가는 과정에서도 드러난다.

묘향의 진술

제가 일찍이 처경과 왕래할 때, 그의 용모와 행동거지를 보고 보통의 평범한 승려가 아니라고 여겼습니다. 또 자꾸 눈물을 흘리며 우는 모습을 볼 때마다 궁금한 생각이 들었습니다. 그에게 가족관계가 어떻게 되냐고 물어보았지만 상세히 말하려고 하지 않았습니다. 제가 "스승의 모습은 전에 보았을 때는 생불 같더니, 제자가 된 뒤에 보니 왕자님 같은데 어찌 된 일입니까?" 하며 여러 차례 간곡히 물었지만 끝내 분명히 말하지 않았습니다. 단지, "집주인은 경안군慶安君을 아는가?" 해서, 제가 "스승님과 경안군은 동기간입니까?" 하고 묻자, 처경은 웃으면서 대답하지 않고 그저 "나의 가족관계를 상세히 알아서 어쩌려고 하는가"라고 했습니다.

김자원의 진술

처음에 제가 처경을 보았을 때 행동거지가 보통 승려와 달라서, "스님의 부모님은 안 계십니까?"라고 한번 물어보니, 대답하기를, "두 분 모두 돌아가셔서, 의지할 데가 없다" 했습니다. 제가 또 묻기를, "지난 병술년(1646, 인조24)쯤에 '궤짝에 아이를 넣고 강물에 던졌다'는 이야기를 제가 일찍이 들었습니다. 이 이야기는 스승님의 이야기가 아닙니까?" 하니, 처경이 크게 소리 내어 울면서 대답하지 않았습니다. 다시 억지로 물으니, 처경은 복창군은 나에게 사촌 친척이 된다고 했습니다. 저는 이것을 한천경에게 말로 전했을 뿐입니다.

김자원은 처경과 함께 양주의 원통사에 머물던 거사이다. 묘향이나 김자원의 진술을 들여다보면 처경이 자신의 신분에 대해 직접 이야기를 꺼낸 적은 드물다. 그저 주위 사람들이 소현세자의 유복자로 착각하게끔 유도한 것뿐이다. 이를 통해 처경은 가만히 있어도 주위에서 그를 소현세자의 유복자로 추대하게 상황을 이끌어 갔다.

착착 진행되던 처경의 사기 행각의 발목을 잡은 것은 처경이 유복자임을 증명하는 문서였다. 처경은 자신이 어렸을 때 입었던 옷과 같이 있던 종이라면서 출생일 및 강빈의 서명 등이 적힌 일종의 출생증명서를 소지하고 있었다.

추국청의 보고

그가 말한 이른바 분명히 드러나는 증거는 바로 일본에서 만든 능화지에 글씨를 쓴 작은 종이쪽지인데, 한글로 쓴 종이가 부서지고 벗겨져 떨어져서 비록 중간에 자세히 볼 수 없는 곳도 있었으나, 그 첫머리는 '소현세자 유복자, 을유년(1645, 인조23) 4월 9일 축시丑時(오전 1~3시)에 태어나다'라고 쓰여 있었습니다. … 마지막 행에는 따로 '강빈' 두 글자를 쓰고, 그 아래에 구슬 모양의 착압著押이 이어져 있었습니다. … 서민 강씨姜氏가 살아 있을 때는 마땅히 '빈嬪'이라고만 불렀으며, '빈' 자의 위에 성을 쓰지 않았습니다. 또 소현세자의 장례를 을유년 4월 26일에 치렀는데, 4월 9일에 태어난 것을 '유복'이라 할 수 없습니다.

심문

궁중에서 너를 정씨에게 맡겼을 때 손으로 직접 쓴 증거라며 일본에서 만든 능화지菱花紙에 글씨를 쓴 종이쪽지를 바쳤다. 그러나 네가 가지고 있는 문서를 조사하는 가운데 너의 생년월일과 태어난 시각 및 소현세자와 강빈을 거론하며 한글로 쓴 작은 종이쪽지가 있었다. 그 필적 및 한자음을 우리나라 발음으로 잘못 쓴 부분과 일본에서 만든 능화지에 글씨를 쓴 부분은 분명히 한 사람이 쓴 것이다.

보고에도 나와 있듯, 이 출생증명서는 내용에 심각한 오류가 있었다. 유복자가 태어났다는 을유년 4월 9일은 소현세자의 장례가 치러지기도 전이었고, 당시에는 강빈도 '빈嬪'이라고만 불렀기 때문이다. 게다가 처경의 다른 문서와 한자음을 잘못 표기한 부분도 같고, 필적도 같았다. 긴 시간 동안 서서히 자신의 이미지를 만들어 왔던 처경으로서는 실로 허술한 증거가 아닐 수 없다. 처경이 그런 허술한 출생증명서를 만든 것은 그가 복창군의 주변 사람과 만나기 위해 여종과 접촉했을 때 다음과 같은 요구가 있었기 때문이다.

> 스승이 비록 마침내 원하던 일을 하려고 하지만, 이 일은 중대하여 말을 꺼내기가 매우 어렵습니다. 저의 짧은 생각으로 헤아려 보면, 처음 궁중에서 내보낼 때 아무 일 없이 종이쪽지를 건넸을 리는 없을 듯합니다. 반드시 강빈께서 자필로 생년월일과 태어난 시각을 써 주어서, 이것으로 증거로 삼은 것입니다.[8]

이 말을 들은 처경은 얕은꾀를 내어 문서를 급조했지만, 매의 눈을 가진 추국청 심문관들의 눈을 피할 수는 없었다.

왜, 소현세자의 유복자가 되려 했을까?

왜 처경은 소현세자의 유복자가 되려 했을까? 처경의 사기 행각에는 역모와 같은 치밀함도 스케일의 거대함도 보이지 않는다. 처경은 11월 4일 추국에서 다음과 같이 진술하고 있다.

> 제가 집안 내력을 간략히 말하자 나인이 말하기를, "만약 서울로 들어와 복창군을 만나 뵐 수 있다면 마음속의 심정을 드러낼 방도를 기대할 수 있을 뿐만이 아니라, 서울 여러 곳에서 불공佛供드리는 일을 제가 독차지할 수 있습니다" 했습니다.

정릉貞陵에 사는 승려들이 시기하는 마음이 있어서 제가 복창군의 사촌이라는 등등의 말을 스스로 떠벌리며 다녔습니다. 한편으로는 널리 선전했고 다른 한편으로는 윽박지르고, 정릉 참봉貞陵參奉에게 부탁하여 옥으로 만든 불상을 빼앗았습니다.

양주楊州 관아 일에 대해 말씀드리겠습니다. 양주 관아에서 승역僧役을 추궁하여 보존하지 못할 지경이어서 장차 깊은 산속으로 피해 달아나고자 했습니다.

위 진술을 통해 처경이 노린 것은 서울 지역 내의 불공 이권 차지, 정릉 옥 불상 탈취, 승역 회피 정도였다는 것을 알 수 있다. 이런 면모를 보면 처경은 대역부도의 중죄인이라기보다는 잡범에 가까웠다. 즉, 처경은 처음부터 왕을 몰아내려는 역모와는 거리가 먼 인물이었다. 단지 자신의 외모를 칭찬하는 주위 사람들의 감언이설에 취해 자기도 모르는 사이에 역적이 되어 있었다고 할 수 있다.

추국청 관리들도 처경의 범죄를 역모로 판단하지 않았다. 의금부는 처경의 행위에 딱 맞는 조항이 없어서 '요망한 글이나 요망한 말을 만든 죄[造妖書妖言條]'로 조율했다. 그러나 범죄의 실상이 십악十惡과 다르지 않다고 하여 처형은 때를 기다리지 않고 곧바로 이루어졌다. 묘향은 처경에게 헛된 욕망을 품게 했다는 이유로 매질을 당하다가 죽었고, 나머지 관련자들은 유배되는 등 비극으로 끝나고 말았다.

제주 삼성혈의 저주
1687년 양우철 사건

한승훈

김우철 역주, 『추안급국안』 28, 흐름, 2014, 25~98쪽.

한밤의 필담

제주 목사 이상전李尙馝이 진사進士 양우철梁禹轍의 쪽지를 받은 것은 1687년(숙종13) 3월 10일 저녁의 일이었다. 그해 35세였던 양우철은 고향인 능주綾州에서 모종의 죄를 짓고 제주에서 유배살이를 하는 죄인이었다. 쪽지에는 "람후부병覽後付丙", 즉 "읽은 후에 불태울 것"이라는 네 글자가 쓰여 있었다. 밖으로 새어 나가서는 안 되는 중대한 비밀 첩보라는 의미였다. 심상치 않게 여기며 펼쳐 보니 두 편의 짧은 시[小詩]였다.

곧 예사롭지 않은 변고가 있을 것이나	卽有非常變
말하려 해도 뭇사람들이 알까 두려워라.	將言畏衆知
밤 깊은 뒤 사람 없는 곳으로	夜深無人處
저를 불러서 은밀히 물어보시오.	招我密問之
단지 관아의 근심거리일 뿐만 아니라	不但官司患
깊이 사직의 근심이 될 것이라네.	深爲社稷虞
법으로 다스림에 방법이 있다 해도	治繩雖有術
은밀히 않으면 걱정 더할까 두렵네.	不密恐添憂

'수상한 변고를 알게 되어서 은밀히 고발하려고 합니다'라는 정도의 간단한 메시지였지만, 굳이 한시 형식으로 한 것은 기밀 유지를 위해서였을 것이다. 이 시기에는 인민 절대다수가 한문을 전혀 몰랐고, 몇몇

글자를 알아볼 수 있는 사람들도 있었으며, 관아의 서리들은 행정 실무에 필요한 정도의 한자와 이두를 읽고 쓸 수 있었다. 그러나 한시 형태라면 제대로 한문을 교육받지 않은 대부분의 사람들에게는 어디서 끊어 읽어야 할지도 모를(이두문은 이것을 알아보기 쉽다) 암호나 다름없을 터였다.

이 시가 추국 기록에 남아 오늘날 우리가 확인할 수 있는 것으로 보아, 아마도 지방관인 이상전은 지시대로 이 쪽지를 "읽은 후에 불태워" 버리지는 않은 모양이다. 그는 밤이 깊은 뒤 쪽지를 보낸 당사자인 양우철을 밀실로 불러들였다. 두 사람은 종이를 펴 놓고 필담을 나누기 시작했다. 조용한 밤, 은밀한 이야기가 밖으로 새어 나가지 않게 하기 위해서였다. 이상전은 시에 언급된 "예사롭지 않은 변고[非常變]"가 무엇인지 물었다. 양우철은 붓을 들어 다음과 같이 써 내려갔다.

어제 삼성혈三姓穴에 갔습니다. 구멍 안에 글이 하나 있어서 읽어 보니 말뜻이 흉악하고 참혹하여 차마 똑바로 바라볼 수 없었습니다. 소생은 급제하지 못한 유생으로서 이러한 일에 첫 번째로 관계되고 싶지 않았기 때문에 있던 곳에 그대로 두고 왔습니다. 영감께서 봄놀이를 핑계로 연무청演武聽에서 개좌開坐하고, 저녁께 저를 불러 삼성혈에 가서 그 글을 찾아내면 아주 좋겠습니다.

삼성혈은 제주의 세 시조 전설이 전해지는 곳으로 오늘날에도 제주도의 사적지 가운데 하나로 남아 있다. 이름 그대로 이곳에는 세 개의 구멍이 있는데, 양우철은 '우연히' 그 가운데 하나에서 이상한 문서

삼성혈 | 제주시 삼성로 | 강동수

를 찾아내었고, 그 내용이 너무나 "흉악하고 참혹"했던 나머지, 엮이고 싶지 않아 도로 넣어 놓고는 지방 수령인 이상전에게 보고했다는 것이다. 거기까지는 있을 법한 이야기다. 그런데 양우철은 이상전이 그곳에 "봄놀이를 핑계로" 직접 가서 글을 찾아내라는 구체적인 지시를 하고 있다.

뭔가 수상하다고 생각해서였을까. 이상전은 "직접 갈 필요까지는 없다. 믿을 만한 측근을 보내겠다"고 말했다. 그러자 양우철은 답했다. "직접 가시면 좋겠지만, 정 그러시다면 제가 신申, 이李 두 수재秀才와 함께 가서 가져오겠습니다." 신, 이 두 수재란 이상전의 서얼 사촌인 신경엄申景淹과 서얼 아우인 이상복李尙馥으로, 이상전이 제주로 부임할 때 함께 와서 보좌하던 측근이었다.

이 대목을 보면 양우철은 목사 이상전의 주변에 대한 상당한 수준

삼성혈비 전면 및 후면 ⓒ(재)고양부삼성사재단

의 조사를 마친 상태였다는 것을 알 수 있다. 그는 지방관이 삼성혈 근처의 연무청에 가서 봄놀이를 한다는 것도 알고 있었고, 잔심부름을 하는 가까운 측근들에 대한 정보도 가지고 있었다. 어쨌든 이상전은 그를 삼성혈로 유인하려고 하는 양우철의 의도에 걸려들지 않았다. 대신 날이 밝자 양우철이 지목한 신경엄과 이상복을 삼성혈로 함께 보내, 양우철이 발견했다는 '흉서兇書'를 찾아오게 했다.

탐라국의 발상지, 삼성혈

제주의 역사에 대해서는 많은 부분이 수수께끼에 싸여 있지만, 대략

12세기까지는 탐라耽羅, 탁라乇羅, 담라儋羅, 탐모라耽牟羅 등으로 불린 독립된 정치체가 존재했던 것으로 확인된다. 탐라는 고대로부터 한반도의 국가들과 일종의 조공·책봉 관계를 맺고 있었다. 백제는 탐라의 지배자나 사신에게 벼슬을 수여하기도 하고, 공물을 바치지 않는다는 이유로 군사행동을 시도하기도 했다. 백제가 멸망한 후 신라에 항복한 탐라국주 도동음률徒冬音律은 백제의 관직인 좌평佐平을 칭하고 있었다.

그러나 탐라는 어디까지나 독립국으로서의 정체성을 가지고 있었던 것으로 보인다. 938년에 고려 태조 왕건에게 내조來朝한 말로末老가 "탐라국 태자太子"를 자처하고 있었기 때문이다. 한반도의 고려왕조가 탐라에 지방관을 파견해 직접 지배를 시작한 것은 1105년(숙종10)의 일이었다. 이후 탐라에는 삼별초三別抄가 주둔해 최후의 항전지로 삼기도 하고, 삼별초 잔당 토벌과 일본 공격을 위한 몽골의 군사기지인 탐라국군민도다루가치총관부耽羅國軍民都達魯花赤摠管府가 설치되기도 하였다.

그러나 그 와중에도 토착적인 지배자인 성주星主, 왕자王子 등의 지위는 남아 있었다. 고려시대 탐라는 이들 현지의 군주와 고려에서 파견한 지방관이라는 이중의 지배체제를 갖고 있었던 것이다. 마치 동남아시아 국가들에서 근대국가들이 들어선 이후에도 "술탄", "라자" 등을 자처하는 지방 세력들이 존속하는 것과도 유사하다. 1362년(공민왕11)에 성주 고복수高福壽는 몽골인들과 함께 고려왕조에 반란을 일으켜 고려에서 파견한 제주 만호濟州萬戶 박도손朴道孫을 살해하고 원에 예속되려 하였다. 역사상 "목호牧胡의 난"으로 알려진 이 반란은 최영崔瑩에 의해 진압되었다. 탐라의 독자적인 군주제가 폐지되고 제주가 한반도 왕조의 일개 지방으로 편입된 것은 조선왕조가 시작된 15세기에 이르러서였다.

 삼성혈은 바로 이 토착적 지배자들의 조상에 대한 기원 신화의 무대다. 『고려사』에 처음으로 인용된 '옛 기록[古記]'의 주석에는 이 장소가 "모흥毛興"이라고 되어 있는데, 양우철 사건 기록에서도 "삼성혈"과 "모흥혈"이라는 표현이 둘 다 등장한다. 신화에 의하면 아직 사람이 없던 태초에 이 세 개의 구멍에서 세 사람의 신인神人이 튀어나왔다. 첫째는 양을나良乙那, 둘째가 고을나高乙那, 셋째는 부을나夫乙那였다.

 세 사람은 화산섬 곳곳을 다니며 사냥을 하며 가죽옷을 입고 고기를 먹었다. 그러던 어느 날 그들은 동쪽 해안에서 자주색 진흙으로 봉해진 나무 상자 하나를 발견했다. 나무 상자 안에는 붉은 띠와 자주색 옷을 입은 사자使者와 돌 상자가 있었다. 그리고 돌 상자 안에는 푸른 옷을 입은 세 사람의 여성, 그리고 망아지, 송아지, 오곡의 씨앗이 들어 있었다. 사자는 이렇게 말했다.

> 우리는 일본국의 사신입니다. 우리 왕이 이 세 딸을 낳고는 '서해西海의 중악中嶽에 신의 아들 세 사람이 내려와 나라를 열려고 하는데 배필이 없다'고 하며 저에게 분부하여 세 딸을 모시고 이곳에 오도록 했습니다. 배필로 삼아 대업을 이루십시오.

 그리고 사신은 "구름을 타고 날아갔다." 양, 고, 부 삼을나三乙那는 세 사람을 아내로 삼고 각자의 나라를 세우기로 하였다. 각지를 돌아다니며 땅이 비옥하고 샘이 풍부한 곳을 발견하면 화살을 쏘아 점을 쳐서는 정착할 곳을 결정했다. 그렇게 해서 세 개의 도읍이 만들어졌다. 일본국에서 보내준 곡물과 가축을 키우며 농경과 목축이 시작되었다. 그리하여 이 섬은 부유하고 번성한 곳이 되었다.

이 이야기에서는 한반도 왕조들보다는 일본과의 관계가 강조되고 있다. 삼을나의 후예가 한반도와 접촉하게 된 것은 15대가 지난 뒤였다. 고후高厚, 고청高靑 등 고을나의 후손 삼 형제는 배를 만들어서 바다를 건너 한반도의 탐진耽津에 이르렀다. 이때 신라의 태사太史는 천문을 살피다가 객성客星이 남방에 나타난 것을 보고 왕에게 "다른 나라의 사람이 찾아올 조짐"이라고 보고하였다. 이 예언대로 세 사람이 찾아오니 신라 왕은 크게 기뻐하며 이들의 고향 섬을 "탐라"라 부르기로 하였다. 형제가 처음 도착한 곳이 "탐진"이기 때문이었다.

그리고 이들이 객성의 움직임에 맞추어 찾아왔다 하여 첫째인 고후를 "성주星主"라고 불렀다. 둘째 고청은 신라 왕이 자기 자식처럼 사랑했다고 하여 "왕자王子"라 불리게 되었다. 이 기록에는 성명이 나와 있지 않지만 훗날 고계高季라는 이름으로 알려진 셋째는 "도내都內"라는 칭호를 받았다고 한다. 이 이름들은 이후까지 탐라의 토착적 지배자들이 계승하는 칭호가 되었다. 마지막 성주인 고봉례高鳳禮, 그리고 마지막 왕자인 문충세文忠世는 조선 태종에게 이런 칭호가 "참람하다"고 하며 스스로 반납하였다. 이후 성주는 좌도지관左都知管으로, 왕자는 우도지관右都知管으로 바뀌게 되었다.

다만 탐라라는 나라 이름, 그리고 지배자의 칭호를 모두 '신라 왕'이 정해 주었다는 이 이야기는 그다지 신빙성이 있어 보이지는 않는다. 여타의 기록들을 볼 때, 초기에 탐라국과 밀접하게 관련되어 있었던 한반도의 왕조는 신라가 아닌 백제였기 때문이다. 그리고 삼국시대에 탐라의 지배 세력들은 좌평佐平, 은솔恩率 등의 백제계 관직을 칭하고 있었다.

공식 기록에서 성주, 왕자 등의 이름이 등장하는 것은 고려 태조 때의 일이다. 앞서 언급한 '탐라국 태자 말로'에게 왕건이 938년에 부여한 작호가 바로 '성주왕자星主王子'였기 때문이다. 이 이름이 이 시기에 처음으로 만들어진 것인지, 혹은 이전부터 사용하던 것을 고려에서 재확인해 준 것인지는 분명하지 않다. 또 이때 수여된 '성주왕자'가 하나의 작위였는지, 혹은 '성주'와 '왕자' 두 가지였는지도 확인하기 어렵다. 주목할 것은 고려시대 이전 기록에 언급되는 탐라국 인물들은 '고씨'가 아닐 뿐더러 애초에 성씨가 언급되지도 않는다는 사실이다. 그렇다면 우리가 알고 있는 삼성혈 신화는 고려시대 이후, 양씨, 고씨, 부씨라는 세 개의 토성土姓이 확립되고, 그 가운데 고씨가 성주, 왕자 칭호를 계승하는 지배적 위치에 서게 된 다음에 만들어진 이야기라는 것을 알 수 있다.[9]

지금까지 제주의 독특한 역사와 한반도 왕조들과의 관계, 그리고 삼성혈에 얽힌 신화를 살펴본 것은 이것이 양우철 사건을 이해하는 데 필수적인 배경이기 때문이다. 이제 본격적으로 양우철이 삼성혈에서 발견했다고 하는 문서의 내용을 들여다보자.

삼성혈의 신령께 아룁니다

양우철의 추국 진술에 의하면, 그가 삼성혈의 흉서를 처음으로 발견한 경위는 다음과 같았다.

> 저는 올해 3월 8일에 제주의 성 남쪽 3~4리쯤인 연무정가의 모홍혈에 노닐며 구경하러 갔다가, 구멍 안쪽 옆면의 틈에 종이 끝이 살짝 드러나 있는 것을 우연히 보았습니다. 뽑아서 보니 바로 겉봉이 봉해진 글이었는데 황급히 펼쳐서 대충 보았습니다. 몇 줄을 읽으니 나라에 거슬리는 말이 있는 것을 보고 흉악한 역적들이 맹세하는 글이라는 사실을 알았습니다. 가슴이 두근거리고 마음이 오싹하여 차마 끝까지 볼 수 없어 있던 곳에 도로 두고 와서 목사에게 알리고 찾아오도록 했습니다.

양우철과 동행한 제주 목사 이상전의 서얼 동생 이상복에 의하면, 그 문서는 삼성혈의 세 구멍 가운데 "양梁씨"가 솟아 나온 구멍에 들어 있었다.[10] 문서를 살펴본 이상전은 경악을 금치 못했다. 첫째는 그 내용이 충격적인 데다가 이상전 자신이 언급되어 있었기 때문이었고, 둘째는 종이 끝에 꾸며진 "극도로 음침하고 참혹한" 무언가 때문이었다. 추국 기록에는 흉서의 전문이 실려 있다. 그 서두는 다음과 같이 시작된다.

> 정묘년(1687) 3월 3일, 제주목의 관리 김응길金應吉은 삼성혈의 신령께 아룁

니다. 세 신령께서 제주 땅에 오신 뒤 스스로 한 나라를 이루고 임금이 되셨습니다. 당시 세상이 말세가 되고 본토박이들에게 용기가 없었던 까닭에 조선에 소속되게 되었습니다. 조선의 임금은 악독하여 대대로 몹시도 잔인하고 포악한 정치로 제주의 백성들에게 피해를 입혔을 뿐만 아니라, 정치를 맡은 관원은 자기 임금보다 더욱 악독하였으니 백성들은 몹시 고통스러워하며 "죽고 싶다! 죽고 싶다!"라고 했습니다.

삼성혈의 세 신령, 즉 삼을나에게 바치는 기원문 형식으로 된 이 글은 노골적으로 조선왕조에 대한 반감을 드러내고 있다. 대담하게도 이 글은 작성자의 이름을 대놓고 노출하고 있다. 그는 바로 김응길로, 조정에 올린 이상전의 보고에 의하면 "이 고을의 늙고 쇠약한 가리假吏"였다. 조선시대 지방의 하급 관리인 서리에는 '향리'와 '가리'가 있었다. 가리는 대대로 세습되는 향리 집안 출신이 아닌 외지 출신이거나 노비 신분의 아전이었다. 김응길은 시노寺奴 신분의 공노비로 침술과 뜸 뜨는 데 능한 사람이었다. 흉서에는 그의 의술에 대한 이야기도 언급된다.

저는 어려서부터 착한 일을 행했지 남에게 악한 일을 한 적이 없었습니다. 또 의술을 베풀어 다른 사람의 목숨을 살려 준 적이 매우 많았기 때문에, 제주의 백성들로 저를 아끼지 않는 사람이 없었습니다. 백성들이 마음으로 따르게 되니 마침내 이 지역을 차지하고 굳게 막아 지키면서 임금이 되고 싶었습니다.

"늙고 쇠약한" 노비가 조선으로부터 제주를 독립시켜 임금이 되려

하는 엄청난 음모의 주모자가 되어 있다. 이어지는 문장에 의하면, 그는 전해인 1686년 가을, 겨울부터 동모자를 모아 봉기할 약속을 했다. 그러나 목사인 이상전이 "장수로서의 지략과 기량"이 있어서 망설이며 때를 기다릴 수밖에 없었다. 게다가 그의 음모는 "진사 양우철"이 제주에 귀양을 오게 되면서 크게 틀어지게 된다. 흉서에 의하면, 양우철은 "문장을 잘 짓고 재능 있는 선비로 하늘 위의 일까지 알 수 있다"고 하기 때문이다. 양우철은 "앞일을 미리 밝게 헤아려 알기" 때문에 그를 그대로 둔 채 거사를 하는 것은 자살행위였다. 그래서 김웅길을 자칭하는 흉서의 저자는 "마침내 귀신을 섬겨서, 귀신의 힘으로 목사와 양우철을 죽인 뒤에 거사"하기로 결심하게 되었다.

여기까지 읽었을 때, 우리는 이 사건에서 가장 수상한 인물은 흉서의 발견자인 양우철 자신임을 쉽게 눈치챌 수 있다. 그는 삼성혈 안에 숨겨져 있는 흉서를 우연히 발견했다. 그 문서는 반란의 성공을 비는 기원문이었는데 어리석게도 작성자와 공모자의 명단, 거사 계획 등을 시시콜콜하게 써 두었다. 누가 보아도 이것은 신령에게 바치는 기도라기보다는 역모를 자백하는 글이다.

다소 우스꽝스럽게도 흉서의 저자는 양우철이 천상과 미래의 일을 훤히 내다볼 수 있는 신령한 인물이라는 찬양을 늘어놓는다. 자신들이 반란을 일으키지 못하고 있는 것은 그와 뛰어난 장수인 제주 목사 이상전 때문이라는 것이다. 그래서 흉서의 저자는 다음과 같은 저주의 문장을 썼다. "밝으신 신령[明神]께서는 빨리 목사와 양우철을 죽이고, 또한 조선의 임금을 빨리 죽여 버려서 우리의 후환을 없앨 수 있도록 해 주십시오."

고발 당시에 양우철은 흉서에 자신이 언급되어 있다는 사실은 전혀 언급하지 않았다. 양우철에 의하면, 그것은 그가 흉서의 첫 몇 줄만을 읽고 너무 놀라서 다시 제자리에 넣어 두었기 때문이었다. 또 그는 목사 이상전이 직접 삼성혈에 가서 그 문서를 꺼내도록, 그게 안 되면 이상전의 측근들이 가서 흉서를 발견하도록 집요하게 유도했다. 이는 반역자들이 삼성혈 안에 숨겨 둔 그 종이가 어디까지나 우연히 발견된 것이라는 그림을 만들기 위해서가 아니었을까? 양우철 자신이 양우철과 이상전을 죽여 달라는 저주의 문서를 이상전에게 가져오는 것은 모양새가 너무나 이상한 일이기 때문이다. 이 모든 정황을 고려하면, 이 흉흉한 글을 써서 삼성혈에 숨겨 놓았을 가능성이 가장 높아 보이는 것은 양우철 자신이다.

예언과 저주

흉서에는 대단히 구체적인 역모 계획이 포함되어 있었다. 가담자는 크게 세 부류로 나뉜다. 첫째는 "성안 사람" 93명이다. 이들의 대표는 신이립申以岦으로 "글을 잘 짓고 재능 있는 선비"이기 때문에 재상이 될 후보다. 둘째 부류는 "서울과 북쪽 지방에서 귀양 와서 사는 사람" 25명이다. 그들의 대표인 마귀馬貴는 "우람하고 기운이 세서" 대장이 될 만했다. 셋째는 "'성 밖 마을 사람" 113명으로 여기에도 장사와 선비가 많다. 자칭 김응길인 작성자는 이들에 대해서 축복의 말을 남겼다. "밝으신 신령께서는 각각의 사람들이 오래 살고 복을 누리도록 점지해 주십시오."

나중에 추국 과정에서 밝혀진 일이지만, "재상" 후보로 지목된 신이립은 49세의 역학생譯學生이었다. 사건 당시 그는 사서四書와 『삼국지연의三國志演義』의 목판을 새기고 교정하는 업무를 맡고 있었다. 하급 역관으로서 문자를 해독할 수 있었지만 "글을 잘 짓고 재능 있는 선비"와는 거리가 먼 인물이었다. "대장"이 될 사람인 마귀는 34세의 노비였다. 그가 제주에 귀양 온 것은 호적에서 누락되었기 때문이었다. 가족이나 친척이 없어 굶주리는 처지에 외지인을 배척하는 제주의 풍속 때문에 가까이 지내는 사람도 없었다. 더구나 그는 내종內腫을 앓아 가슴과 배의 통증을 호소하는 병자이기도 했다.

이런 "인재"들을 모아 나라를 세우려는 계획은 참서讖書에 실린 예언을 바탕으로 이루어졌다. 그 예언은 "정씨가 이씨를 대신한다"는 것이었다. 이 예언은 16세기 기록에서부터 등장하고, 17세기에는 여러 변란 사건에서 언급되며, 18세기 이후에는 조선 후기의 대표적인 예언서 가운데 하나인 『정감록』의 일부가 되었다.[11] 이 시기에는 이미 널리 알려진 이야기였던 셈이다. 만약 제주에서 봉기가 일어나 독립하게 되더라도 조선에게 공격당하면 수포로 돌아갈 터였다. 그러나 조선에서 왕조 교체가 일어난다면 일은 훨씬 쉬워진다. 그래서 "반역자들"은 새로운 왕조를 세울 정씨와의 접촉을 시도했다고 한다.

서울의 정씨 가문은 대대로 삼정승과 대간을 지냈는데, 그 가운데 억울하게 죄를 얻은 사람이 지금 바닷가에 있습니다. 제가 장차 꾀어서 이곳에 데려왔다가 중국의 상선이 오갈 때 함께 타고 청나라에 가서, 조선이 청나라를 배반하여 공격하려 한다는 뜻을 아뢰어 청나라로 하여금 성을 내며 군사를 일으켜 조선을 멸망시키게 하려 합니다.

일견 황당한 이야기처럼 들리지만, 청의 재침공은 당시 조선왕조 입장에서는 가장 끔찍한 시나리오였다. 청과의 전쟁으로 왕조가 멸망 직전까지 몰린 상황에서 굴욕적인 항복을 한 것이 불과 50년 전의 일이었다. 흉서에 의하면 "김웅길"은 이 계획을 실행하기 위해 실제로 "정씨 부자"에게 사람을 보냈다고 한다. 그러자 "아들" 쪽은 "웃으면서 대답하지 않았고", "아비"는 이렇게 말했다고 한다. "다만 일이 주도면밀하지 못하여, 꼬치만 타고 고기는 익지 않을까 걱정이다." 공모자들은 이것이 완곡한 승낙이었다고 해석하였다.

이어서 흉서는 이 사건이 있기 얼마 전에 소주蘇州 사람들이 제주에 표류했던 일을 언급한다. 모반자들은 이 틈을 타 제주를 차지한 뒤 그들과 함께 청으로 들어가 조선이 "반역"하려 한다고 고발할 계획이었다. 그러나 목사와 양우철이 문제였다. 이들이 너무나 뛰어난 인물이라 섣불리 거사를 일으키기가 두려웠던 것이다. 이것이 삼성혈에 기원문을 바치게 된 직접적인 계기였다. 삼성혈에 깃든 제주의 조상 신령들이 이상전과 양우철을 제거해 주면 다행이겠지만, 여름까지 신의 직접적인 도움이 없으면 사람의 손으로 암살하려는 '플랜 B' 또한 세워져 있었다. 거사일은 7월 1일로 정해졌으며, 공모자들은 이날 이상전과 양우철, 그리고 판관判官과 두 현의 관원들을 제거하고 제주를 차지할 계획이었다.

이른바 "흉서"는 위와 같은 상세한 역모 계획과 함께 삼성혈의 "밝으신 신령[明神]"에 대한 축원으로 이루어져 있었다. "축원"에는 앞서 살펴본 바와 같이 총 231명의 공모자가 장수와 복을 누리며 계획된 봉기에 성공하여 제주를 장악할 수 있기를 바라는 내용 외에도, 자칭 김응길의 다음과 같은 기원이 글 말미에 실려 있다.

밝으신 신령께서 처음부터 끝까지 저를 도와 보호하셔서, 발각되지 않고 큰일을 이룰 수 있도록 해 주십시오. 밝으신 신령께서 저를 도와 일이 이루어진다면 해마다 사철에 제사를 그치지 않을 생각입니다. 제 자식 가운데 김윤金潤과 김중金重이 모두 똑똑하니 두 사람 가운데 태자太子를 고르려 합니다. 밝으신 신령께서 오래 살고 복을 누리도록 점지해 주십시오.

그리고 이 흉서에는 보다 직접적인 저주의 실천, 즉 목표의 죽음을 목적으로 한 주술의 흔적이 남아 있었다. 이상전의 보고에는 이에 대해서 다음과 같이 간접적으로만 언급되어 있다. "종이 끝에 꾸며진 내용은 더욱 극도로 음침하고 참혹하여 곧바로 성상께 올려 보이기에는 극히 황송하지만, 이미 흉서 가운데 있으므로 하는 수 없이 감독하고 봉하여 올려보냅니다." 그러나 목사의 명을 받고 양우철과 함께 흉서를 꺼낸 이상복의 진술에는 다음과 같은 상세한 묘사가 있다.

그 종이를 끝까지 펼치니 종이 끝에 사람 모양이 세 곳에 그려져 있었는데 모두 대꼬챙이[竹籤]가 가슴에 해당하는 곳에 가로질러 꽂혀 있었습니다. 저는 참혹함에 매우 놀라서 그 댓조각을 뽑아낸 뒤 곧바로 소매에 넣어 와서 적형嫡兄(이상전)께 드렸습니다.

흉서의 내용을 고려해 본다면, 이 저주의 대상이 된 사람 모양 세 개는 각각 양우철, 제주 목사 이상전, 그리고 국왕 숙종을 가리킨다. 흉서의 작성자는 이들을 죽여 달라고 기원하는 글을 썼을 뿐만 아니라, 그들을 표상하는 그림을 그린 후 그 가슴을 대꼬챙이로 꽂는 주술을 행한 것이다.

결정적 증거, 『비기대총』

만약 우리가 앞서 의심한 것과 같이 이 문서를 쓴 것이 양우철이라면, 그는 스스로 자신을 죽이기 위한 주술을 조작한 것이 된다. 현대인들보다 주술과 저주를 더 '진지하게' 믿고 있었던 전근대인이 자기 자신을 저주하는 꺼림칙한 일을 하는 것이 가능했을까? 만약 이 모든 것이 양우철의 조작이라면 그는 이런 시도를 함으로써 보다 확실하게 자신이 흉서의 작성자라는 혐의를 피할 수 있으리라 여겼을 것이다. 그리고 "반역자들"의 제거 대상으로 자신과 함께 목사인 이상전을 끼워 넣음으로써 그를 자신의 편으로 끌어들일 수 있다고 생각했을 것이다.

그러나 이상전은 처음부터 양우철을 신뢰하지 않았던 것으로 보인다. 그는 흉서와 함께 국왕에게 보낸 밀계密啓에 다음과 같은 말을 써 두었다.

양우철은 본래 능주 사람으로 능주의 수령 정재후鄭載厚를 모욕하다가 무

> 기한으로 이 섬으로 정배된 사람입니다. … 김응길의 맏아들인 김윤과 둘째 아들 김중은 당시에 저희 목 관아에서 통인通引으로 심부름을 했는데, 양우철과 지금 서로 사이가 틀어져 송사를 벌이고 있는 사람들입니다.

이상전은 상당히 냉정하고 객관적인 어조로 국왕의 판단을 돕기 위한 정보를 제공하고 있다. 요컨대 양우철은 전적으로 신뢰하기 어려운 인물이며, 그는 흉서의 저자로 지목된 김응길의 자식들과 분쟁 중인 관계라는 것이다. 김응길의 추국 진술에 의하면, 그 분쟁이란 다음과 같은 것이었다. 김윤과 김중은 유배객인 양우철에게 글을 배우고 있었다. 그런데 양우철은 김윤의 화처花妻인 사노비 동진同眞과 간통을 하였다. 화처란 혼인하지 않고 내연관계를 맺은 여성을 말한다. 이런 치정 싸움과 더불어, 양우철은 김윤이 자신의 쌀과 베를 몰래 훔쳤다며 관아에 고소한 상태였다.

이런 상황에서 양우철이 충격적인 흉서의 존재를 알려 왔다. 그 발견 경위도 대단히 수상했지만, 그에 의하면 김응길이 제주를 조선에서 독립시켜 왕이 되려고 하는 음모의 주모자고 그 아들들은 새로운 왕국의 태자가 될 것이었다. 게다가 하필이면 양우철이 그들의 제거 대상으로 지목되어 있었다. 관련자 모두를 잘 알고 있는 이상전의 입장에서는 양우철에 의한 조작을 의심할 수밖에 없는 상황이었다. 그러나 역모에 관계된 고발이니 지방관인 그로서는 자의적인 판단을 할 수 없었다. 그래서 그는 양우철을 포함해 흉서에 언급된 모든 이들에게 칼과 수갑을 채우고 조정의 처분을 기다렸다.

제주와 한양의 조정 사이를 오가는 일이니 사건의 처리는 대단히 더뎠다. 양우철이 이상전에게 시를 보내와서 만난 것이 3월 10일, 국왕에게 밀계를 올린 것이 3월 13일이었는데 승정원에 이 글이 접수되어 계하啓下가 이루어진 것은 4월 6일에 이르러서였다. 의금부에서는 같은 날 도사都事들을 파견하여 김웅길, 양우철, 신이립, 마귀, 김윤, 김중 등을 잡아 오게 했는데, 이들은 5월 1~2일 사이에야 한양에 도착하였다.

그러나 추국청에서는 대단히 이른 시기에 사건의 전말에 대한 결론을 낼 수 있었다. 이상전은 제주목에서 이루어진 초기 조사에서 관련자들이 가지고 있는 문서들을 압수하였다. 그 본래의 목적은 흉서를 쓴 범인을 밝히기 위한 필적 조사였다. 이를테면 김웅길은 마침 사건 이전, 옥에 갇히기 불과 며칠 전에 이상전에게 자필로 된 문서 하나를 바친 바가 있었다. 의술을 알았던 그는 목사를 진찰하고 침을 놓고 뜸을 떠야 할 혈자리의 이름을 써 주었던 것이다. 흉서의 표면적인 저자였던 김웅길이 쉽게 혐의를 벗었던 것은 아마도 이 처방전의 필적이 삼성혈에서 발견된 문서의 글자와 전혀 달랐기 때문이었을 것이다.

그런데 이 과정에서 의외의 증거가 나타났다. 양우철의 필적을 조사하기 위해서 그의 집에서 압수한 문서 가운데『비기대총祕記大摠』이라는 예언서가 있었다. 이 작은 책자야말로 추국청이 양우철을 이 흉서 사건의 진범이라 확신하게 하는 '스모킹 건smoking gun'이 되었다. 그 책의 표현들이 흉서와 대단히 유사했을 뿐만 아니라, 그 자체로 반왕조적인 내용이 가득했기 때문이다. 그것은 과거, 현재, 미래의 역대 왕조의 수명과 각각의 왕조가 멸망할 때 일어날 일에 대한 예언이었다. 이씨가 나라를 차지한 후 삼백 년이 지날 때 정씨에게 멸망할 것이라는 구절도 담겨 있었다.

양우철은 자신이 10여 세 때에 그 예언서를 얻었다고 진술하였다. 그가 능주 쌍봉사雙峰寺에서 글을 읽고 있는데, 석진釋眞이라는 노승이 『부모은중경父母恩重經』을 건네주었다. 그런데 그 경전 아래에 작은 글씨로 쓴 별개의 글이 있었다. 그것이 바로『비기대총』이었다. 석진은 지리산에서 이 글을 얻었지만 절에는 글을 아는 사람이 없어 양우철에게 넘겨주었다는 것이다. 그러나 추국청에서는 그 예언서 또한 양우철이 지은 것이라고 판단하였다. 예언에 양우철을 암시하는 구절이 다수 등장했기 때문이었다.

왕씨의 나라(고려)가 망할 때에는 정씨 성의 문인(정몽주)과 최씨 성의 무인(최영)이 충성을 다하다가 비명에 죽는다. 그와 마찬가지로 이씨의 나라(조선)가 사라질 때에는 "양씨 성의 선비와 이씨 성의 무관"이 비슷한 역할을 한다고 되어 있는데, 이것은 흉서 속에 등장하는 양우철과 이상전의 역할과 일치한다. 또 "중조산中條山 아래에 수성水姓의 이인異人"이 나온다는 구절이 있는데, "중조산"은 양우철의 고향인 능주에 있으며, "수성"은 물 수변[氵]이 있는 성, 즉 양梁씨를 가리키는 것으로 보인다. 『비기대총』의 마지막에는 보다 직접적으로 양우철을 묘사하고 있는 듯한 '예언'도 등장한다.

이해에 탐라를 본관으로 한 사람이 잠시 탐라에 귀양 온 뒤, 본조에 힘써 충성을 다하고 상국에 공을 세워서 제갈량諸葛亮이나 배도裵度처럼 나라에 소중한 몸이 된 것이 수십여 년이었다.

화순 쌍봉사 유리건판 | 일제강점기 | 국립중앙박물관

미제 사건으로 남다

이제 양우철은 두 가지 문서, 즉 삼성혈의 흉서와 불온한 예언서인 『비기대총』을 작성한 혐의에 대한 자백을 요구받게 되었다. 또 흉서를 쓴 것이 그라면, 이씨 왕조를 위기에 빠트릴 정씨란 전 능주 목사인 정재후를 가리키는 것일 가능성이 있었다. 그는 정재후를 모욕한 혐의로 제주로 유배를 오게 되었으니 그에 대한 원한으로 이 사건에 엮어 넣을 동기가 있었기 때문이다. 이 혐의가 사실이라면 그는 김응길 일가만이 아니라 정재후에게까지 역모 혐의를 씌우려는 대담한 계획을 세운 것이 된다.

그는 완강하게 혐의를 부인했다. 흉서와 비기는 자신이 쓴 것이 아니고, 정씨가 정재후를 가리키는지는 모르는 일이며, 양씨에 대한 예언은 비기의 저자가 쓴 것이라 자기랑은 관계가 없다는 것이었다. 추국청에서는 이용 가능한 모든 고문 수단을 동원했다. 그는 여덟 번의 형문, 총 240대의 신장訊杖을 맞았다. 여섯 번의 압슬壓膝과 두 번의 낙형烙刑도 이루어졌다. 다리를 짓이기는 압슬과 달군 쇠로 몸을 지지는 낙형은 너무나 잔혹하다 하여 18세기 이후로는 중지된 고문 방식이었다.[12] 양우철은 혹독한 고문을 받으며 세 차례 장문의 진술서를 올렸지만 혐의를 인정하지는 않았다. 마침내 형문이 시작된 지 나흘째인 5월 5일, 양우철은 숨을 거두었다.

비록 모든 정황이 양우철을 가리키고 있었지만 죄인이 물고된 상황에서 더 이상의 조사는 이루어질 수 없었다. 이 사건은 이대로 마무리되고 말았다. 관련자들은 모두 석방되었다. 삼성혈의 흉서 자체는 의금부에 보관되었지만, 그 끄트머리에 있었던 저주 그림은 따로 불태워졌다. 이것은 왕명에 의한 것이었다. 저주 대상인 세 사람 가운데 하나인 양우철은 처참하게 고문을 받다가 죽었다. 숙종으로서는 그대로 두기가 찝찝했을 터다.

물론 지금에 와서 이 사건의 진실이 무엇이었는지 알아내는 것은 불가능하다. 모든 것이 양우철의 조작이었다는 의금부의 판단은 대체로 옳은 듯하지만, 단지 김응길의 아들 김윤에 대한 원한만으로 이런 엄청난 사건을 꾸몄다는 것은 부자연스럽다. 그가 누명을 쓴 것뿐이고 악마적인 재능을 가진 진범이 당시의 조정과 오늘날의 독자들을 속이고 있는 것이 아니라면, 사건의 진짜 동기는 양우철의 출세욕이었을 것이다.

『비기대총』은 오늘날 전문이 남아 있는, 그리고 시기가 확인되는 17세기 도참비기圖讖祕記의 거의 유일한 사례다. 오늘날 조선 후기 예언서로 알려진 문헌들은 19세기 말에서 20세기 초 사이에 수집, 출판된 것들로 그 작성 시기는 대부분 알 수 없다. 『비기대총』의 형식은 이들 예언서와 상당 부분 일치한다. 양우철 자신은 이렇게 말하고 있다.

> 참위서는 사람들이 집에 많이 간직하고 있는 것으로 저만 홀로 그러한 것이 아닙니다. … 만약 이것이 모두 망측한 죄가 된다면, 위로는 정승과 판서로부터 아래로는 선비와 서민에 이르기까지 이와 같은 참서를 눈으로 보고, 이와 같은 참서에 대해 이야기한 것을 어찌 다 셀 수 있겠습니까?

아마도 그의 말대로 왕조의 운명을 예측한 예언서는 당시에 이미 널리 유행하고 있었을 것이다. 그러나 오늘날 남아 있는 비슷한 장르의 텍스트들과 비교해 봤을 때 『비기대총』은 역시 특별하다. 특히 "제갈량과 같은 양씨 선비"에 대한 언급이 집중되어 있는 제주에 대한 예언은 이 문서에 고유한 것이다. 그리고 이 이인異人의 역할은 이씨 왕조를 멸망시키는 것이 아니라, 멸망의 운명에서 조선을 구하는 것이다. 아마도 양우철은 이 예언서 전체를 창작하지는 않았을 것이다. 그러나 이 이질적인 구절들은 그가 추가한 것일 가능성이 높다.

양우철은 삼성혈의 저주 문서를 이용해 조작한 역모 사건이 사실로 받아들여진다면 그가 역모 사건을 사전에 파악하여 진압한 공신이 될 것이라 믿었을 것이다. 게다가 그 문서에는 자신이야말로 반역자들이 가장 두려워하는 영웅적 인물로 묘사되어 있었다. 이 허황되지만 장대한 계획의 다음 단계는 무엇이었을까? 유배에서 풀려나는 것인가? 벼슬길에 나아가는 것인가? 혹은 왕조에 위협이 되는 정씨(아마도 정재후)를 제거하고 더 큰 규모의 출셋길로 나아가는 것인가?

모를 일이지만, 『비기대총』은 "중조산 수성이인", 즉 "능주 양씨 선비"의 운명을 다음과 같이 예언하고 있다. "때는 바로 이씨의 끝, 충효忠孝가 널리 알려지고 화이華夷가 두려워하며 복종하리." 양우철은 저주문서와 예언서를 '조작'했을 뿐만 아니라, 자신의 앞날 또한 그와 같이 '조작'하려 했던 것일지도 모른다.

왕의 상을 가진 노비
1688년 박업귀 사건

한승훈

김우철 역주, 『추안급국안』 29, 흐름, 2014, 139~198쪽.

몸에 새겨진 왕의 징표

인간의 운명이 각자의 몸에 새겨져 있다는 믿음은 인류 문화에서 대단히 널리 퍼져 있는 사고방식이다. 역사학자 마르크 블로크Marc Bloch는 『기적을 행하는 왕Les Rois thaumaturges』에서 중세 시기 유럽의 "왕의 표시" 신앙에 대해 소개한 바 있다. 즉, "왕이 초자연의 존재이므로 왕의 몸에는 그 자격을 나타내는 신비로운 표시가 붙어 있다"고 믿어졌다는 것이다.

통상적으로 그것은 오른쪽 어깨, 혹은 가슴 부분에 새겨진 붉은색의 반점이었다. 일반적으로는 십자가 문양이었지만, 프랑스 왕의 경우처럼 백합꽃 문양인 경우도 있었다. 이것은 왕족 모두가 아니라, 왕이 될 운명이 지어진 자에게만 나타나는 표징이었다. 따라서 어떤 사정이나 음모로 정당한 왕위 계승자인 아이를 잃어버렸더라도, 이런 반점이 있는 아이는 어떻게든 찬탈자를 물리치고 자기 왕권을 되찾으리라 믿어졌다.

나아가 블로크는 이와 유사한 믿음이 고대 그리스 문헌에도 나타난다는 사실을 지적하였다. 예를 들어 테베의 어느 전사 귀족 가문 구성원들의 몸에는 창 모양의 표시가 있었다고 한다. 또 알렉산드로스 대왕의 휘하 장수로 훗날 셀레우코스 왕조의 시조가 되는 셀레우코스 1세는 허벅지에 닻 모양 무늬를 가지고 태어났다고 한다. 이것은 그가 아폴론의 아들이라는 표식이었다. 그리고 같은 무늬는 그 후예들에게도 이어졌다고 한다.[13]

또 불교 전승에 의하면 석가모니의 외모는 왕이 되면 세계를 다스리는 전륜성왕이 되고, 수행자가 되면 부처가 될 상이었다고 한다. 유럽 지역의 '반점'과는 달리, 이것은 특정한 가문의 정당한 혈통을 이었다는 표징이 아니라, 그의 자질과 가능성이 외모에서 드러난다는 믿음이다. 어느 쪽이든 특별한 운명을 가진 사람은 일반적인 사람들과는 본질적으로 다르며, 그 증거가 몸에 나타난다는 사고방식이다.

동아시아의 관상법觀相法도 그런 관념을 체계화시킨 술수다. 장차 왕이나 성인이 될 인물을 상을 보고 미리 알았다는 이야기는 고대 문헌에서부터 발견된다. 전근대의 관상서 중에서 오늘날까지 전해지는 것만 해도 『마의상법麻衣相法』, 『달마상법達磨相法』, 『수경집水鏡集』, 『신상전편神相全篇』, 『풍감원리風鑑原理』, 『면상비급面相秘笈』 등 수종에 달한다. 여기에는 정치적인 의미보다는 골격이나 얼굴, 손금 등을 보아서 사람의 미래를 예측하려고 하는 욕구가 반영되어 있다.

이런 세계관 속에서 왕, 성인이 될 특별한 인물들은 대단히 특이한 상을 가지고 있을 필요가 있었다. 그런 탁월한 인물이 평범한 사람들과 비슷한 외모를 하고 있을 리가 없다고 믿은 것이다. 그래서 동아시아의 신성한 인물들은 때론 과도하게 독특한 모습으로 묘사되기도 한다. 특히 한나라 때의 위서緯書들에서 이런 경향이 많이 보인다. 예를 들어 요 임금은 눈썹이 여덟 가지 무늬로 되어 있었고, 순 임금은 눈동자가 두 겹이었으며, 우 임금은 귀에 구멍이 세 개였고, 문왕은 젖꼭지가 네 개였다고 한다.[14]

조선시대 역모 사건에서의 관상

"내가 왕이 될 상인가?" 이것은 2013년 영화 〈관상〉의 명대사다. 물론 영화에 등장하는 조선 세조가 실제로 반정을 일으키기 전에 자신의 관상을 확인했는지는 알 수 없다. 그러나 당시 문화적 맥락에서는 충분히 일어날 수 있는 상황이다. 추국 자료에 실려 있는 수많은 역모 관련자들의 증언에서는, 반란 계획 과정에서 관상이 대단히 중요하게 다루어졌다는 증거들이 숱하게 남아 있기 때문이다.

몇몇 중요한 예외가 있기는 하지만, 일반적으로 '왕의 상'을 가지고 있다는 것은 왕족을 새로운 왕으로 추대하는 반정보다는 역성혁명을 노리거나 하층민 출신의 지도자를 내세울 때 강조되는 요소다. 전통적인 의미에서의 정통성이 없는 이를 새로운 통치자로 지목할 때야말로 "몸에 새겨진 운명"이라는 요소가 훨씬 중요한 비중을 차지했기 때문이

영화 〈관상〉 포스터 | 2013 | 감독 한재림

다. 특히 예언된 "진인"이 출현했다고 주장할 때, 그 증거로 내세울 만한 것은 사실 많지 않았다. 그런 상황에서 장차 왕이 될 사람이 대단히 특별한 외모를 가지고 있다고 말하는 것은 의미심장한 효과가 있었다.

이런 사례는 대단히 많지만, 17세기 초의 몇 가지 사건만 살펴보자. 1601년에 제주도에서 역모를 일으킬 계획을 세운 길운절吉云節은 스스로 "용의 아들"이라고 주장했다. 그 증표는 자기 머리에 뿔처럼 돋아 있는 두 개의 혹이었다. 길운절은 과거 어느 중국인 관상가가 그 "뿔"을 "천일각天日角"이라 부르며 자신의 비범함에 감탄했다고 선전하였다.[15]

1628년에 송광유宋匡裕는 지역민들이 허씨 성을 가진 진인을 내세워 역성혁명을 일으키려 한다고 고발하였다. 허씨 진인이란 미수眉叟 허목許穆의 동생인 허의許懿의 아들을 가리키는 것이었다. 진술 자료에 의하면 "진인의 아버지"인 허의의 관상은 다음과 같았다. "두 눈썹 사이에 콩 같은 검은 점이 있고, 등은 종鐘 같으며, 허리는 둥글고 배는 불룩하고, 복서골이 정수리를 지나가니[伏犀貫頂] 평범한 상도 아니고 신하의 상도 아니다."[16]

1631년에는 충청도 일대를 중심으로 정한鄭澣이라는 인물을 왕으로 추대하려는 역모 계획이 있었다. 정한은 신분상으로는 독특할 점이 없는 지방의 유생이었다. 그의 두 어깨에는 군주의 상징인 "해와 달의 형상"이 있다고 한다. 실제로 그것은 색깔이 다른 두 개의 사마귀였다. 또 그의 귀 아래에는 반점이 줄줄이 이어져 있었는데 이것도 아주 좋은 상으로 여겨졌다. 이 사건 심문 자료에는 대단히 희극적인 장면 하나도 실려 있다. 모의 당시에 정한은 일행들에게 옷을 벗고 자기 어깨의 사마귀를 보여 주면서 "이것은 아주 귀한 상이다"라며 자랑하였다. 그러자 동료 가운데 한 명인 문일광文日光도 가슴팍을 열어젖히고 일곱 개의 점을 보여 주면서 "내 것은 성인聖人의 상이다"라고 우겼다는 것이다. 서로 옷을 벗으며 사마귀나 점을 자랑한 것이 역적모의의 증거가 된 셈이다.[17]

이런 이야기가 추국장에서 진지하게 다루어졌다는 사실이야말로 당시 사회에서 관상이 가지는 정치적 의미가 결코 가볍지 않았다는 것을 보여 준다. 좀 더 정확히 말하면, 통치 권력 측에서는 자신들이 왕의 상을 가지고 있다는 '반역자'들의 주장 자체를 심각하게 받아들였던 것은 아니었다. 그러나 이런 발언은 비록 사소해 보이더라도 자신들이 현실의 군주를 대체할 수 있는 운명이라는 함의를 담고 있다는 점에서 결코 가볍게 넘어갈 수 없는 문제였다.

이 장에서 다룰 사건은 이런 부류의 사례들 가운데에서도 상당히 기이하다. 왕의 상을 가지고 있다고 주장한 이는 노비였고, 관상이 그가 역모의 성공을 확신하게 된 단 하나의 근거였기 때문이다.

이자를 잡으려면 장사 백여 명이 필요하다

수원 부사 이홍적李弘迪이 밀서密書를 받은 것은 1688년 10월 10일 한낮의 일이었다. 글을 바치러 온 34세의 유학幼學 박창시朴昌始는 그 내용이 "나라에 관계되는 일", "역변逆變에 대한 일"이라고 주장하였다. 밀서는 박창시를 포함한 여섯 명의 명의로 되어 있었다. 거기에는 박창시의 아버지인 진사進士 박해朴諧, 동생 박형시朴亨始, 그리고 맹시정孟時禎과 그 아들인 맹수성孟壽星, 맹수인孟壽仁이 포함되었다. 박씨 부자는 수원의 고등촌면高等村面, 맹씨 부자는 광주廣州 이왕리利往里에 거주하고 있었다. 그리고 박해와 맹시정은 처남·매부 관계였다.

밀서의 내용은 다음과 같았다.

맹시정·맹수성·맹수인·박해·박창시·박형시가 밀고합니다.
나이 젊으며 호기롭고 용감한 사내가 하나 있는데, 더러는 이조 낭관吏曹郎官이라고도 부르고, 더러는 어사御史라고 일컬으며, 더러는 지평持平이라고 일컫고, 더러는 주부主簿라고 일컫습니다. 이름을 감추고 실체를 숨기는데 더러는 박세태朴世泰라고 부르고, 더러는 박필태朴必泰라고 부릅니다.
이 마을 저 마을 들를 때마다, 지사地師라고 둘러대며 많은 사람들을 꾀어 홀립니다. 그 마음이 통하고 낯이 익게 되면 흉패凶悖하여 차마 듣지 못할 이야기를 입에 담으며, 고요한 밤 다른 사람이 없을 때 칼을 뽑아 들고 위협하며, 따르지 않으면 칼로 찔러서 영원히 입을 막을 바탕으로 삼으려 합니다. 좋은 말에 직접 올라타고 번개처럼 빨리 내달리며 패거리를 불러 모아 산으로 들어갈 계책으로 삼으려 합니다.
이러한 사람은 아마도 틀림없이 패역悖逆하여 난리를 일으킬 사람일 것이니, 그 사정을 알고도 감히 아뢰지 않을 수 없습니다. 그 사람의 기운과 힘이 남보다 뛰어나니, 반드시 장사壯士 백여 명을 동원해 붙잡을 일로 감히 여쭙니다.

대단히 혼란스럽고 일부는 모순되는 내용도 있는 밀고 내용이었다.

'이조 낭관'이란 인사 실무를 담당하는 정랑正郎과 좌랑佐郎을 가리키는 말이고, '어사'는 조정에서 지방에 파견되는 감찰직이며, '지평'은 사헌부의 정5품 벼슬, '주부'는 여러 기관에 소속된 종6품 관리를 말하는 것이다. 게다가 이 사람은 '지사', 즉 풍수지리의 전문가를 자처하며 사람들에게 접근한다는 것이다. 대체 그 정체는 무엇이라는 말인가?

게다가 이어지는 내용에 의하면 그가 그렇게 해서 가까워진 사람들을 칼로 위협하고, 말을 듣지 않으면 찔러 죽이려 한다는 것이다. 또 그는 패거리를 모아 산으로 들어갈 계획을 하고 있으며 난리를 일으킬 수 있는 위험인물로 묘사되고 있다. 진심인지 과장인지는 분명하지 않으나, 밀고자들은 그의 힘이 얼마나 강한지 장사 백여 명은 동원해야 잡을 수 있을 거라고 조언하고 있다.

그러나 실제로 그 괴이한 인물을 붙잡는 데 백 명씩이나 필요하지는 않았다. 수원 부사는 휘하의 군관 이문주李文柱에게 9명의 수하를 이끌고 가서 고등촌의 박씨 부자 집에 머무르고 있던 피의자를 습격하게 했다. 체포되어 온 사람은 25세의 청년이었다. 고발자들은 그의 이름을 정확히 알고 있지 못했다. 밀서에 언급된 박세태, 박필태, 이외에도 박필도朴必道라고 들었다는 증언도 나왔다. 그가 자처한 여러 가지 신분들 가운데 뭐가 진짜인지도 확인해야 했다.

하지만 이 문제는 상당히 쉽게 해결되었다. 문제의 인물은 지패紙牌를 갖고 있었기 때문이다. 이것은 숙종 시대에 잠시 시행되었던 종이 호패戶牌로, 간략한 호적 사항이 기재되어 있어 신분증 역할을 하였다. 그의 지패는 광주부에서 발급된 것이었으므로, 광주부의 호적과 대조해 보기만 하면 그의 신분은 금방 밝혀질 수 있었다. 그의 진짜 이름은 박업귀朴業貴였다. 그리고 신역身役은 종부시노宗簿寺奴, 즉 왕실의 족보를 편찬하는 기관에 소속된 공노비였다.

나비 모양 사마귀와 네 개의 젖꼭지

수원부에서 이루어진 1차 조사에 의하면 고발인들 가운데 박업귀를 처음 만난 것은 광주의 맹씨 부자였다. 박업귀는 1688년 9월 초 맹시정의 집에 묵었다. 맹씨 부자가 어디서 왔는지를 물으니 "나는 지관地官이 업이고 지나가는 중"이라고 밝혔다. 오늘날 '지관'이라는 말은 풍수지리 전문가들에 대한 일반적인 호칭이 되어 있지만, 조선시대 당시에는 조금 달랐다. 일반적으로 지관은 관에 속해서 묘소나 관아의 입지를 정하는 사람들을 가리키는 말이었다. 민간에서 그와 같은 일을 하는 사람들은 "지사地師"와 같은 다른 호칭을 썼다. 오늘날과 같이 풍수사 일반을 지관이라고 부르게 된 것은 더 이상 관에서 공식적으로 풍수지리를 다루지 않게 된 근대 이후의 일로 보인다.

맹시정의 집에 찾아왔을 때, 박업귀는 "박필도"라는 이름을 쓰고 있었다. 그리고 "전 주부注簿"라는 신분을 사칭하고 있었다. 이것은 그가 중앙의 지관들이 소속된 관상감觀象監 출신이라는 것을 암시하는 말이었다. 맹씨 부자는 그를 집 뒤의 선산으로 안내해 땅을 봐 달라고 요청하였다. 박업귀는 퉁명스럽게 "쓸 만한 곳이 없다"고 말하고는 그대로 떠났다. 그러나 사흘 뒤 다시 찾아온 박업귀는 말을 바꾸었다.

"너희 선산이 처음에는 형편없다고 생각했는데, 오늘 심룡尋龍하여 와 보니 아주 좋다. 쓸 만한 곳이다." "심룡"이라는 풍수 용어는 해당 장소로 이어지는 중심적인 산줄기를 찾는 일을 말한다. 맹씨 집안의 선산은 그 자체로는 특별할 것이 없는 장소로 보였지만, 사흘 동안 그곳을 둘러싼 지맥地脈을 종합적으로 검토해 보니 상당히 명당이었다는 의미였다.

이후 박엄귀는 맹시정 집안의 식객이 되어 여러 날을 머물렀다. 이 기간 동안 박엄귀는 자신의 내력에 대해 이런저런 이야기를 해 주었다고 한다. "나는 예사로운 사람이 아니다. 몸에 이상한 징표가 있기 때문에 다른 사람이 알게 될까 두려워서, 일찍이 중요한 벼슬자리를 지내다가 그것 때문에 스스로 몸을 숨기려고 벼슬을 버리고 나와서 지관을 업으로 삼았다." '중요한 벼슬자리'라는 게 뭐냐고 묻자, 그는 "이조 낭관과 지평 같은 자리를 지낸 적이 있다"고 답했다.

그러니까 박엄귀는 원래 중요한 관직에 있다가 자신의 상이 너무나 뛰어나다는 것을 알고, 그 때문에 해를 입을까 두려워 지관으로 전직했다는 말이다. 대체 관상이 어땠기에 남들이 눈치챌까 두려워서 출세 가도를 포기해야 했다는 것인가? 그런 질문을 받자 박엄귀는 이렇게 답했다. "오른쪽 팔뚝 위쪽 마디와 왼쪽 다리 위쪽 마디가 모두 짧다. 왼쪽 팔뚝에는 나비 모양의 붉은 사마귀가 있다. 입안에는 검은 사마귀가 있다. 또 젖꼭지가 네 개 있다."

맹씨 부자는 신기해하며 그 '표징'들을 확인해 보고 싶다고 했다. 팔과 다리 길이가 짝짝이인 것은 쉽게 확인할 수 있었다. 왼쪽 팔에 있는 특이한 색과 모양의 사마귀도 찾을 수 있었다. 입을 벌려서 검은 사마귀도 확인했다고 한다. 남은 것은 "네 개의 젖꼭지"였다. 맹시정의 증언에 의하면, 원래의 젖꼭지 두 개 이외에 두 겨드랑이 아래에 각각 젖꼭지가 있었다고 한다. 정확히는 젖꼭지가 아니라 "쥐젖[鼠乳]"처럼 보였다고 하는데, 오늘날에도 쥐젖이란 젖꼭지처럼 보이는 작은 사마귀를 가리키는 말이다.

박엄귀의 특이한 징표들, 특히 네 개의 젖꼭지에 대한 이야기는 얼핏 보기에는 우스꽝스럽지만 비범한 함의가 있었다. 앞서 언급한 바와 같이, 젖꼭지가 네 개라는 것은 주나라 문왕이 가지고 있었다고 알려진 성인의 징표였던 것이다. 그것은 고대의 성왕에게 있었던 기이한 상이었다는 점에서 다른 어떤 징후보다도 명백한 '왕의 표징'으로 해석될 수 있었다. 그런 고전적인 함의를 박엄귀나 그 주변 인물들이 어디까지 의식하고 있었는지는 알 수 없다. 그러나 박엄귀는 자신의 몸에 새겨진 특별한 표식들을 대단히 진지하게 받아들이고 있었음이 틀림없다.

나는 큰 뜻을 품고 있다

수원 고등촌에 사는 박해에게는 고민이 있었다. 가난한 진사였던 그는 죽은 아버지를 양지현陽智縣에 임시로 장사 지냈지만, 골라 놓은 묫자리를 지나가던 지사가 혹평한 이후 다른 장소를 찾고 있었던 것이다. 그러나 새로운 장지를 골라 줄 지사를 만나지 못하던 차였다. 그러던 중 아들 박형시가 광주에 사는 외삼촌 맹시정의 집에 방문했다가 "지관"

박업귀가 그 집에 머무르고 있다는 것을 알게 되었다. 박업귀는 사정을 듣고 박해의 집을 방문하겠다고 약속하였다. 박해는 "그런 명사名士가 나처럼 가난하고 보잘것없는 선비의 집에 찾아온다고?" 하고 의아하게 생각했다고 한다.

여기에서 "지사"와 "지관"이라는 용어가 어떤 방식으로 사용되고 있는지에 주목할 필요가 있다. 박해는 일반적인 풍수사를 가리킬 때는 "지사"라고 말하는 반면, 박업귀는 "지관"이라고 부르고 있다. 지관이라고 하면 관에 소속되어 지술地術을 제공하는, 민간에서는 만나 보기 힘든 명사라는 인식이 있었다는 것을 알 수 있는 대목이다.[18]

박업귀가 박해의 집에 찾아온 것은 1688년 9월 14일의 일이었다. 여기에서 그는 맹시정에게 밝힌 "박필도"라는 이름 대신 "박필태"라고 자칭했다. 며칠 사이에 이름을 바꾼 것이다. 자신이 이조 좌랑, 지평 등을 지냈으며 벼슬살이에 뜻이 없어 지술을 일삼으며 방랑하고 다닌다고 과시한 것은 같았다. 박해는 그런 서울의 "명사"가 자기 집안 묘소를 골라 주러 왔다는 점에 감격하여 정성스레 대접하였다. 농사철이라 그의 수발을 들 노비들이 모두 일터에 나가 있을 때라, 박해는 이웃집에 머물고 있던 여성 도망노비를 시켜 식사를 제공하게 하였다. 그러자 박업귀는 그 노비를 겁탈해 버렸다.

박해는 그런 사건에 크게 개의치 않았던 듯하다. 며칠 후 그는 박업귀와 함께 부친의 묘소를 방문했다. 예전에 만난 지사와는 달리, 박업귀는 무덤을 옮길 혈자리[穴處]를 입이 마르게 칭찬하였다. 박해는 크게 기뻐하고 안도하며 박업귀와 함께 맹시정의 집으로 가서 하룻밤을 묵게 되었다. 그날 함께 잠을 잔 것은 박해와 박업귀 외에 맹시정과 맹수성 부자, 그리고 아들 박창시였다. 9월 19일 밤이었다.

여기서부터는 관련자들의 증언이 갈린다. 고발자들에 의하면 한밤중에 박업귀는 칼을 뽑아 들고 그들을 위협하며 이렇게 말했다고 한다. "나는 큰 뜻을 품고 있다. 너희들이 내 말을 듣지 않으면 죽여서 입을 막을 것이다." 그러고 나서 박업귀는 박해에게 자신들의 명단을 쓰고 서명을 하도록 강요하였다. 그들 부자 이외에도 백여 명이나 되는 사람들의 이름을 받아썼다고 한다. 명단에는 환곡還穀을 받은 기록으로 위장하기 위해 각각의 이름에 곡물의 수량을 기재하기도 했다. 박업귀에 의하면 그 명단에 실린 이들은 모두 힘이 센 장사들로, 장차 강양도江襄道(강원도) 산골짜기에 집결해 군사를 일으켜 서울을 공격할 일당들이었다.

한편 박업귀의 증언에 의하면, 그날 밤은 대단히 화기애애한 분위기였다. 즐겁게 술을 마시고 있는데, 맹시정 등이 박업귀에게 말했다고 한다. "당신을 묶어 놓고 그 지혜와 용기를 보고 싶은데 어떤가?" 박업귀도 이렇게 맞장구쳤다. "나도 칼을 뽑아 들고 위협하면서 여러분의 지혜와 용기를 보고 싶은데, 어떻소?" 그러고 나서 방에 있는 환도를 뽑아 들고 장난을 치며 다른 이들을 위협했다는 것이다. 맹시정 부자는 출신出身, 업무業武 등의 직역을 가진 무반이었으니 집에 환도를 갖춰 놓고 있었던 모양이다.

물론 두 가지 증언 가운데에는 박업귀의 진술 쪽이 확연히 이상했다. 무엇보다 박업귀가 박해에게 쓰게 한 115명의 명단이 설명되지 않았던 것이다. 수원부에서 족장足杖을 치겠다고 위협하자, 박업귀는 강양도의 산속에 모여 군사를 일으켜 서울을 침공하려 한 계획을 의논한 사실이 있다고 자백하였다. 그러나 그는 고발자인 박씨, 맹씨 부자들도 자신과 함께 모의한 일당이라고 주장하였다. 명단에 기재된 인물들은 자신이 풍수지리를 보며 전국을 돌아다니며 알게 된 포섭 대상들이었고, 그들 가운데 일부와 이미 모의를 마쳤다는 것이다.

그러나 고발인들은 자신들은 단지 박업귀의 협박을 받아 명단에 이름을 올린 것뿐이라고 항변하였다. 어디까지가 진심인지는 알 길이 없으나, 박업귀를 체포하려면 "장사 백 명은 필요하다"고 주장하는 그들의 고발장은 명백히 그에 대한 두려움을 드러내고 있었다. 박업귀는 평소에 자신이 "만 명의 사내로도 당할 수 없는 용력[萬夫不當之勇]"을 가지고 있다고 겁을 주었다고 하니, "장사 백 명"이란 그보다는 과장이 덜한 이야기였던 셈이다.

게다가 조사를 진행하다 보니, 고발인 여섯 명 이외에 명단에 실린 인물들은 그 실재 자체가 분명하지 않았다. 황당무계한 사건이었지만, 한양 침공 계획이 언급된 이상 더 이상 지방 관아에서 다룰 수 있는 건은 아니었다. 결국 관련자들은 모두 의금부에 끌려갔고, 추국이 시작되었다.

장대한 거사 계획

추국장에서는 몇 가지 사실이 추가로 확인되었다. 박업귀는 맹시정의 집에 찾아오기 두어 달 전, 광주 우천牛川에 사는 맹시정의 조카에게서 그에 관한 정보를 얻었다. 맹시정이 좋은 묘지를 찾고 있다는 것을 안 그는 의도적으로 그에게 접근했던 것이다. 박업귀가 맹시정을 통해 그 매부인 박해와도 안면을 트게 되었다는 것은 수원부에서의 진술과 같았다. 다만 맹시정은 박업귀와 나눈 대화 내용을 초기 조사에서보다 더욱 상세하게 진술하였다.

박업귀는 처음에 맹씨의 선산이 불길하다고 했다가, 사흘 후 용인에서부터 심룡을 하며 와서는 선산 안에 쓸 만한 묘지가 있다고 말했다. 그러나 어느 장소인지는 특정하지 않은 채, 맹시정의 집에 눌러앉아 대접을 받고 있었다. 그가 자기 몸의 특이한 징표를 자랑한 것은 그 즈음이었다. 앞서 이야기한 바와 같이, 거기에는 입안의 검은 사마귀, 짧은 오른쪽 팔뚝과 왼쪽 허벅지, 팔뚝의 나비 모양 붉은 사마귀, 네 개의 젖꼭지 등이 포함되어 있었다. 추국장에서 처음 언급된 것은 "겹눈동자[重瞳]"였다. 젖꼭지 네 개가 문왕의 상이었다면, 겹눈동자는 순임금의 상으로 전해지는 징표였다. 맹시정은 박업귀의 다른 표징들은 직접 확인했지만, 아무리 눈을 들여다봐도 뭐가 "겹눈동자"인지는 알지 못했다. 수원부의 조사에서 이 내용이 빠진 것은 그 때문일 것이다.

그렇다면 박업귀는 자신에게 문왕과 순 임금의 것과 같은 왕의 표징이 있다는 것을 어떻게 알게 되었을까? 맹시정의 진술에 의하면, 박업귀의 관상을 해석해 준 것은 어느 중국인 술사였다. 그 중국인은 박업귀의 사주팔자 또한 아주 귀하다고 칭찬해 주었다고 한다. 또 박업귀는 자신이 나옹懶翁과 같은 사람이고, 19세에 소과 급제, 23세에 문과에 급제하여 지평과 이조 낭관을 지냈다고 과시하였다. 맹시정은 그 말을 듣고 그를 더욱 신봉하게 되어 그의 말에 따라 무덤을 옮기고, 박해에게도 소개해 준 것이었다.

　문제의 9월 19일 밤, 박업귀는 벽에 걸린 칼을 들고 박해를 붙잡고 찌르는 시늉을 하며 예의 '명단'을 쓰도록 했다. 평소 박업귀는 여섯 부자에게 자신이 얼마나 힘이 세고 무예에 뛰어난지를 지속적으로 과시해 왔다. 그것은 아마도 이 순간 자신에게 거역하지 못하도록 길들이는 과정이었을 것이다. 명단이 완성되자 박업귀는 웃으며 말했다. "너희들은 내게 속았다!"

나는 큰 뜻을 품고 있는데, 너희들은 사람을 몰라본다. 충청도, 전라도, 강원도, 경상도 네 도에서 나와 힘을 합하고, 또 대궐 안과도 몰래 통할 것이니 너희는 걱정할 필요 없다. 거사할 때 경상도와 강원도의 군사가 여주의 능 앞에서 합세하여 진을 칠 것이고, 전라도와 충청도의 군사는 광주에서 합세하여 진을 쳐서 몰아쳐 들어갈 것이다.

　이것은 초기 조사에서의 진술보다 훨씬 구체적인 역모 계획이었다. 이어서 박업귀는 밀봉한 편지를 내어 보이면서 거사할 때 각 도의 감영에 전할 글이라고 말했다. 특히 경상 감사는 자기 사촌이라고도 했다. 이들 지방 감영의 군사들이 진군해 오면, 강원도 홍천에서 백여 명의 장사들을 집결해 놓은 박업귀가 대군을 이끌고 한양을 공격해 궁궐을 차지할 것이라는 장대한 구상이었다.

　또 박업귀는 신여철申汝哲과 서문중徐文重 두 대장大將이 자신과 내통하고 있다고 주장하였다. 두 사람은 모두 민간에까지 널리 알려진 고관들이었다. 신여철은 선전관, 통제사, 병마절도사, 훈련대장, 공조 판서 등을 지낸 최고위 무관으로 추국 당시에는 형조 판서였다. 훗날 영의정에까지 오르는 서문중은 당시 우참찬 자리에 있었다. 박업귀가 하필 그 두 사람을 언급한 것은 이들이 각각 훈련대장과 어영대장을 겸직하고 있다는 사실을 알고 있었기 때문이었을 것이다. 맹시정이 대체 그들과 어떻게 내통할 수 있었냐고 묻자, 박업귀는 자신이 지평, 즉 대간大諫 자리에 있었기 때문에 대장이라도 따를 수밖에 없다고 말했다. 게다가 두 대장이 자신의 용맹함을 흠모하여 서로 친하게 지낸다는 자랑도 잊지 않았다.

물론 이 모든 것은 박업귀의 허풍이었다. 실제 그는 벼슬자리 근처에도 간 적이 없는 노비 신분이었다. "만 명을 상대할 만한 용력"이라는 것도 별것이 아니었던 것으로 보인다. 추국청에서 박업귀에 대한 형문을 개시하자, 겁에 질린 그는 신장 세 대를 맞은 시점에서 모든 것을 자백하기 시작하였기 때문이다.

노비에서, 술사에서, 반역자로

박업귀가 밝힌 그의 실제 '이력'은 다음과 같았다. 그의 아버지는 목수木手 직역의 양인인 박계운朴季雲이었다. 어머니는 관노비로 이름은 애운愛雲이었다. 종모법從母法을 따르든, 일천즉천一賤則賤의 관행을 따르든, 그의 신분은 어머니를 따라 노비로 결정될 수밖에 없었다. 강원도 양양에서 태어난 그는 부모를 따라 경기도 광주로 이주해 살게 되었다.

노비인 그는 풍수지리를 대충 알고 있었다. 공모자 명단을 박해에게 대필시킨 것으로 보아 그 자신은 문맹이거나 글자를 조금밖에 알지 못했을 가능성도 있다. 당시 감각으로 '박업귀'라는 이름은 너무나 노비스럽게 들렸는지, 그는 '박필도' 등의 이름을 쓰며 여러 관직명을 사칭했다. 특히 자신이 점지해 준 땅에 표지를 묻을 때에는 '지평'이라는 명칭을 쓰게 했고, '관상감 주부'를 자처한 것은 지관들에게 흔한 직명이었기 때문이었다. '이조 낭관'이나 '어사'를 사칭했다는 것은 마지막까지 부인했지만, 다른 이들이 자신을 그렇게 부를 때 굳이 부인하지 않은 것은 사실이라고 털어놓았다.

중국인 관상가가 그의 관상을 칭찬한 것도 사실이었다. 그는 자신이 그토록 특이하고 뛰어난 징표를 가지고 있다는 점에 자부심을 가지고, 반역을 꾀하는 마음을 먹게 되었다. 강원도 횡성을 집결지로 생각한 것은 사람들의 왕래가 드물고 숨어 있기에 좋기 때문이었다. 그는 진심으로 자신이 풍수지리를 통해 포섭한 이들을 모아서 한양을 침공할 수 있을 것이라 믿었다고 진술하였다.

이론의 여지 없는 모반죄였다. 본인은 능지처사, 아버지 박계운도 생존해 있었다면 연좌죄로 교형에 처해져야 했다. 박업귀는 25세였으니, 연좌 대상인 16세 이상의 아들은 없었을 것이다. 그의 가족관계는 기록에 남아 있지 않지만, 나머지 일가친척도 노비가 되거나, 귀양을 가야만 했다. 한편 고발인 여섯 명을 비롯하여 추국 과정에서 언급된 인물들에 대한 추가 조사는 이루어지지 않았다. 국왕 숙종은 이들에 대해서는 거론할 필요조차 없다고 선을 그었다. 모든 것은 어디까지나 박업귀 자신의 과대망상이었던 것으로 결론이 난 것이다. 4개 도에 걸친 전국적인 반란 계획도, 한양에서의 내응 약속도, 강원도 횡성에 집결할 백여 명의 동지도, 실제로는 존재하지 않았던 것으로 처리되었다.

이 사건의 주모자 박엽귀는 이 책에서 다룬 어떤 '반역자'보다도 낮은 신분에 속한다. 그는 원래의 신역인 종부시노로서가 아니라 풍수지리를 업으로 삼는 술사로서의 삶을 살았다. 술사들이 역모 사건의 중요 인물로 참여하는 것은 조선 후기에 대단히 흔한 현상이었다. 박엽귀 사건의 독특한 점은, 그가 국가 장악이라는 장대한 계획을 세웠음에도 불구하고 실질적으로는 단 한 사람의 동조자도 얻지 못한 채 고발당해 혼자서 처벌받았다는 사실이다.

게다가 그는 그다지 강도 높은 고문을 당한 것도 아닌 상태에서 자신이 한양 침공을 계획했다는 것을 순순히 털어놓았다. 여섯 명의 고발자들은 박엽귀에게 협박을 당했을 뿐 별다른 이해관계가 없었다. 따라서 이들이 무고한 그를 모함했을 가능성도 그다지 없었다. 그렇다면 박엽귀는 정말로 자신이 풍수지리와 협박, 자기과시를 통해 사람들을 끌어모아 나라를 집어삼킬 수 있다고 믿었다는 말이 된다. 17세기 후반의 조선왕조는 아무런 세력도 없는 노비 한 사람이 반역을 꿈꿀 정도로 만만해 보였던 것일까?

이 기이한 사건을 이해하기 위해서는 관상에 대한 당시 사람들의 믿음에 주목해 보아야 할 것이다. 박엽귀가 그처럼 거창한 꿈을 꿀 수 있었던 단 하나의 근거는 자신의 몸에 새겨진 왕의 징표들이었기 때문이다. 그는 대단히 예외적인 개인이기는 하지만, 인간의 운명이 몸에 새겨져 있다는 믿음이 있는 문화에서 결코 존재할 수 없는 유형의 인물은 아니었다.

두 명의 진인과 승려들의 군대
1697년 이영창 사건

한승훈

김우철 역주, 『추안급국안』 33, 흐름, 2014, 193~464쪽.

소설가가 빌려 간 연구 노트

1970~80년대에 선풍적인 인기를 끌었던 황석영의 대하역사소설 『장길산』에는 숱한 인간 군상들이 등장한다. 그 가운데서도 유독 눈에 띄는 것이 장길산張吉山에게 협력한 승려들의 이야기이다. 그들 중 상당수는 실존 인물로, 대개는 불교 쪽 기록이 아닌 추국 기록에서만 확인된다. 이것은 기이한 일이다. 당시에 『추안급국안』은 아직 연구자들 사이에서도 잘 알려지지 않은 사료였기 때문이다. 어떻게 이 당대의 베스트셀러 작가는 그런 희귀한 자료를 손에 넣어 소설화시키기까지 했을까?

이 소설의 집필 과정에 대해서는 뒷얘기가 있다. 서울대학교 규장각에서 미분류 상태로 방치되어 있던 추안급국안이 '발견'된 것은 1960년대의 일이다. 당시 연구팀의 일원으로 훗날 영남대학교 교수가 된 정석종은 이 방대한 문헌을 검토하고 해제하는 작업을 진행하였다. 그러나 그는 그 과정에서 건강이 악화되어 3년에 이르는 투병 생활을 하게 된다. 훗날 그는 황석영과의 만남을 다음과 같이 회고하고 있다.

> 이 기간 동안 나의 「추안급국안」의 내용을 적은 노트를 소설가 H씨가 빌려 간 적이 있었다. 그때는 죽음이 찾아온 후에는 그 노트도 필요 없을 것이라고 생각했기 때문에 빌려 주었다기보다 차라리 주었다고 하는 편이 맞을 것이다. 그렇게라도 하여 다하지 못한 민중사의 편린이나마 일반에게 알리고 싶었다.[19]

그렇게 하여 완성된 소설 『장길산』은 17세기 후반 황해도 구월산 九月山을 중심으로 활약한 장길산의 무장 집단을 다루고 있다. 장길산의 스승인 승려 운부雲浮, 그리고 조력자로 등장하는 승려들의 이름은 1697년 이영창李榮昌 사건 기록에서 등장한다. 그런데 이 자료를 살펴보면 소설에서 주인공에 가까울 정도의 중요한 비중을 가지고 있는 운부는 실존 여부조차 분명하지 않다. 그러나 그가 거론된 실제 사건은 작가의 문학적 상상력을 거친 소설만큼이나 흥미롭고 독특한 것이었다.

귀를 씻고 달아날 수도 없다

숙종 23년(1697) 1월, 이절李梲과 유선기兪選基라는 두 선비가 이영창의 반란 모의를 고발하였다. 두 사람은 삼촌, 조카 사이였지만 삼촌인 이절 쪽이 34세로 조카인 유선기보다 세 살이 적었다. 고변서告變書에 의하면 두 사람이 이영창이라는 지사地師를 알게 된 것은 1696년 9월 말에서 10월 초 사이였다. 세 사람은 묏자리로 정할 명당을 구하는 일로 상담을 하며 가까이 지내게 되었다. 그러던 10월 말의 어느 날, 이절의 집에서 묵으며 담소를 나누던 이영창은 다음과 같은 이야기를 꺼냈다고 한다.

> 네가 꼭 장사 지낼 땅으로 명당을 얻으려고 한다면 금강산으로 가서 우리 스승님을 만나 보러 가는 것이 좋을 것이다. 스승인 스님은 바로 운부인

데, 지금 나이 70세로 중국 송나라 때의 이름난 신하인 왕조汪藻의 후손이다. 명나라가 망한 뒤 중국에서 떠돌다가 우리나라에 도착해, 머리를 깎고 금강산으로 들어갔다. 그 인물됨은 위로는 천문天文을 꿰뚫고 아래로는 지리地理를 잘 알며 중간으로는 인사人事를 잘 살피니, 재주가 옛날의 제갈량諸葛亮이나 유기劉基에 밀리지 않는다는 분이다.

불경을 승려들에게 가르쳤는데 그 가운데에서 특별히 뛰어난 사람인 옥여玉如, 일여一如, 묘정卯定, 대성법주大聖法主 등 1백여 명을 얻어 그의 술법을 전해 주면서 팔도의 승려들과 결탁했으며, 또 장길산의 무리와도 결탁했다. 또 이른바 진인眞人이라는 정씨 성의 사람과 최씨 성의 사람 두 사람을 얻어 먼저 우리나라를 평정하여 정씨 성의 사람을 임금으로 세운 뒤에 중국을 공격하여 최씨 성의 사람을 황제로 세울 것이다.

이절은 등골이 오싹해졌다고 한다. 이 말이 사실이라면 운부라는 노승은 그 유명한 제갈공명이나 명나라의 개국 공신인 유기와 견줄 수 있을 정도의 뛰어난 사람이다. 그런 자가 지금 백 명의 제자들을 모아서 전국의 승려들을 조직해 두었으며, 벌써 십여 년이나 조정을 괴롭히고 있는 장길산의 무장 집단과도 협력하고 있다는 것이 아닌가?

특히나 충격적인 것은 진인에 대한 이야기였다. 당시의 기록에는 아직 『정감록』이라는 책은 등장하지 않는다. 이씨 왕조를 무너트리고 새로운 나라를 세울 진인에 대한 예언은 널리 퍼져 있었지만, 아직 그에 대한 전형화된 이야기가 전파된 단계는 아니었다. 진인이 "두 사람"이라는 주장이 나타날 수 있었던 것은 그 때문이었다.

이영창의 이런 발언은 그 자체만으로도 대역죄에 해당하는 것이었다. 명백하게 역성혁명을 언급하고 있기 때문이다. 그런데 이 이야기를 들은 이절의 반응은 다소 이해하기 어렵다. 이 상황에서 상식적으로 생각할 수 있는 것은 동조, 지탄, 무시 정도가 있을 것이다. 만약 그 자신도 현실에 대한 불만이 가득했다면 이영창의 말에 통쾌함이나 기대감을 느끼거나, 심지어는 그 야망에 적극적으로 참여할 수도 있을 것이다.

그러나 그런 위험한 선택을 하기보다는 그를 꾸짖거나 관아에 고발하는 것이 보다 일반적인 반응일 것이다. 혹은 굳이 이런 '위험 분자'와 엮이기보다는 아무것도 듣지 못했다고 치고 무시하는 방법도 있을 것이다. 그러나 조선시대에는 이 두 가지 방법 모두 그다지 안전하지 않았다. 오늘날의 내부 고발자와는 달리 당시 사회에서는 역모 고발자에 대한 보호는 이루어지지 않았다. 추국 기록에서는 진상이 밝혀질 때까지 고발자를 피고발자와 마찬가지로 '죄인'으로 분류했다. 반역적인 언사를 들은 사람은 이미 그 모의에 연루되었을 가능성이 있다고 여겼기 때문이었다.

그렇다고 고발하지 않고 무시하는 것도 안전하지 않았다. 만약 나중에 역모 계획이 발각된다면 불온한 말을 듣고도 관에 알리지 않은 이들은 우선적인 의심 대상이 될 터이기 때문이다. 이영창의 반역적 언사를 들은 이절로서는 불고지죄로 처벌을 받을지, 아니면 고발자인 동시에 '죄인'으로서 추국장에 끌려갈 것인지라는 대단히 불합리한 선택을 강요받게 될 것이다. 그는 이미 '엮이고' 말았다.

이튿날 그는 연상의 조카인 유선기를 만나 이 일에 대해 상담했다고 했다. 이절은 말했다. "지난밤에 이영창이 우리 집에 와서는 갑자기 흉악한 말을 꺼냈다. 신하로서 이런 말을 들었으니 어떻게 처리하면 좋을까?" 유선기는 답했다. "지금 세상은 오랜 옛날과는 달라서 귀를 씻고 멀리 달아날 수도 없다. 그에 대해 자세히 살펴본 후에야 처치할 방도가 생길 것이다." 이절 또한 "내 뜻과 같다"며 동의했다. 결정적인 증거가 없는 상태에서 섣불리 고발을 했다가 이영창이 잡아뗄 경우에는 오히려 자신들이 죄를 뒤집어쓸 위험마저 있었다. 그래서 그들은 대단히 위험한, 그러나 그들로서는 유일한 방법을 택하기로 했다. 바로 이영창과 공모하는 척하면서 역모 계획의 실상에 대한 증거를 확보하는 것이었다.

형제의 의리를 맺다

물론 여기까지의 이야기는 모두 이절과 유선기의 주장이다. 실제로는 그들이 진심으로 이영창의 계획에 참여했다가 배신했을 수도 있다. 어떤 의도였든 두 사람은 이영창의 역모에 더욱 밀접히 접근해 나갔다. 이영창은 유선기에게도 이절에게 털어놓았던 두 사람의 진인, 승려들의 군대, 장길산과의 연계 등과 같은 계획을 똑같이 이야기했다.

그러던 사이 1696년 11월이 되었다. 그보다 몇 해 전, 이절의 아버지이자 유선기의 외할아버지인 이시득李時得이 사망하였다. 그런데 재산 정리를 하다 보니 집안 소유의 여종 한 명을 찾을 수가 없었다. 알고 보니 오래전에 그녀는 충청 병사忠淸兵使를 지낸 최운서崔雲瑞의 첩이 되어서 장성한 아들 둘을 두고 있었다. 이절은 소송 끝에 최운서의 서자인 그 두 사람, 최상중崔尙仲과 최상성崔尙晟에 대한 소유권을 얻는 데 성공하였다. 최운서의 집안에서는 형제의 몸값을 내고 속량贖良을 하려고 했지만 이절 측에서는 처리를 미루고 있는 상황이었다.

    이런 사정을 알게 된 이영창은 이렇게 말했다고 한다. "우리들이 큰 일을 도모하려면 선한 일을 많이 해야 하니, 두 형제에게 속량 문권(文券)을 어서 발급해 줘야 한다. 그리하고는 형제의 의리를 맺어서 같이 나라를 세우면 좋지 않겠는가?" 고발장에 의하면 이절과 유선기는 이 상황을 좋은 기회로 여겼다고 한다. 이영창이 이렇게 적극적으로 나서는 것을 보니 최씨 형제는 분명 그와 한패다. 그러니 그의 말을 따르는 척하면서 역모의 증거를 잡자는 것이었다.

    11월 4일 저녁, 최상중, 최상성 형제가 술과 안주를 가지고 왔다. 그리고 최씨 형제와 이절, 유선기, 그리고 이영창까지 다섯 명 사이의 결의형제 의식이 시작되었다. 고변서에 의하면 그 절차는 다음과 같았다. 밤새 술을 마시며 "요언妖言"을 나누다 아침이 밝자 이영창은 유선기에게 종이를 둥글게 자르라고 하였다. 그 가운데에는 "황黃" 자를 쓰고 그 가운데 긴 획에 "형제가 되기로 결의하고 함께 나라를 열기를 마음으로 맹세한다[結義爲兄弟, 誓心共開國]"고 썼다. 유선기가 "황" 자를 쓴 의미를 묻자, 이영창은 이렇게 답했다. "나는 뜻을 모른다. 운부가 다른 사람들과 함께 맹세할 때 이렇게 했기 때문에 따라 한 것이다."

    원형으로 만들어진 '황' 자 결의문은 훗날의 '사발통문'과 유사한 역할을 했던 모양이다. 이영창은 먼저 자신의 성과 본관, 이름을 쓰고는 나머지 사람들에게 똑같이 써 놓도록 했다. 그러고는 향을 피우고 무륜 꿇고 절을 하며 형제의 의를 맺었다. 이 대목은 사건 관련자들 사이의 진술이 엇갈리는 부분 중 하나다. 나중에 최상중과 최상성 형제는 이 자리에서 이루어진 것은 단지 자신들의 노비 신분을 면하고, 이절과의 '주인과 종' 관계를 청산하는 일뿐이었다고 증언하였다. 그들은 "황" 자를 보았을 뿐, 나라를 여느니 하는 말은 들은 바 없다고 주장하였다.

이것으로 이절과 유선기는 이영창의 반역 모의에 대한 결정적인 증거를 확보한 셈이었다. 자신들의 이름도 그 증거물에 새겨져 있다는 문제가 있기는 했지만 말이다. 그러나 그들은 거기에서 멈추지 않았다. 두 사람은 이렇게 얘기를 나누었다고 한다. "우리들이 뜻을 굽히고 마지못해 따른 것은 저 이영창 등이 손수 쓴 증거를 얻기 위함이었다. 단지 이렇게 둥그런 종이 하나로 지레 조정에 고발한다면 국적國賊의 흔적을 따라가서 캐낼 수 없다."

그래서 그들은 곧바로 이영창과 최씨 형제를 곧바로 관아에 고발하는 대신 자신들과 막역한 사이인 김경함金慶咸과 김정열金廷說을 끌어들이기로 결정한다. 이 두 사람은 '결의 의식'에는 참여하지 않았지만, 이영창을 소개받고 그의 역모 계획을 들었다. 그리고 김정열은 병조 판서 민진장閔鎭長에게 미리 사정을 알리고, 나머지 사람들은 이영창의 음모에 더욱 파고들기로 하였다.

진인의 사주팔자

1696년 11월 20일이 되었다. 이영창은 이절과 유선기에게 용문사龍門寺로 가서 금강산에서 온 승려 묘정을 만나자고 하였다. 이영창이 늘어놓은 역모 계획은 대단히 장대했지만 이절과 유선기는 아직 이영창 이외의 관련자를 만나 본 바가 없었다. 두 사람의 주장에 의하면, 그들의 목적은 이영창의 반역과 관련된 실상을 조사하는 것이었으므로 거절할 이유는 없었다.

11월 27일, 그들이 길을 떠나려는 차에 이익화李翊華라는 자가 이절의 집으로 찾아왔다. 그는 이절, 유선기와 가까이 지내던 인물로 자미두수紫微斗數에 능한 술사術士였다. 이영창은 그와 대화를 나누어 보고는 "이 사람과는 함께 일을 할 만하다"고 평했다. 그날 밤 이영창과 이익화는 의기투합하여 함께 이절의 집에 묵었다.

이절과 유선기의 고변서에 의하면 이익화는 이영창의 이야기에 큰 흥미를 보였다. -물론 추국장에서 이익화는 그런 사실을 강하게 부정했다.- 특히 그는 운부라는 승려와 장차 개국 군주가 되리라는 정씨 진인에 대해 알고 싶어 했다. 점술가인 이익화는 이영창에게 그가 말하는 운부와 진인의 사주四柱에 대해 물었다. 이영창은 이렇게 답했다. "운부는 정묘년丁卯年(1627)에 태어났고, 진인은 기사년己巳年(1689), 무진월戊辰月, 기사일己巳日, 무진시戊辰時에 태어났다." 이익화는 크게 기뻐하면서 이렇게 말했다. "비기祕記에 '중국 장수[唐將]로 묘년卯年에 태어난 사람이 중국에서 와서 팔방八方을 밟고 일어난다'고 했는데, 이것이 바로 운부를 말하는 것이다."

이익화는 진인의 사주를 보고는 흥분을 금치 못했다. "기사, 무진, 기사, 무진이면 뱀이 변해서 용이 되는 격이다. 숭정황제崇禎皇帝의 사주에는 뱀이 변하여 용이 되는 격이 하나였지만 천자가 될 수 있었는데, 이 사람은 둘이나 있으니 참으로 기쁘고 다행스럽다." 그러고는 두 손을 모으고는 고개를 숙이고 엎드려 그 사주를 바라보았다는 것이다. 운부의 경우와 마찬가지로 진인에 대해서도 이익화는 "비기"의 한 구절을 떠올렸다. "진년辰年, 사년巳年에는 성인聖人이 나오고, 오년午年, 미년未年에는 즐거움이 당당할 것이다[辰巳聖人出, 午未樂堂堂]."

이익화의 사주팔자 풀이는 명리학에서 사주를 다루는 방식과는 별 관련이 없어 보인다. 생년월일을 이루는 여덟 글자 사이의 관계를 해석하는 이런저런 이론들을 일절 사용하지 않은 채, 단순히 뱀[巳]과 용[辰]이 두 번 등장한다는 부분에만 집중하고 있기 때문이다. 한편 이익화가 비기에서 인용하고 있는 '어느 해에 성인이 나오며, 어느 해에 좋은 일이 있을 것[○○聖人出, ○○樂堂堂]'이라는 형식의 예언은 한국사에서 고려시대 때부터 근대에 이르기까지 빈번하게 등장한다. 고려 때 신돈辛旽도 '진년, 사년에 성인이 나온다[辰巳聖人出]'는 예언을 내세우며 바로 자신이 그 성인이라고 주장한 바 있다. 조선시대의 변란 사건들에서도 이런 형태의 문구는 조금씩 형태를 바꾸어 가면서 등장하는, 대단히 널리 유행하던 예언이었다.[20]

이익화는 조선시대에 이씨 왕조를 빼앗아 새로운 나라를 세울 진인에 대한 예언을 가장 활발하게 전하였던 계층인 술사였다. 그는 이영창에게 진인에 대한 이야기를 듣자 곧바로 그 사람을 자신이 읽어 본 비

양평 용문사 전경 | 경기도청

기에서 예견된 메시아적인 인물과 동일시하였다. 당시 조선 사회의 몇몇 사람들은 최소한의 정보와 암시만으로도 진인에 대한 이야기를 이해하고 믿을 준비가 되어 있었던 것으로 보인다.

 이렇게 해서 만난 이절, 유선기, 이영창, 이익화 일행은 지평砥平 용문사로 가서 승려 묘정을 만났다. 그는 이영창이 밝힌 역모 가담 세력 중에서 각지의 사찰에서 승병을 일으킬 40여 명의 승려들 가운데 하나로 지목된 인물이었다. 이절과 유선기는 그 이후에도 더러는 직접 방문하고, 더러는 측근을 보내는 방식으로 이영창이 언급한 승려들에 대한 '수사'를 진행하였다. 그러나 그들의 리더인 운부와 진인 삼변이라는 사람만은 찾을 수가 없었다.

정씨 진인과 최씨 진인

이절과 유선기가 파악한 역모 계획에 따르면, 봉기 일시는 1697년 3월 21일이었다. 이영창은 승려들 이외에도 장수, 부자, 선비, 술사 등 수십 명의 가담자들을 실명으로 밝힌 바 있었다. 거기에는 강계 부사江界府使 신건申鍵 등 관리들도 포함되어 있었다. 계획 자체는 황당했지만, 대단히 구체적이었다.

그리고 1697년 1월이 되었다. 이영창은 이절에게 자신의 노비 중길仲吉을 보내 소식을 전했다. "산사람[山人]이 오면 따로 좋은 소식이 있을 것이다." 이윽고 이영창은 운부가 보냈다는 승려와 함께 이절, 김경함, 유선기 등이 모인 자리에 나타났다. 혜찰惠察이라는 이름의 승려는 말했다. "우리들의 일은 이미 모두 이루어졌는데, 서울에서 계획하고 추진하던 일은 지금 어떤 단계에 이르렀는가?" 그리고는 세 사람의 손을 잡고 관상을 본 후에 말했다. "오래지 않아 분명 좋은 일이 있을 것이다."

이절, 유선기 등은 더 이상 지체했다가는 운부의 역모가 실현될 것 -혹은 실패해서 자신들도 연루될 것-이 두려웠던 모양이다. 그들은 승려 혜찰과 이영창, 이영창의 동생 이영만李榮萬, 노비 중길, 이영창의 아내 선옥仙玉 등을 붙잡아 포박하고서야 관에 알렸다. 의금부에서는 이절, 유선기 등이 제출한 책자 형태의 고변서 1책과 여섯 통의 문서를 검토하고, 거기에 언급된 관련자들을 모두 체포하였다. 고발 내용 자체는 그렇게까지 복잡하지 않았지만, 워낙 충격적이고 황당한 이야기였기에 우선 사실관계를 밝힐 필요가 있었다. 그래서 추국장으로 가장 먼저 끌려온 것은 고발자인 이절과 유선기였다.

이절에 진술에 의하면, 그들이 이영창과 교류하기 시작한 데에는 고변서에 언급되지 않았던 사정도 있었다. 1696년 10월, 이절의 아들이 병에 걸려 죽으려던 차에, 유선기가 소개해 준 이영창이 부적을 써 주었다. 이후 아들이 기적적으로 살아나게 되자, 이절은 이영창을 신뢰하게 되어 이후로도 자주 왕래하였다. 마침 이절은 아버지 이시득의 묫자리를 구하고 있었기 때문에 이영창을 후하게 대접하며 조언을 구했다. 금강산에 살고 있는 중국인 승려 운부에 대한 이야기가 나온 것은 그런 맥락이었다. 이영창은 운부가 자기 스승이며 천문, 지리, 인사에 밝다고 자랑하였다. 이절이 흥미를 보이자, 이영창은 운부가 망기望氣와 신병神兵을 부리는 술법을 가지고 있다고 덧붙였다. 이 두 가지 술수는 조선 후기의 역모 사건에서 대단히 자주 언급되는 것들이다. '망기'는 천지의 기운을 살펴서 앞으로 일어날 일을 예측하는 것으로, 국가의 운명을 예측하거나, 뛰어난 인물을 탐색하는 등의 용도로 사용될 수 있었기 때문이다. '신병'을 부려서 무력 봉기를 일으킨다는 얘기는 현대인의 관점에서는 이해하기 어렵지만, 당시에는 상당히 널리 믿어지는 술법이었다.

이영창에 의하면 운부는 명나라를 부흥시키려 하고 있으며, 그는 스승의 명령에 따라 3광三廣과 4한四漢이라는 인재를 찾고 있었다. 이영창을 파견하며 운부는 이렇게 말했다고 한다. "지금 세상은 이미 말세에 이르렀다. 산천을 살펴보니 나라의 맥[國脈]이 거의 다했다." 그러고는 이영창에게 다섯 개의 비단 주머니를 주면서 덧붙였다. "너는 이것을 가지고 인간 세상으로 내려가거라. 재상네 집에는 가지 말고 서류庶

流 중에서 의기義氣가 있고 재능이 많은 사람을 얻어서 심복으로 만든 뒤 평안도로 내려갈 때 나누어 주어라." 운부의 또 다른 제자라는 승려 혜찰 또한 이절과 유선기가 "3광 4한"에 포함될 자격이 있는지를 관상을 통해 확인하려고 찾아온 것이었다. 이렇게 '인재'들을 모아서 일으킬 반란 계획은 다음과 같다.

> 포은圃隱 정몽주鄭夢周의 13세손과 최영崔瑩의 후손을 망기望氣를 해서 찾아냈다. 정가를 우리나라에 세우고, 최가를 중원에 세울 것이다. 승려 묘정은 운부의 제자로서 용문산에 나와 있으면서, 승병僧兵을 불러 모으고 일여 등 여러 승려를 팔도에 나누어 보내어, 오는 3월 21일에 군병을 모아 대궐을 침범할 것이다. … 흰 깃발을 지니고 날랜 말을 타고 서쪽으로 이끌고 가면 운부가 이미 많은 승병과 적병賊兵을 구월산과 묘향산妙香山의 두 산에 감추어 놓았을 것이다. 2월 1일에 여기에서 길을 떠나 3월에 군사를 일으킨다.

여기에는 '두 진인'에 대한 이영창의 독특한 주장을 이해하는 데 핵심적인 정보들이 담겨 있다. 두 명의 진인이 필요한 이유는 운부의 궁극적인 목적이 청을 멸망시키고 명을 부흥시키는 데 있다는 주장과 관련되어 있었다. 하필 두 진인이 정씨와 최씨인 이유는 정씨가 조선왕조의 건국 세력에 의해서 살해된 정몽주의 후예고, 최씨가 이성계에 의해 좌절된 북벌을 시도하려던 최영의 후예라는 논리였다.

이와 대단히 유사한 동기는 19세기 말의 '직업적 봉기꾼'인 이필제李弼濟에게서도 나타난다. 그는 자신의 역모 계획이 성공하면 "정씨 진인"

이 조선을 차지하고, 자신은 중국으로 건너가 남경을 점령해 천자가 될 것이라고 선전하였다. 이필제의 경우, 도참을 믿는 이들에게는 정씨 진인이 도참비기에 예언된 "해도진인海島眞人"이라는 점을 강조하며 그가 남해의 섬에 머물면서 상륙을 준비하고 있다는 점을 강조하였다. 그러나 영남의 유생들을 상대로 유세할 때에는 이영창과 마찬가지로 정씨 진인이란 정몽주의 후예라는 점을 내세웠다. 한편 이필제 자신은 단군, 한 고조 유방, 명 태조 주원장의 환생이라 중국 천자가 될 운명이라고 주장했다.[21]

이와 같은 '두 진인' 유형의 진인 출현설은 조선만이 아니라 청까지 역성혁명의 대상으로 상상하던 조선 후기의 독특한 현상이다. 그리고 정씨와 최씨 진인을 내세운 이영창 사건은 17세기 말 시점에까지 정몽주와 최영이 조선왕조에 대한 저항 담론에 활용되고 있었음을 보여 주는 흥미로운 사례다.

진짜 반역자는 저들이다

추국장에 끌려온 이영창은 자신에 대한 고발이 여러 면에서 왜곡되었다고 주장하였다. 그 자신의 진술에 의하면, 이영창은 시골의 가난한 집에서 태어나 부모를 봉양하기 위해 은장銀匠, 사기전沙器廛 등에 얹혀 살며 일하고 있었다. 그러던 어느 날, 이웃에 살던 양천주梁天柱라는 사람이 그가 풍수지리를 할 줄 안다는 것을 알고 묏자리를 찾는 여러 집

윤두서 자화상 | 국보 | 문화재청

안에 이영창을 소개해 주었다. 이때 연을 맺은 사람들 중에는 당시 20대의 진사였던 윤두서尹斗緖도 있었다.

술사로서 명성을 얻은 그는 1696년 8월 냉정동冷井洞 김제金濟의 집에서 열린 회시會試 응시생들의 모임에 가서 관상을 봐 주기도 했다. 그리고 김제 형제와 교류가 있던 유선기와 친교를 쌓게 되었다. 이영창에 의하면 유선기는 "긴 수염에 눈은 붉은" 대단히 특이한 관상의 소유자였다. 유선기는 그의 관상술에 매료되어서 거주지를 정하는 데에도 상담을 하고 아버지의 장지를 고르고 있던 외삼촌 이절을 소개해 주기도 하였다. 비록 이영창이 거절하기는 했지만, 유선기의 아버지 유명룡兪命龍은 이영창에게 자신의 외가 친척인 이절의 서얼 누이를 첩으로 삼으라고 제안하기도 했다.

이처럼 이절, 유선기 집안과의 친분관계를 강조한 뒤, 이영창은 자신이 최상중, 최상성 형제 및 이절, 유선기와 결의형제한 이유는 이절이 덕을 쌓아 좋은 묏자리를 얻게 하기 위해서였다고 주장하였다. 역모와의 관련성을 부정한 것이다. 이영창에 의하면 반역 얘기를 먼저 꺼낸 것은 이절 쪽이었다. 그는 이영창에게 이렇게 말했다고 한다. "나는 큰 역적이 되기를 원한다. 선봉을 이루어 고을들을 공격해 빼앗아 내 마음대로 할 것이다." 이영창은 이 얘기를 적당히 받아 주다가 헤어졌다고 한다.

이영창은 이후 이절과 유선기가 찾아와 자신들이 환국換局을 하려는 야심을 가지고 있다고 털어놓았다고 진술하였다. 그에 의하면 두 사람은 이영창이 남인南人의 스파이가 아닌가 의심하고 있었다. 당시는 갑술환국甲戌換局(1694) 이후 서인과 남인 사이의 대대적인 정치 투쟁이 이루어지던 와중이었다. 이영창에 의하면 이절은 서얼이라 출셋길이 막혀 있었고, 유선기 자신도 과거시험에 잇달아 떨어지며 사회에 불만을 가지고 있었다. 그래서 그들은 새로운 왕을 세워서 반란을 일으킬 계획을 세웠다는 것이다. 즉, 역모를 꾸민 것은 이영창이 아니라 이절과 유선기라는 주장이다.

이영창은 진인과 운부에 대한 이야기도 이절과 유선기가 먼저 꺼냈다고 진술하였다. 그들에 의하면 함경도의 선비이자 술사인 주비朱棐가 강화도 마니산 아래에서 정몽주의 후예인 진인을 발견해서 보호하고 있다고 했으며, 운부도 그와 협력하고 있다고 했다. 이영창은 모역의 증거를 잡기 위해 그들에게 동조하는 척하며 동지로서의 증표를 요구했다고 한다. -이것은 이절과 유선기가 고변서에서 밝힌 논리를 그대로 뒤집어 놓은 것처럼 보인다.- 그러자 그 무리 가운데 한 사람인 김경함이 "개국 공신開國功臣 김경함"이라고 써서 이영창에게 주었다고 한다. 이후 이절은 돈을 주며 그 증표를 찢어 달라고 요구하였지만, 이영창은 체포될 때까지 그대로 가지고 있었다고 한다.

대부분의 역모 사건이 그렇듯, 이 추국도 진실 게임의 양상으로 흘러갔다. 추국관들은 관련자들을 심문하고, 대질시키고, 형문을 가했지만 각자의 진술 차이는 좀처럼 좁혀지지 않았다. 의심스럽지 않은 사람은 한 명도 없었다. 모든 관련자들은 상대방이 한 불온한 발언들을 점점 구체적으로 진술하는 한편, 자신에게 불리한 진술은 부정하였기 때문이다. 좀처럼 맞지 않는 퍼즐 조각들이 어지러이 흩어져 가던 가운데, 두 번째로 형문을 받던 이영창이 마침내 '자백'을 시작했다.

운부는 실존하는가?

그는 13세 때에 중국에서 건너와 안성 청룡사靑龍寺에 머물고 있던 승려인 운부를 만나 그에게 지술地術을 배웠다고 한다. 그리고 운부를 따라다니며 각지의 승려들과 만났으며, 운부, 일여, 옥여, 묘정, 대성법주 다섯 화상이 모인 자리에서 다음과 같은 운부의 발언을 들었다고 진술하였다.

> 나는 중원의 예부상서禮部尙書 왕희汪喜의 조카이다. 임진년(1592)에 조선이 일본에게 난리를 당한 것을 늘 한스러워하다가 명의 황제께서 천하의 군

사들을 움직여 끝내 평정하기에 이르렀다. 명이 지금은 오랑캐의 땅이 되어 항상 분개하고 있었다. 비록 죽더라도 나는 압록강 건너편에 뼈를 묻을 것이다.

그리하여 승려들은 승병을 일으켜 청을 공격할 논의를 시작했다고 한다. 그런데 운부를 제외한 네 승려들은 그 과정에서 "부모의 나라"인 조선이 해를 입을 것을 염려했다. 그러자 운부는 이렇게 말했다. "나와 함께 대사大事를 일으키려 한다면 어찌 다른 일을 돌아볼 수 있겠는가? 조선은 삼백 년을 편안히 지냈으니 대사가 이루어진다면 다른 성씨로 바뀌어야 한다." 그러자 승려 일여가 "우리나라의 주인이 될 만한 사람이 있다"고 하며 어린아이 하나를 데리고 왔다. 이영창은 그 아이, 즉 정씨 진인의 관상을 다음과 같이 묘사하였다. "나이는 아홉 살 정도였고, 두 귀는 컸는데 위는 둥근 것이 마치 떡을 잘라 놓은 것 같았으며, 두 눈썹 사이에 별과 같은 검은 사마귀가 있었습니다. 열 살 이후에는 검은 사마귀가 저절로 사라졌고, 자라서는 사람됨이 매우 훌륭해졌습니다."

새로운 왕조의 주인이 될 정씨 진인을 확보한 운부는 처자식이 없어 "잃을 것이 없는" 승병들을 중심으로 반역을 일으킬 계획을 세웠다고 한다. 그리고 각지의 무인들을 만나며 장수가 될 사람들을 찾아다녔다. 강계 부사 신건, 구월산의 장길산 등과 연계한 것도 이때였다. 이절, 유선기, 최상중, 최상성, 김경함, 김정열 등도 이 과정에서 포섭한 인물들이었다. 이 장대한 계획에서 그들의 역할은 운부가 서얼 가운데에서 뽑은 3광, 4한으로서 한양의 민심을 얻는 것이었다.

사건의 전모가 밝혀졌다고 판단한 추국청에서는 이미 체포된 죄인들에 대한 형문과 대질심문을 강화하는 한편, 이영창의 진술에서 언급된 수십 명의 인물들을 확보하기 시작했다. 전국 각지에 파견된 도사都事들에 의한 대규모 검거가 시작되었다. 그런데 그 과정에서 이영창의 진술과 일치하지 않는 너무나 많은 증거들이 나오기 시작했다. 더구나 그가 거론한 지명이나 인명들 가운데에는 아예 존재하지 않는 것으로 보이는 장소나 사람들도 있었다. 의심의 화살은 다시 이영창을 향했다.

이영창은 다음과 같이 진술을 번복하였다. 자신이 관상과 지술을 배운 것은 운부라는 승려에게서가 아니었다. 어느 날 처가가 있는 김화金化의 바위 위에서 낮잠을 자고 있는데 꿈에서 귀신과 접하고는 술수를 할 수 있게 되었다. 그는 윤두서의 장인인 이형징李衡徵의 조언으로 운부라는 스승의 존재를 지어내어 자기 술수의 권위를 세우게 되었다. 운부雲浮라는 이름은 "구름처럼 떠다니는 승려"라는 의미로 날조해 낸 것이었다. 이영창은 이절, 유선기 등과 접촉한 것 또한 이형징과 윤두서 형제 등의 지시를 받아 그들의 반란 계획을 탐문하기 위해서였다고 진술하였다. 승려들에 대한 이야기는 그가 여기저기서 주워 들은 이름을 가지고 지어낸 것이고, 장길산에 대한 이야기는 이형징의 지시에 따라서 전한 것이라고 하였다.

애초에 한 사람의 과대망상으로 일어난 것으로 보였던 이 사건은 이제 대규모 정치 사건의 영역에 진입하고 있었다. 그러나 이 새로운 진술 역시 수많은 모순점을 담고 있었기에 그대로 받아들여지지는 않았다. 이영창은 이후 아홉 차례의 형문을 받다가 매질과 압슬을 견디지 못하고 1697년 2월 22일 물고된다. 결국 그의 진술 가운데 어느 쪽이 진실인지는 밝혀지지 않았다.

나머지 관련자들의 운명도 크게 다르지 않았다. 최상중, 최상성 형제는 그보다 앞서 물고되었고, 이절과 유선기, 김경함 등도 모두 모반 대역죄로 능지형에 처해졌다. 이 사건에 대해 제시된 여러 개의 서사 가운데 진상이 어떤 것이었는지와는 관계없이, 그들이 이영창과 교류하며 불온한 발언을 하고 반란 모의에 참여한 것은 분명해 보였다. 이리하여 '황' 자 문서를 써서 결의형제를 한 전원이 사망하였다. 유일하게 목숨을 건진 것은 나중에 가담한 김정열이었는데, 그는 사건이 발생하기 전에 병조 판서에게 신고한 것이 참작되어 처벌을 받지 않았을 뿐만 아니라 오히려 포상 대상으로 논의되기까지 하였다.

상복을 입고 검은 소를 탄 여인들

이 사건은 갑술환국이라는 격변의 정국 속에서 발생하였고, 윤두서 집안과도 관련되어 있기 때문에 역사학자들의 관심을 끌기에 충분했다. 그러나 사건 관련자들 대부분이 물고 혹은 처형되었고, 국왕 숙종은 그 이상 사건을 확장시키려 하지 않았다. 우리가 여기서 확실히 알 수 있는 정치사적 의미는 이영창과 같은 민간의 술사들조차 중앙의 정치 세력들 사이의 관계에 민감했으며, 그들과의 관계 속에서 모종의 정치 공작에 참여했을 가능성이 있다는 것 정도다.

그러나 종교사적으로는 대단히 중요한 의미를 가지는 사건이다. 이 사건에서는 『도선비기道詵祕記』, 『나옹비기懶翁祕記』 등과 같은 도참비기에 나오는 말세의 예언이 활발하게 언급되었다. "중국 장수로 묘년에 태어난 사람이 중국에서 와서 팔방을 밟고 일어난다. 여왕이 남쪽으로 도읍을 옮길 것이다[唐將卯生人 起於中國 當踏八方而起 女主南還]"라는 예언은 『도선비기』에 나오는 것이었다. 이영창이 운부의 심복이라 언급한 승려 일여는 추국장에서 "태백산의 정精이 벌레로 변하고 송도에서 한양에 이르기까지 솔잎을 모두 먹어 치울 것이다[太白山精化爲蟲 自松都至漢江 食盡松葉 則國必亡]", "승려의 피가 강을 채워 흐를 것이다[僧血滿江流]", "오년과 미년에는 즐거움이 당당할 것이다[午未樂堂堂]" 등의 『나옹비기』 구절을 인용하기도 하였다. 이것은 17세기 말 당시에 도참비기가 정치적 예언으로 활용되고 있었다는 점을 알려 줌과 동시에, 승려들이 그 중요한 전달자였던 정황을 보여 준다.

또한 이영창이 주장한 운부의 반란 계획은 다음과 같은 것이었다.

한 무리의 병사에게 호복胡服을 입혀, 먼저 강도江都로 들어가 유수留守를 베어 죽이고 마니산에 대첩기大捷旗를 세우면 서울은 흔들릴 것이다. 양철 평良鐵坪의 대군이 그때를 틈타 곧바로 도성 안으로 들어갈 것이다. 나와 대성법주는 함경도와 강원도의 군대를 수습하여 진인을 받들고 서울로 들어간다. 또 한 무리의 병사에게 경상도와 전라도를 평정할 것이다.

또 운부의 군대가 한양에 들어올 때에는 다음과 같은 일이 벌어질 것이라고 했다. "여자들 10명이 상복을 입고 남대문과 동대문의 문루門樓에 올라가고, 5명의 여자가 검은 소를 타고 종루鍾樓를 지나갈 것이다." 비교적 실제적으로 보이는 군사행동 계획 사이에 들어 있는 이 내용은 좀처럼 이해하기 어렵다. 그러나 전근대 변란의 맥락에서 보면 봉기 과정에 이와 같은 주술적, 의례적 절차가 포함되어 있는 것은 그다지 이상한 일이 아니다. 이것이야말로 당시 사람들이 국가에 대한 반란을 상상하는 방식이었던 것이다.

어느 미역 장수의 반란 음모
1712년 이운 고변 사건

한승훈

변주승 역주, 『추안급국안』 37, 흐름, 2013, 233~302쪽.

역적 만들기

1712년(숙종38) 조선에서는 양주楊州에 사는 백白씨 일가가 반역죄로 고발되었다. 그 내용은 충격적이었다. 그들은 국왕을 모욕하고, 스스로 황제를 칭했으며, 하늘에 제사를 지내기까지 했다. 전국의 장사꾼들이 그들의 휘하에 들어 있었으며 반란을 일으킬 군사 조직도 상당 부분 준비되어 있었다. 그러나 조정에서는 이 엄청난 소식을 듣자마자, 백씨 일가 사람들이 아닌 고발을 한 그들의 이웃 사람을 더욱 강하게 의심하며 즉각 잡아들였다. 그의 이름은 이운李橒이었다.

추국 기록의 상당 부분을 차지하고 있는 역모 사건은 일단 유죄로 판단되기만 하면 설령 모의 단계였다고 해도 사형에 처해질 중죄였다. 더구나 무장봉기 단계까지 진행되지 않은 사건이라면 관련자와 주변인들의 증언 외에는 증거랄 것이 나오기가 어렵다. 따라서 대다수의 역모 사건은 피의자들의 불온한 발언이나 수상한 행동에 대한 고변告變이 이루어지면서 시작된다. 그리고 거기에서 아무리 사소하더라도 왕조와 국가에 대한 반역의 의도가 포착된다면 당사자들은 역적으로 극형에 처해진다. 판결에 필요한 가장 중요한 증거는 자백이었으므로, 일단 고변 내용이 사실일 가능성이 있다면 합법적인 고문이 동반된 심문, 즉 형문刑問이 이루어졌다. 혹독한 매질을 이기지 못해 없는 반란 계획을 '자백'하고 형장의 이슬로 사라진 억울한 반역자들이 아마도 적지 않게 존재했을 것이다.

물론 오늘날의 관점에서 보면 이런 사법 체계는 상당히 허술해 보인다. 그렇다면 개인적인 원한이나 정치적인 대립으로 적대시하는 사람을 역적으로 몰아 제거하는 것도 가능하지 않았을까? 가짜 역적을 만드는 시국 사건 조작은 수많은 역사물의 클리셰다. 실제로 흉악한 국사범으로 처형된 이들이 사실은 무고의 피해자였다는 사례도 전근대로부터 현대에 이르기까지 반복적으로 보인다.

 그러나 서로를 반역자로 몰며 피의 보복이 반복되는 일이 그렇게까지 흔하지는 않았다. 거짓 고변에는 강력한 반대급부가 있었기 때문이다. 만약 역모죄를 고발했는데 그것이 모함이었음이 밝혀진다면 무고한 사람에게 그에 상당하는 강력한 처벌(이 경우에는 사형)을 하는 반좌율反坐律의 존재가 그것이다.[22] 이 제도적 제약 때문에 실제 누군가를 역적이라 모함하는 것은 이쪽도 목숨을 걸어야 하는 행위였다. 따라서 실제로 가짜 반역자를 만들기 위해서는 추국청을 완벽하게 속여넘길 수 있을 정도로 충분히 많은 증인들의 말을 맞춰 놓아야 했고, 조정 내에 상대방을 적극적으로 변호할 능력과 의지가 있는 정치세력이 존재하지 않아야 했으며, 거기에 더해서 통치자의 암묵적인 동의를 얻어 두는 편이 유리했다. 그러니 반대파를 역모 혐의로 몰아 숙청하는 것은 정적 제거의 주된 수단이라기보다는 그 마지막 단계에 이루어지는 결정타였다.

 그런데 이것은 어디까지나 조정의 엘리트 정치에서 일어나는 일을 말하는 것이다. 역모 혐의자와 고변자 중에는 일반 백성들도 있었다. 반역에는 신분도 계층도 없으므로, 국왕을 모욕하는 사소한 언행이나 실질적으로는 성공 가능성이 없는 장난 같은 반란 계획이라도 일단 공론화된다면 하층민도 얼마든지 역모죄를 쓸 수 있었다. 이 장에서 소개하려는 기묘한 사건은 엘리트 정치 영역의 바깥에서 역모 고발이 어떤 방식으로 이루어졌는지, 그리고 그 남용을 차단하기 위한 제도적 장치들은 어떻게 작동하였는지를 살펴보기에 좋은 사례다.

흉악한 고변서

이운의 고변서는 왜 처음부터 의심받았을까? 백성들의 불온한 움직임에 민감하게 반응하는 왕조 국가에서는 반란의 낌새가 포착되었다면 아무리 사소한 일일지라도 일단은 조사해 보는 것이 상례였다. 특히 숙종 시기에는 노비, 유생, 무당, 술사 등 기층민에 의한 변란 사건이 빈번하게 발생했다. '변란'이라고 해도 그 대다수는 오늘날의 시각으로 보면 실제로 국가체제에는 위협을 가할 가능성은 거의 없는 국지적인 유언비어나 소요 정도의 규모였다. 그러나 상징적인 행위, 혹은 단순한 발언뿐이라도 그것이 국왕이나 국가에 대한 반감을 품고 있는 것이 명확하다면 그 처벌은 기본적으로 사형이었다.

 그런데 이운 고변 사건에서는 추국청이 열리자마자 고발된 이들이 아니라 고변자 이운에 대한 체포와 심문이 개시되었다. 그는 처음부터 고발자가 아니라 죄인으로 취급당했다. 그것은 그의 고발장 자체가 반왕조적인 흉언으로 가득한 흉서凶書로 여겨졌기 때문이었다. 격식을 갖춘 고변서라면 그런 구절들은 "차마 말할 수 없는 내용"이라며 공백으로 남겨 두어야 했다. 그러나 이운의 글은 그런 형식과는 거리가 멀었던 모양이다.

그의 고변서 원문은 오늘날 어떤 기록에도 온전하게 남아 있지 않지만, 추안에 실린 빈청賓廳의 보고문에 의하면 그것은 "한문과 한글[眞諺]로 된 글이 뒤섞이고 말이 어수선하여 알아볼 수가 없는" 지경이었다. 그러나 그 안에 담긴 말들은 분명 "흉역부도兇逆不道"한 것이었다. 이런 정황을 볼 때, 사건 초기에 추국청은 이 일을 백씨 일가의 역모에 대한 이운의 고발이 아니라, 이운 자신에 의한 "흉서" 사건으로 다룬 듯하다. 물론 그가 고발한 일들에 대한 조사도 곧바로 이어졌지만, 이 시점에서 가장 수상한 것은 뜻도 제대로 통하지 않는 흉악한 내용의 문서를 조정에 제출한 이운 쪽이었다. 이것은 역모 고발이라는 목숨을 건 '도박'에 임해야 하는 이운에게는 시작부터 대단히 좋지 않은 상황이었다.

이운의 고변서 내용에 대한 가장 풍부한 정보를 담고 있는 기록은 이 첫째 날의 심문 자료다. 이에 의하면 그가 고발한 것은 이웃인 백상복白尙福과 그의 두 아들, 그리고 백상복의 동생인 백상록白尙祿이었다. 이운에 의하면 백상복 형제는 자신들을 "적제赤帝", "백제白帝"라 칭했고 "상감上監"이 될 것이라 말했다. 백상복의 두 아들인 백신룡白神龍과 백태룡白泰龍은 "용의 씨앗[龍種]", 즉 제왕의 자식이라는 의미로 지은 이름이었다. 그뿐만 아니라 백상복은 자신의 옷을 "곤룡포袞龍袍"라고 부르는가 하면, 자기의 집을 "대궐"이라고 불렀다. 이것이 사실이라면 백상복은 스스로 왕을, 좀 더 정확히는 황제를 칭한 것이 된다.

나아가 이운은 그들이 구체적인 국가 전복 계획을 세우고 있다고 주장했다. 그들은 양주와 적성積城의 30개 장터, 그리고 회양淮陽 고을

등의 12개 장터에 모이는 장꾼[場軍]들을 조직해 군도목軍都目까지 작성해 두었다. 『숙종실록』에 의하면 그들의 영향력은 영천永川, 연일延日 등지의 장터에까지 뻗어 있었다. 사실이라면 그들은 경기도 북부를 중심으로 동쪽으로는 강원도, 남쪽으로는 경상도에 이르는 장터들까지 장악하고 있는 셈이었다.[23]

그렇다면 이 "상인 군대"로 뭘 하려고 했던 것인가? 이운에 의하면 그들은 조선왕조를 삼한三韓으로 다시 분열시켰다가 다시 통일하여 "천자天子"가 될 계획이었다. 게다가 백상복의 두 아들은 항상 두 마디 말을 외우고 다녔다고 한다. 그것은 "왕후장상에 씨가 있는가[王侯將相寧有種]"와 "역수와 장성은 대왕의 소유가 아니다[易水長城非大王有]"라는 문장이었다. 또 백상복이 "선대 임금[先朝]"을 모함했다는 고발도 있었는데, 직접 언급되지는 않지만 진술의 맥락을 살펴보면 그것은 소현세자昭顯世子와 관련된 내용이었던 것으로 보인다. 소현세자가 인조에 의해 숙청되었다는 것은 조선인들 사이에서 함부로 이야기할 수 없었으며, 공공연한 비밀처럼 인식되고 있었다. 19세기까지도 소현세자의 원한을 풀어주기 위해서 그 후손을 왕으로 추대해야 한다고 주장하는 변란 세력이 활동했으니 말이다.[24]

또한 이운은 백상복의 동생 백상록이 "세상을 조롱하기 위해서" 영은문迎恩門에 방榜을 걸었다고 주장했다. 이것은 1년 전에 있었던 괘서掛書 사건에 대한 언급으로 보인다. 1711년(숙종37) 4월 30일에 게시되어 온 나라를 시끄럽게 한 그 괘서는 "천조대원수天朝大元帥"의 명의로 명의 재조지은에 보답하기 위해 청에 맞서 싸울 것을 선동하는 격문이었다. 격문에는 "오랑캐의 백 년 운수"가 다해서 청은 멸망의 때를 맞이했으며, 명 황실의 후손인 진인眞人이 이미 나타나서 청과의 결전을 준비하고 있다고 되어 있었다. 중국 종이[唐紙]로 된 괘서에는 "천하대원수장天下大元帥章"이라는 글귀가 붉은색으로 어지러이 찍혀 있어서 리얼함을 더했다.

그러나 그 글은 너무나 조잡했고, 청에 맞서려는 명 황실의 후예가 공식적인 루트로 접촉하지 않고 익명으로 거리에 격문을 게시한다는 것은 너무나 부자연스러운 일이었다. 조정에서는 상금과 품계를 걸고 범인을 색출하려 하였다. 이 일로 괘서 사건은 널리 알려졌지만, 끝내 게시자는 밝혀지지 않았다.[25] 이운은 이 유명한 미제 사건의 범인이 바로 백상록이었으며, 그 목적은 국가를 혼란에 몰아넣는 것이었다고 주장하고 있었던 셈이다.

심문 중에 거론된 내용을 중심으로 살펴볼 때, 이운의 고변서는 분명 혼란스럽고 두서없는 글이었던 것으로 보이지만 그 주장은 비교적 명확했다. 백상복과 그 가족은 대담하게도 제왕을 참칭하며 현재의 왕조를 비난하고 상인들의 군대를 조직해 국가를 전복하려 하고 있었다. 나아가 심문 과정에서 이운은 원래의 고변서에는 포함되어 있지 않은 내용을 추가로 진술하였다. 백상복은 동생 백상록에게 "세자궁世子宮에 요기妖氣가 들어갔다"며, "이것은 우리들의 복福"이라 말했다고 한다. 또 그들은 백白씨 성을 가진 자신들이 왕이 되어 종묘를 세우면 거기에는 조선 왕가의 "붉은 문"이 아닌 "흰 문[白門]"이 세워질 것이라 선언했다고도 한다. 이 가운데 하나라도 사실이라면, 그들은 역적으로서 멸문滅門의 운명에 처해질 터였다.

이운과 백씨 일가

이처럼 엄청난 음모를 꾸민 것으로 지목된 백씨 일가가 체포된 것은 이운에 대한 심문이 상당 부분 이루어진 다음 날에 이르러서였다. 이운의 고변서는 그 자체로 법도에 어긋나는 흉악한 글로 여겨졌지만, 그와는 별개로 그가 고발한 내용의 사실 여부를 밝혀야 했다. 만약 이운의 진술이 일부분이라도 진실로 밝혀진다면 고변 과정의 사소한 흠결 따위는 더 이상 문제가 되지 않을 뿐더러, 오히려 모반 계획을 밝힌 공으로 포상을 받게 될 것이었다. 그러나 고변이 거짓이라면 그는 반역죄를 무고한 중죄인이 될 뿐더러, 그가 백씨 형제들의 발언이었다고 진술한 모든 반왕조적 '흉언'들은 모두 그대로 그 자신의 죄목이 될 터였다.

이쯤에서 사건 관련자들의 면면과 상호관계를 간략하게 살펴보도록 하자. 먼저 주모자로 지목된 47세의 백상복은 스스로 "양반의 자손"이라 밝혔으며, 이운 또한 그를 "양반"이라고 일컬었다. 여기에서의 '양반'이란 그가 과거에 선발되어 관직에 나갈 자격을 갖추었다는 법적 의미가 아니라, 양반 관료의 자손으로서 지역사회에서 사족 집단으로 간주되고 있다는 사회적 의미였다. 그 자신은 "글을 모르고 아는 것도 없는" 데다가 병자이며 집안도 대단히 곤궁하다고 자처하였다. 그의 생계 수단은 미역을 사서 여러 장터를 돌아다니며 거래하는 것이었다. 이운이 그가 장터의 장꾼들을 휘하에 두고 있다고 주장한 것은 그가 미역 장수라는 사실과 관련이 있었을 터다.

한편 그 동생 백상록은 39세로 "아직까지 장가를 가지 않은" 상태였다. 전근대의 이른 혼인 연령을 생각하면 분명 이례적인 상태인데, 아마도 그들 형제의 빈곤한 형편과 관련이 있을 것이다. 백상록 자신에 의하면 그는 "가난하고 의지할 데 없는[貧寒無依]"인물로, 형과 함께 미역 장사로 먹고사는 처지였다. 백상록은 이운에 의해 영은문 괘서 사건의 범인으로 지목되었지만 그 자신은 '영은문이 어디 있는지도 모르고' 괘서에 대해서도 들어 본 적이 없다고 주장했다. 이 형제는 지방의 사족이지만 학문이나 과거 준비와는 완전히 단절되어, 전적으로 상업에 의존하여 사는 전형적인 몰락 양반이었다. 그래도 양반의 후예라 백상록은 자신이 곤궁한 가운데에서도 군역을 지지는 않을 것이라는 점에 안도하고 있었다.

그들을 고발한 이운도 대체로 비슷한 계층에 속하는 인물이었다. 사건 당시 이운은 55세로, 부친은 부사府使를 지낸 이극화李克和였고, 조부는 종4품 부호군副護軍인 이보李葆, 외조부는 종6품 부사과副司果 남창南昶으로 모두 무관이었다. 이운 자신의 관직에 대한 기록은 없다. 그리고 백상복은 이운의 형 이로李櫓의 사위였다. 즉, 이운은 백상복의 처삼촌이었다.

같은 지역에 거주하며 그렇게까지 멀지 않은 친척 사이인 이운과 백씨 형제가 다툰 것은 재산 문제였다. 백상복은 장인인 이로에게 논밭을 상속받은 상태였다. 그러나 백상복의 처는 이로의 외동딸이었고, 이로에게는 아들이 없었기 때문에 제사를 모실 의무는 동생인 이운에게 있었다. 이런 사정 때문에 백상복은 자신이 상속받은 장인의 땅을 이운에게 양보하여 제사 비용을 충당하게 하였다. 그런데 백상복의 진술에 의하면 이운은 제사도 지내지 않고 자신이 양보한 논을 팔아 버리기까지 하였다. 그 때문에 백상복이 나머지 전답을 다시 빼앗으니 이운이 그에게 원한을 품게 되었다는 것이다.

동생 백상록 역시 이운과 재산 문제로 다툼이 있었다. 사건으로부터 반년 정도 전의 겨울, 백상록은 이운에게 돈 2냥 7전을 빌렸다. 그런데 이운은 그해 가을에 백상록의 나락 30말을 빌려 간 일이 있었다. 그래서 백상록은 빌린 쌀과 돈을 서로 퉁치자고 제안하였다. 그러나 이운은 쌀은 갚지 않으면서 백상록이 빌려 간 돈을 내놓으라고 독촉하였다. 이 때문에 둘은 크게 싸우고 원수지간이 되었다는 것이다. 조선에서 동전이 통용된 것은 17세기 후반의 일이다. 그것이 한 세대가 채 지나지 않은 이 시기에는 대출의 수단이 되기도 하고, 쌀과 호환 가능한 것으로 여겨질 만큼 일반화되었다는 사실을 여기에서도 알 수 있다. 물론 이 사례는 그 '호환'이 원활하게 이루어지지 않은 경우이기는 하지만.

다음으로 살펴볼 것은 백상복의 두 아들이다. 이운은 이들이 "용의 씨앗"으로 불리고 있으며 아버지의 가르침에 따라 "왕후장상에 씨가 없다"는 등의 불온한 말을 읊고 다녔다고 고발한 바 있었다. 특히 이운은 이들이 자신과 같은 방에 있을 때 "우리나라가 얼마나 오래가겠느냐"는 이야기를 꺼냈다고 진술하였다. 이운은 또 이들의 이름이 신룡神龍, 태룡泰龍같이 거창하다는 것도 그들을 "용의 씨앗"으로 여기는 백상복의 불온한 의도를 보여 준다고 공격하였다.

그러나 추국장에 끌려온 두 아들은 겨우 15세, 13세의 순박한 소년들이었다. 게다가 이운은 아이들의 이름마저 잘못 알고 있었다. 고변서에 "백신룡"이라고 되어 있었던 첫째 아들의 이름은 백시룡白時龍이었던 것이다. 게다가 두 사람은 글도 배우지 못해 추국청의 문목問目조차도 제대로 이해하지 못했다. 그들은 이운이 자신들의 친척이며, 아버지 백상복 및 삼촌 백상록과는 사이가 좋지 않다는 것도 알고 있었다. 그들이 이운과 방에 둘러앉아서 나라의 멸망에 대해 이야기를 나누었다는 이운의 진술은 아무래도 비현실적으로 보였다.

이운이 이름을 착각한 것은 백시룡만이 아니었다. 그는 백상복의 어릴 때 이름이 "택경擇京"인 것은 "도읍을 가려 정해서 왕이 될 것"이라는 의도이며, 백상록의 아명은 "적경赤京"이므로 "적제赤帝"가 되려 했다고 주장했다. 그러나 그는 두 사람의 아명을 거꾸로 기억하고 있었다. "적경'은 백상록이 아니라 백상복의 이름이었고, 표기도 "積慶"이었다. "택경" 쪽이 백상록의 이름이었는데, 한자로는 "宅慶"이었다. 반역의 의도라는 그의 해석은 완전한 견강부회였던 셈이다. 비록 양반 신분이기는 했지만 애초에 그는 포도청에 제출하는 고변서에 한글을 섞어서 써야 할 정도로 문자에 어두웠다. 조선에서 국한문 혼용체가 공적 언어의 일부가 된 것은 19세기 말에 이르러서였다. 그는 당시의 행정 언어였던 이두조차 익히지 못한 상태였던 것이다.

처음부터 그다지 신뢰받지 못했던 이운의 증언은 점차 무너지고 있었다. 아마도 추국관들은 무시무시한 역모 사건의 피의자로 지목된 백씨 일가의 행색을 보고 실소했을 것이다. 백상복은 전국 장터의 장꾼들을 호령하며 천자를 자처하는 위험한 반역자라고 하기에는 병들고 볼품없는 인물이었다. 왕조를 무너트리고 자신들의 성을 따서 종묘의 문을 흰색으로 하겠다고 호언했다는 백상록 또한 초라한 노총각에 불과했다. "용의 씨앗"이라는 백시룡과 백태룡은 너무나 무식하고 순박해서 심문이 불가능할 정도였다. 이들의 심문이 진행되는 사이 시간은 삼경三更(밤 11시경)을 향해 가고 있었다. 결국 관련자들의 대질심문은 다음 날로 미뤄졌다.

"이것을 증거로 삼을 수는 없습니다."

추국은 이른 아침인 묘시卯時(오전 5~7시)에 재개되었다. 이날은 이운과 백씨 형제 사이의 대질이 계획되어 있었다. 이운은 그들 형제와 싸우는 과정에서 백상록이 선왕(인조와 효종)을 비방하는 발언을 하며 이운을 죽이겠다며 위협했다고 주장하였다. 이들의 싸움이 인조, 소현세자 등과 무슨 관계가 있어서 언급되는지는 기록에서 확인되지 않는다. 아마도 실제 그런 대화가 있었다면 죽은 이운의 형이자 백상복의 장인인 이로를 미심쩍은 상황 속에서 요절한 소현세자에 빗댄 이야기였을 가능성이 있지만 분명하지 않다.

당시 백상복은 이미 봉사奉祀 토지 문제로 이운과 다툰 후였지만, 백상록에게 팔을 붙잡힌 이운을 풀어 주며 동생을 말렸다. 그것은 결코 이운에 대한 호의에서 나온 행동은 아니었다. 그는 곧바로 동생에게 "저런 정신 나간 사람하고 싸우지 말라"고 타일렀다. 다시 말해 이운과는 말이 통하지 않으니 괜히 엮이지 말라고 충고한 것이다. 이런 충돌이 있었다는 점은 이운과 백상복의 진술이 일치하고 있었지만, 백상록이 소현세자와 관련된 발언을 했다는 것은 오직 이운만이 주장하는 내용이었다.

이어서 이운은 백상록이 임금을 모욕하는 것을 주모酒母인 득례得禮가 들었다고 공격하였다. 그러나 백상복은 득례가 자기 동생이 아닌 이운의 단골 주모라고 반박하였다. 여기에서는 선금, 외상 거래가 일반적이었던 당시의 상업 관행이 드러난다. 이운은 돈 1냥을 득례에게 주고 자기 단골로 삼았지만, "빌어먹고 다니는" 처지인 백상록은 그런 내밀한 얘기를 할 만한 단골 주모를 가질 수 없었다는 것이다. 나중에 백상록과의 대질심문에서 언급된 바에 의하면, 득례는 이운이 소유한 노비의 처였다. 애초에 말을 맞춰 두었을 가능성이 높았기 때문인지 중요한 증인으로 언급되었음에도 불구하고 득례가 추국청에 불려오는 일은 일어나지 않았다. 또 백상복이 자기 옷을 곤룡포라고 했다거나, 자기 집을 대궐이라고 했다는 이운의 주장에 대해서도 백상복은 어렵지 않게 하나하나 반박하였다. 이운이 목격자로 지목한 이들이 하나같이 백상복과 친하지 않거나, 이운과 안면이 없는 사람들이었기 때문이다.

백상복이 역모를 꾀했다는 이운의 고발이 성립하기 위해서는 무엇보다 그가 여러 고을 장터의 장꾼들을 장악하고 군사조직화했다는 것을 입증해야 했다. 그러나 대질심문 중에 백상복은 이운이 언급한 장시들 가운데 일부는 자기가 가 본 적도 없는 곳이라고 반박하였다. 이운은 몇몇 장꾼들이 백상복의 집에 출입했고, 백상복이 평소에 "각 고을 장꾼들이 내 명령을 따른다"며 자랑했다고 주장하였다. 이에 백상복은 다음과 같이 반박하였다. "당신네 노비들도 늘 나를 욕보이는데 여러 고을 장꾼들이 내 명령을 따를 리가 있겠소?"

이어서 이운은 백씨 형제가 세자궁에 요기妖氣가 들어갔으니 자신들에게는 좋은 일이라고 이야기를 나누는 것을 분명히 들었다고 주장했다. 이 또한 사실이라면 범상난언犯上亂言의 죄를 물리기 충분한 발언이었다. 그러나 이운은 자신이 백씨 형제의 집 밖을 지나가다가 들었다고만 할 뿐, 대화의 시기나 발언의 주체도 기억하지 못했고 자신 이외의 목격자도 지목하지 못했다. 그는 단지 '내가 혼자서 분명히 그런 이야기를 들었다'고 반복할 뿐이었다.

이운은 고변서에 쓴 대부분의 불온한 발언이 백상록의 입에서 나온 것이라고 주장하고 있었다. 그래서 그는 백상록과 대질심문을 할 때 훨씬 공격적인 태도를 취했다. 이운은 노총각인 백상록이 노비인 개야지介也之, 향이香伊 등에게 딸을 달라고 요구하면서 "나는 천자의 기상을 가졌다"라거나, "네 딸을 옥체玉體의 품속에 들여라"고 말했다고 주장했다. 그러나 백상록은 이렇게 반박하였다. "개야지에게는 딸이 세 명인데 둘은 이미 남편이 있고 한 명은 나이가 어리다. 내가 어떻게 그런 말을 했겠는가? 향이에게는 옥화玉華라는 딸이 있지만 그 오빠 네 명이 모두 힘센 사내들이다. 내가 그런 말을 했다가는 두들겨 맞을 것이다. 더구나 나처럼 빌어먹는 놈이 어떻게 그런 마음을 품었겠는가?" 백상록은 이렇게 말을 마쳤다. "나는 '옥체'란 게 무슨 말인지도 몰랐다."

이운은 또 백상록이 "이씨 왕의 종묘는 붉은 문이고, 백씨 왕의 종묘는 흰 문이다"라고 말했다며 나라에서 종묘의 대문을 교체하고 있다는 걸 알고 그런 발언을 했느냐고 몰아붙였다. 그러나 백상록은 자신은 그런 말을 하지도 않았을 뿐더러 종묘의 대문을 바꾼다는 말도 처음 들었다며 "당신은 그런 걸 어떻게 알고 있느냐"고 황당해했다. 실제로 그해에는 종묘의 대문 교체 작업이 진행 중이었다. 이운은 영은문

패서 사건이나 종묘의 수리 등 도성 내의 시사에 관심이 많은 인물이었다. 그는 통치자들을 자극하기에 좋은 소재들을 능숙하게 찾아내어 백상록을 공격하는 데 동원하였지만, 정작 백상록은 그런 사정에 완전히 어두웠다.

추국청에서는 다음 단계로 이운의 고발에서 언급된 세 사람의 증인을 소환하기로 했다. 먼저 허필許泌은 선대왕에 대한 백상록의 비난을 이운과 함께 들었다고 지목되었지만, 그는 백씨 형제가 땅 문제로 다투는 것을 들었을 뿐이라고 증언하였다. 그 자리에 함께 있었던 정홍적鄭弘積도 마찬가지였다. 이운은 자신과 싸운 백상록이 정홍적에게 "내가 오늘 부도不道한 말을 했으니 죽게 생겼다. 이제 죽을 쒀서 날 조문[致奠]해야겠다"고 말했으니 자신이 선대왕을 비난한 일을 자백한 것이나 다름없다고 우겼다. 그러나 정홍적의 기억은 달랐다. 그에 의하면 백상록은 이렇게 말했다. "이운이 돌아가신 내 어머니를 모욕하니 내가 어떻게 살겠나? 당장 죽어 버리고 싶다. 네가 죽을 쒀서 날 조문해야겠다."

마지막 한 사람의 증인인 조태구趙台耉를 언급하며 이운은 다시 한번 다른 사람의 이름을 혼동하는 실수를 저질렀다. 다소간의 혼란을 겪은 후에 추국청이 소환한 그의 이름은 조태기趙台企였다. 조태기는 자신과 아는 사이인 이운이 자기 이름을 착각한 것을 이해할 수 없다는 반응을 보였다. 그 또한 자신이 목격한 것은 백상록과 이운이 싸우는 장면뿐이었으며 백상록이 소현세자를 언급했다는 것은 이운을 통해 전해 들은 것이 전부라고 증언했다. 이운의 의도는 자신에게 유리한 증인을 확보하기 위해 그를 끌어들인 것이었겠으나, 제대로 말을 맞추거나 약속을 한 것이 아니었기 때문에 조태기의 진술은 그에게 유리할 것이 전혀 없었다.

이운은 완전히 코너에 몰리게 되었다. 그가 끌어들인 인물 대부분(이운의 노비 등 명백히 그의 영향력 아래 있는 이들은 제외되었다)과의 대질심문이 끝났지만, 그가 고발한 백씨 일가의 불온한 발언 가운데 입증된 것은 단 하나도 없었다. 이런 종류의 사건에서는 증언의 일관성이나 다른 증인들과의 일치 여부가 무엇보다 중요한 증거였다. 그러나 백씨 형제에 대한 모든 고변 내용은 오직 이운의 일방적인 주장이었고, 그의 진술을 지지해 주는 증언은 전혀 나오지 않았다. 반면 이운이 백씨 형제에 대해 "당장 죽이고 싶을" 정도로 원한을 품고 있었다는 증거는 잔뜩 쏟아져 나왔다.

추국청에서는 결국 다음과 같은 결론을 내릴 수밖에 없었다. "이것을 백상록이 흉언을 입 밖으로 내었다는 증거로 삼을 수는 없습니다." 이제 남은 것은 이운에 대한 형문이었다. 그는 이제 백씨 일가에 대한 고발은 모두 자신의 모함이며, 그들이 발설했다고 하는 반왕조적인 '흉언'들은 다름 아닌 자신의 언어였음을 자백할 때까지 신장訊杖을 맞아야만 했다. 신장은 한 번에 30대까지 칠 수 있었으며, 자백을 통해 형이 확정될 때까지 죄인이 죽어서는 안 되었다. 추국청에서는 하루에 두 차례(총 60대) 정도의 페이스로 이운을 고문하였다. 결국 이튿날까지 이어진 4차 형문 중, 도합 97대째의 매를 맞은 이운은 고변서에 실린 모든 내용은 자신이 날조한 사실이었다고 자백하였다.

그는 백상복과는 토지 문제, 백상록과는 대부금 문제로 싸우고 있었다. 그는 백씨 형제에게 "추잡한 욕설"을 듣고는 원한을 품고 그들을 죽일 마음을 품었다. 기록에 남아 있지 않은 인조, 효종, 그리고 숙종에 대한 비방이라거나, 황제를 칭했다거나, 전국 장터의 장꾼들을 조직한다거나, 나라를 셋으로 갈랐다가 합친다는 등의 이야기는 모두 그의 상상 속에서 나온 말이었다는 것이다. 이것은 추국청이 사전에 내려놓은 결론과 일치했으며 의심의 여지는 없어 보였다. 백씨 일가를 비롯한 관련자들은 즉시 석방되었다. 이운은 범상난언죄와 역모 사건에 대한 무고죄로 즉시 참형에 처해지고 재산은 몰수되었다.

물론 우리가 300여 년 전에 있었던 이 사건의 완전한 진실에 접근하는 것은 불가능하다. 그러나 이운에 대한 추국청의 의심과 그에 기반을 둔 검증 과정은 대체로 합리적인 것으로 보인다. 자백과 고문에 의존하는 전근대 사법 체계에는 분명한 한계점이 있었다. 그러나 역모죄로 고발을 당하면 일단 고문을 가하고 보는 역사극의 전형적인 장면은 현실과는 거리가 멀었다. 중대한 범죄 사건이라면 고발장도 일정한 격식을 갖추어야 했고, 혐의를 입증할 증거도 충분해야 했다. 이 시대에는 이 시대 나름의 원칙과 수사 테크닉이 있었던 셈이다.

충분한 준비와 동조자들이 갖춰진다면 무고한 이들을 반역자로 모는 것이 불가능하지는 않았다. 그러나 이운의 원한은 지나치게 사적이었고, 그의 역적 만들기 시나리오는 거창하기는 했지만 황당하고 비현실적이었다. 지역에서 평판이 좋지 않았던 그는 자신이 직접 컨트롤할 수 있는 노비들 이외에는 그를 두둔해 줄 증인을 찾지 못했다. 요컨대 역모 사건의 추국장은 결과에 따라 누군가는 목숨을 잃는 살벌한 자리였다. 이운과 같은 어설픈 자가 스스로 급조해 낸 조잡한 상상을 가지고 승리를 거두는 것은 애당초 거의 불가능한 일이었다.

삼한 분열과 축신천제

 간단히 요약하면 이것은 어느 어리석은 광인이 재물욕과 원한에 눈이 멀어 가망 없는 모함으로 이웃을 역적으로 몰아넣으려다가 스스로 법의 철퇴를 맞은 사건이다. 이 사례는 당시의 사법제도나 정치 상황에 대해서는 새로운 정보를 거의 제공해 주지 않는다. 그런 거시적인 역사적 흐름을 알아내기에는 너무나 예외적인 인물에 의해 벌어진, 지나치게 사소한 사건이었기 때문이다.
 한편 18세기 초의 사회상에 대해서는 몇 가지 흥미로운 측면이 드러나 있다. 이운과 백씨 형제들은 모두 경기도 양주 지역에 거주하는 사족들이었지만 양반다운 삶의 양식과는 거리가 멀어 보인다. 그들은 공통적으로 학문과는 거리가 멀며 제대로 글을 배운 일도 없어 보인다. 재산은 거의 없어서 장사와 빚에 의존해야 했으며 얼마 되지 않는 토지와 금전을 가지고 친척 간에 죽느니 사느니 하면서 싸우는 것도 일상이었다. 상속받을 재산마저 없고 결혼도 하지 않았던 차남 백상록은 형을 따라다니며 미역 장사를 도울 때 이외에는 구걸에 의존하며 살았던 것 같다. 마찬가지로 차남이었던 이운은 형의 사위인 백상복의 동의를 얻지 못하면 제사를 모실 땅조차 상속받지 못하는 처지였다. 이런 상황은 다음 세대에서 더욱 악화될 터였다. 백상복의 큰아들 백시룡은 여전히 사회적으로는 양반으로 분류되었지만 15세가 되도록 글을 아예 배우지 못했고 어릴 때부터 땔나무를 져서 파는 노동을 해야만 했다.

이운은 조금 다른 측면에서도 흥미로운 인물이다. 그는 한문과 한글을 섞어서 엉터리 문서를 만들어 낼 수 있을 정도로 최소한의 문해력을 갖추고 있었다. 추국 과정을 통해 그의 고변서는 전적으로 그의 상상을 통해 만들어진 것으로 밝혀졌지만, 종교사적 관점에서 보면 바로 그렇기 때문에 당시의 종교 문화를 반영하고 있는 텍스트로 읽힐 수 있다.

그가 조작해 낸 가상의 반란 계획에 의하면 백상복은 각지의 장꾼들을 동원해 삼한을 다시 분열시켰다가 통일하려고 하였다. 이것은 조선 후기에 유행한 삼국 분열의 예언이다. 임진전쟁 직전에 발견되었다는 광양철총光陽鐵塚의 도참에는 "임진년에는 나라가 셋으로 나뉘고, 계사년에는 다시 안정될 것이며, 오미년에는 태평할 것"이라는 구절이 있었다. 1785년의 홍복영洪福榮 사건 참여자들은 정씨, 유씨, 김씨에 의해 나라가 셋으로 갈라졌다가 정씨에 의해 통일될 것이라는 『정감비기鄭鑑秘記』의 예언을 믿고 있었다. 1812년의 이진채李振采 사건에서도 비슷한 예언이 『정감록鄭鑑錄』의 일부로 회자되었음이 확인된다.[26] 이운 고변 사건은 『정감록』의 등장 이전에 유언비어 형태로 퍼져 있었던 삼국 분열설의 한 가지 사례인 셈이다.

한편 이운의 고발 가운데 유일하게 부분적인 사실로 확인된 진술이 있다. 그것은 백상복이 매달 초하루와 보름날에 노구솥에 밥을 해다가 축신천제祝神天祭를 했다는 대목이다. 이운은 그것을 백상복이 황제를 자처한 증거로 내세우려 했던 것으로 보이지만, 추국청은 이 제사에 대해 거의 관심을 보이지 않았다. 백상복 자신은 이 '축신천제'는 그들 형제가 미역 장사를 위해 험한 나루를 건너야 할 때가 많아 안전을 빌기 위해 올린 제사였다고 진술하였다. 애초에 추국청은 이운의 고변 자체를 그다지 신뢰하지 않았으며 단순히 밥을 지어 제사를 올렸다는 것에서 반역의 의도를 읽기 어려웠기 때문에 이런 '주변적'인 이야기는 추국 과정에서 다시 다루어지지 않았다.

그러나 만약 이운이 좀 더 능숙한 고발자였다면 이 점을 물고 늘어져야 했다. 동아시아의 의례 체계에서 하늘에 대한 제사는 천자에게 독점되어 있었다. 만약 백상복의 제사가 하늘을 향해 이루어졌다는 것이 사실이라면 그는 감히 조선의 국왕도 지낼 수 없는 '천제'를 올리는 엄청난 불경을 저지른 것이 된다. 실제로 변란 과정에서 이루어진 의례 행위는 역모 혐의의 증거가 되기도 했다. 숙종 시기에 한정해 보더라도, 1691년(숙종17)의 차충걸車忠傑 사건에서는 새로운 나라의 주인이 될 정씨 생불生佛의 도래를 바라는 무당들이 수양산에 들어가 제천祭天을 한 일이 발각되어 처형된 일이 있었다.[27] 만약 백상복이 밥을 지어 제사한 것이 하늘에 대한 것이었다면 여기에 반란의 의도가 숨겨져 있다고 우기는 것이 이운이 택할 수 있는 그나마 가망성 있는 전술이었다.

그러나 이운은 백상복의 제사가 "천제天祭인지 지제地祭인지는 모르겠지만" 아무튼 한 달에 두 번 제사를 올린 일이 있지 않냐고 몰아붙이기만 했다. 따라서 이 의례의 불온성을 지적하려고 했던 이운의 의도는 추국관들에게 전혀 전달되지 않았다. 민간에서 일상적인 복과 안전을 빌기 위해 이루어지는 의례는 규제의 대상으로 여겨지지 않았기 때문이다. 어떤 의미에서 하늘에 대한 제사는 국왕에게조차 금지되어 있었지만 민중에게는 암묵적으로 허용되어 있었다. 민간에서 막연한 기원의 대상으로 여겨진 '하늘'과 국가 의례의 대상이 되는 '하늘'은 완

전혀 별개의 신격으로 여겨지고 있었다.

다시 말해 이운이 조잡하고 어설프게 조작한 역모 계획에 포함된 개별 요소들은 언제든 실제 변란 사건의 재료가 될 수 있었다. 이운은 1년 전에 있었던 영은문 괘서 사건에 대해 알고 있었고, 진인 출현설이나 삼국 분열설, 그리고 불온한 반란 의례 등과 같은 역모 사건의 '스테레오 타입'을 막연하게나마 인식하고 있었다. 그는 조선 후기 변란 사건을 구성하는 이 표준적인 종교적 언어들을 나름의 방식으로 조합해 가상의 반역자들을 만들어 내려 하였다. 그래서 그의 처참한 실패와 최후는 실제 반란에 대해서는 아무것도 말해 주지 않지만 당시 사람들이 반란을 상상하는 전형적인 형태를 드러내 준다.

거사居士들의 거사擧事
1785, 1786년 유태수 사건

편용우

변주승 역주, 『추안급국안』 71, 흐름, 2014, 15~256쪽: 72, 15~256쪽.

봇짐 속의 금서, 정감록

1785년 정조 9년 12월 모일, 단천 부사端川府使 구담具紞은 유한경劉漢敬을 검문하던 중 봇짐에서 『점법서占法書』, 『백중력百中曆』, 『감영록鑑影錄』 등의 책과 쪽지를 발견했다. 책의 내용은 알 수 없으나, 제목으로 미루어 볼 때, 역술과 『정감록』 관련 책으로 짐작된다. 정鄭씨 성을 지닌 인물이 나타나 조선의 새로운 왕이 된다는 내용의 도참서圖讖書 『정감록』은 조선시대 전반에 걸친 금서였다.

참讖은 예언을 가리킨다. 단순한 예언이라면 상관없겠지만, 그 예언이 왕조와 관련되어 있다면 이야기가 달라진다. 새로운 왕의 등장을 예언하는 도참은 역사 속에서 역성혁명을 정당화하는 도구로 종종 등장했다. 예를 들어 궁예의 앞에 까마귀가 날아와 '왕王' 자가 새겨진 상아 조각[牙籤]을 떨어뜨렸다는 이야기, 왕건이 왕이 될 사실을 예언했다는 도선道詵의 이야기, 이성계가 위화도회군을 할 무렵 '목자득국木子得國'이라는 노래가 유행했다는 이야기 모두 도참을 소재로 하고 있다. 이때 '목자木子'는 오얏 리李의 파자破字로서 나무 목木과 아들 자子를 위아래로 놓으면 오얏 리李가 되기 때문에 '목자득국'이란 이李씨가 나라를 얻어 왕이 된다는 뜻이다.

이성계는 이런 예언 노래[讖謠]를 이용해 민심을 자신에게 유리한 쪽으로 유도했고, 결국 왕의 위치에 올랐다. 그렇기 때문에 조선왕조는 도참에 민감하게 반응했고, 나아가 왕조의 날 선 반응을 이용하려는 경우도 생겨났다. 예를 들어 중종 대 남곤 등은 개혁 정치를 펼치는 조

광조趙光祖에 대한 왕의 신뢰를 깨뜨리기 위해 '주초위왕走肖爲王'이라는 파자를 이용했다.

> 당초에 남곤이 조광조 등에게 교류를 청하였으나 조광조 등이 허락하지 않자 남곤은 유감을 품고서 조광조 등을 죽이려고 하였다. 이리하여 나뭇잎의 감즙甘汁을 갉아먹는 벌레를 잡아 모으고 꿀로 나뭇잎에다 '주초위왕走肖爲王' 네 글자를 많이 쓰고서 벌레를 놓아 갉아먹게 하기를 … 자연적으로 생긴 것같이 하였다. 남곤의 집이 백악산白岳山 아래 경복궁 뒤에 있었는데 자기 집에서 벌레가 갉아먹은 나뭇잎을 물에 띄워 대궐 안의 어구御溝에 흘려보내어 중종이 보고 매우 놀라게 하고서 고변告變하여 화를 조성하였다.[28]

주走 자의 오른쪽에 초肖 자를 얹어 놓으면 조趙 자가 된다. 즉 조씨인 조광조가 왕이 된다는 도참이 나뭇잎에 자연스럽게 나타난 것처럼 꾸며 조광조를 모함한 것이다. 결국 조광조는 유배를 당한 후 사사되고 말았다. 단, 위 기사는 『중종실록』이 아닌 『선조실록』에 실려 있어 후대에 만들어진 이야기일 가능성이 있다.

어쨌든 도참사상은 모반과 지속적으로 연결되었는데, '목자木子'나 '주초走肖'와 같이 한자를 분해하거나 합쳐서 암호처럼 이용하는 '파자破字'가 사용되곤 했다. 역적모의의 당사자로서는 목숨이 왔다 갔다 하는 문제이므로 파자를 사용했을 수도 있겠지만, 대중에게 파자는 흥미를 끄는 좋은 요소가 되었다.

작자 불명의 『정감록』은 수많은 이본이 존재하는데, '목자망木子亡 존읍흥尊邑興'이라는 파자가 공통으로 사용되고 있다. 즉 『정감록』은 이李씨의 왕조인 조선이 망하고 정鄭, 尊+邑씨의 왕조가 새롭게 나라를 세워 흥할 것이라는 '도참'을 적은 서적류를 통틀어 이르는 말인 것이다.

이번 이야기의 주인공인 유한경은 체포 당시 그런 류의 금서를 지니고 있었다. 하지만 정작 체포의 결정적 빌미가 된 것은 봇짐에서 나온 쪽지였다.

> 접은 소지小紙가 있었는데, 소지의 첫머리에 수인록讎人錄이라고 표제標題하였다. 제1항行에 9자의 흉언凶言이 있고【그 9자의 흉언은 전하지 않았으나 대체로 감히 말할 수 없는 자리를 가리킨다.】 그 아래에 문무文武 귀근貴近 13인의 이름이 죽 기록되었고 그 성姓은 쓰지 않았으며, 또 두서너 줄의 난언亂言이 있었다.【역시 전하지 않는다.】[29]

『정조실록』에 소개된 쪽지의 제목은 '수인록', 즉 '복수해야 할 사람들의 기록'이었다. 첫째 줄에는 입에 담기도 힘든 '흉언'이 적혀 있었는데, 실록에서 '감히 말할 수 없는 자리'라고 하는 것을 보니 왕에 대한 흉언이었음을 알 수 있다. 그 외에도 중신들의 이름이 기록하기 힘든 험한 말과 함께 적혀 있었다. 즉 조선판 '데스노트Death Note'였던 것이다.

심문 초반에는 쪽지를 소지하고 있던 유한경에게 흉서의 출처와 작성자, 그리고 누구에게 전달하려 했는지에 대해 추궁했다.

심문하기를, "그렇다면 너는 도대체 무슨 심보로 그런 흉악한 글을 작성하여 괴나리봇짐 속에 넣어 두었느냐? 그처럼 지극히 흉악한 정황에 대해 하나하나 바른대로 아뢰어야 좋을 것이다" 하니, 진술하기를, "제가 갑산에서 나왔을 때, 황토령黃土嶺 밑에서 주웠습니다" 했다. 심문하기를, "그것은 길가에서 주울 만한 물건이 아니다. 또한 너는 이미 글을 알고 있었는데, 그것을 살펴본 뒤에 무슨 의도로 괴나리봇짐 안에 간직해 두었느냐?" 하니, 진술하기를, "저는 애당초 펼쳐 보지는 않았습니다. 하지만 주웠다는 것은 확실한 사실입니다" 했다. 심문하기를, "네가 이미 길가에서 주웠다면, 틀림없이 곧장 펼쳐서 그 속의 내용을 살펴보았을 것이다. 너는 과연 그 내용을 알고 있었느냐?" 하니, 진술하기를, "그것을 주워서 괴나리봇짐 안에 넣어 두었는데, 날이 추워 바삐 가느라 깜빡 잊고 즉각 펼쳐 보지는 않았습니다" 했다.

유한경 일행은 삼수三水 지역에서 출발해 갑산, 황토령을 지나 단천에서 체포되었다. 유한경은 흉서를 황토령에서 주웠으나, 너무 추웠기 때문에 살펴볼 겨를도 없이 봇짐 속에 넣어 놓은 채로 돌아다녔다고 주장하고 있다. 12월 엄동설한에 해발 1,500m에 달하는 고개를 넘었으니 추웠다는 것은 납득할 수 있으나, 돈도 안 되는 문서를 내용도 살펴보지 않고 굳이 챙겨서 돌아다녔다는 것은 이해할 수 없다. 추국 관리들은 그리 호락호락한 사람들이 아니다. 유한경에게 내용을 몰랐냐고 몇 차례 확인한 후 다시 질문한다.

> 네가 이미 주웠다고 했으니, 펼쳐 보지 않았을 리가 결코 없다. 또한 황인택의 진술 내용에 따르면, 네가 삼수의 이가李哥에게 글을 받아 순안의 한가韓哥에게 장차 전하려 했다고 하였다. 그런즉 네가 어찌 사리에 맞지 않는 이야기를 가지고 이처럼 딱 잡아떼느냐?

추국 관리들은 이미 유한경이 삼수에 있는 사람에게 쪽지를 받아 순안의 한가에게 전하려 했었다는 진술을 확보한 상태였다. 그뿐만이 아니다.

> 황가黃哥의 진술 내용이 이와 같이 명백하고, 노가魯哥는 네가 손수 베껴 쓰는 장면을 분명히 보았다고 했다. 너는 그 두 사람과 대질하고 싶으냐?

같이 잡혀 온 노어인노미(노가)라는 사람은 한술 더 떠서 유한경이 쪽지를 작성하는 것을 보았다는 진술까지 바친 상태였다. 이 과정을 보면 추국 관리들이 주변인들로부터 진술을 확보한 후에 그 진술을 바탕으로 용의자의 진술이 참인지 거짓인지 가려내고, 거짓일 경우 이를 전체적인 자백을 강요하는 수단으로 사용했음을 알 수 있다.

결국 유한경은 몇 번의 매질과 대질심문 끝에 자백하기에 이르렀다.

<blockquote>
이가의 이름은 정말로 기억해 알지 못합니다. 그런데 그 집에서 술을 빚어 손님들에게 접대를 했습니다. 그러므로 저도 역시 일찍이 그 집에 오고 갔었습니다. … 그 당시에 글을 받아 가는 일에 대해서 유태수가 언급했습니다. 그러므로 제가 그 글을 전해 줄 곳에 대해 물었더니, 이는 바로 순안 장자동長者洞의 한 생원韓生員에게 가져갈 것이라고 했습니다. 그리고 그 글이 매우 중대하고 어렵다는 뜻으로 거듭거듭 언급했습니다.
</blockquote>

유한경의 진술을 통해 그 쪽지가 이가, 즉 이문목李文穆이 유태수에게 부탁해 순안의 한 생원, 즉 한필현韓弼玄에게 전달되는 것임이 밝혀졌다. 이문목은 3년 전 추국 중에 옥사한 이택징李澤徵의 손자였다. 이택징은 정조에게 올린 상소문으로 인해 역적으로 몰렸고, 그의 옥사 이후 가족들은 유배를 당했다. 그중 손자인 이문목은 삼수 지역으로 오게 된 것이다.

함경남도에서도 손꼽히는 오지인 삼수는 조선시대의 대표적인 유배지였다. 하지만 술을 빚어 유한경, 유태수와 같은 거사居士들을 대접하고 그들과 어울릴 정도였으니, 이문목은 유배지에서도 그럭저럭 어렵지 않게 생활했던 것으로 보인다. 이문목과 유한경, 유태수 등은 어떻게 만나게 되었을까? 이들의 만남을 알기 위해서는 우선 거사라는 직업을 들여다봐야 한다.

거사, 승려, 무속인?

거사는 출가하지 않고 속세에서 불도를 닦는 사람들을 가리키는 말이다. 물론 불도에 귀의한 독실한 사람도 있었겠지만, 대부분 그렇지 않아 왕왕 사회적인 문제가 되었다. 『예종실록』에는 공조 판서였던 양성지梁誠之가 거사가 늘어나는 것을 막아야 한다는 내용의 상소문을 올린 기록이 남아 있다.

> 신이 그윽이 생각하건대, 중국에는 중이 있으면서 도사道士가 있는데, 우리나라는 중은 있는데 도사가 없으니, 이는 매우 다행한 일입니다. 근일에 경외京外의 남녀노소가 사장社長이라고 칭하고 혹은 거사居士라고 칭하니, 이것은 또한 도사에 비교되는 것으로서 중도 아니고 속인俗人도 아닌데, 그 생업生業을 폐하고서 차역差役을 피할 것만을 엿보고 있습니다. 외방에서는 천만 명[30]이 무리를 이루고서 절에 올라가 향香을 불사르고, 경중에서는 마을에서 밤낮으로 남녀가 섞여 거처하고 징과 북을 시끄럽게 두들기면서 이르지 않는 바가 없으니, 늙은이는 괜찮지만 젊은이는 불가하며, 어린이는 더욱 불가합니다. 군액軍額이 감하고, 전지田地는 황폐하며, 차역差役이 고르지 않고, 남녀가 섞이고, 양민良民이 죄를 짓게 되니, 사람으로서 이보다 심할 수 없습니다.[31]

위에 열거된 거사의 문제점은 한둘이 아니지만, 양민에게 부과되는 의무인 '역役'을 피하는 것과, 남녀칠세부동석의 유교 사회인 조선에서

'남녀가 섞여 거처하는' 풍기 문란이 가장 크다 하겠다. 그러므로 조정 입장에서 거사들은 골칫거리일 수밖에 없었다.

정조 시대의 『승정원일기』에도 거사에 대해 '이름은 호적에 빠져 있고 부역을 짊어지지 않으니 무뢰배 중에 지극히 불량하고 떠돌이 중에 가장 수상한 자와 관계가 있다'면서 예의 주시하고 있는 모습이 보인다. 또한 『정조실록』에 의하면 '만여 명에 달하는 거사 무리가 충청도, 전라도, 경상도에 깔려 있는데, 이들은 그 수가 적으면 무리를 지어 도적질을 했고, 많아지면 역모를 꾸몄다'고 한다. 그리고 실제로 거사들은 무리를 이루어 모반을 일으키기도 했다. 예를 들어 거사 집단(무뢰배)은 1631년 인조 대 충북 옥천沃川 지역에서 일어났던 권대진權大進의 모반 사건과 관련되어 있었다.

그렇다고 거사들이 도적질 등의 패악만 부리고 다닌 것은 아니다. 양성지의 상소문 중 '징과 북을 시끄럽게 두들기면서' 돌아다닌다는 것은 일종의 예능 활동이라 할 수 있을 것이다. 이들의 일부가 사당패와 남사당패가 되어 전국을 돌아다니며 공연을 했다. 또한 일부는 상업에도 종사했다. 추국 기록 중 거사 황인택의 진술에서 상업에 종사하는 거사의 모습을 찾아볼 수 있다.

> 광주廣州 지역의 임금의 능이 있는 능동陵洞 근처에 많은 거사들이 살고 있는데, 이 패거리들 대부분이 순안 법홍사의 거사들과 같은 무리였습니다. 모두 해서 오십여 세대인데 철鐵을 파는 일을 생업으로 삼아 집안 살림이 넉넉했으며, 말과 옷감을 사고팔았습니다.

위 내용대로라면 거사들 중에는 50여 세대에 달하는 대단위로 한 곳에 정주하며 부유한 생활을 하고 있는 이도 있었다. 그런데 철은 농기구와 같은 생활용품부터 무기를 만드는 데도 쓰일 수 있는 금속이다. 즉, 거사는 필요하다면 쉽게 무장할 수 있는 세력인 셈이었다. 정리하면, 거사들은 지역 간 이동이 비교적 자유로운 사람들로 상술에 밝았고, 필요하다면 무장도 가능했다.

그러나 거사가 본래 속세에서 불도를 닦는 사람을 가리키는 단어라는 것을 잊어서는 안 된다. 거사들은 글을 알고 있었으므로 훈장 노릇을 하며 떠돌아다니기도 했고, 중국의 도사와 비견되며 역술가로 활동하기도 했다. 『효종실록』에는 자칭 거사라는 노인의 이야기가 실려 있다.

> 이때 어떤 노인 하나가 스스로 거사居士라고 일컬으면서 창덕궁昌德宮 돈화문敦化門 밖에 와서 엎드려 말하기를, "금년 5월 국가에 재화가 있게 될 것이니, 경복궁景福宮의 옛터에 초옥草屋을 짓고 즉시 이어移御하여 재화를 물리치는 굿을 하소서" 했는데, 이를 들은 사람들은 모두들 요망한 것이라고 하였다.[32]

기사가 실린 1659년 윤3월에는 초여름이 다가오는 계절임에도 우박이 내리고 강원도 삼척 앞바다가 어는 등 이상기온 현상이 나타났다. 게다가 저녁 무렵에 뜨기 마련인 태백성(금성)이 낮에 보이는 등의 변괴가 이어졌다. 그 와중에 자칭 '거사'가 앞으로 닥쳐올 국난을 예언한 것이다.

창덕궁 돈화문 | 보물 | 문화재청

 이처럼 거사는 종교인, 예능인, 상인, 역술인 등 다양한 얼굴을 지니고 있었다. 그중 거사 유태수, 유한경과 유배 중이던 이문목을 이어준 것은 역술(점)이었다. 다음은 이문목의 진술이다.

 유 거사가 점을 치고 최 거사가 같이 점괘를 풀이하여 말하기를, '금년 11월에 당신의 운수가 대단히 나빠 어머니 상을 당하게 될 것이다. 또한 재물을 잃을 운수를 지녔다. 내 말대로 한 길(丈) 정도의 종이와 떡과 쌀을 대충 마련하고 칠성제(七星祭)를 지낸다면, 액땜(度厄)을 할 수 있을 것이다'라고 운운했습니다. 또한 주홍색 글씨로 부적을 써서 몇 조각으로 만들어 제게 주며 말하기를, '이 부적 조각을 옷 안과 바지 안에다 넣어 두면, 또한 마땅히 재앙을 물리칠 것이다' 했습니다. 그러므로 저는 그 말대로 했습니다. 그 후에 유 거사가 또 제게 말하기를, '만약 나에게 15냥의 돈을 준다면 네 어머니는 목숨을 늘릴 수 있을 것이며, 4, 5년 뒤에 너도 살아서 고향으로 돌아갈 수 있을 것이다' 했습니다.

삼수 땅으로 들어와 이문목의 집에서 신세를 지던 유한경은 이문목의 점을 쳐 주고는 제사와 액땜을 빌미로 금전을 요구하고 있다. 재미있는 것은 부적 등의 이야기에 한 번 넘어오는 듯하자, 목숨을 연장해 준다는 허황된 이야기로 다시 접근했다는 것이다. 지금의 사이비종교와 비슷하다.

문제의 쪽지에 대해 서로 책임을 돌려대던 거사들은 쪽지의 주인으로 이문목을 지목했다. 이문목은 역적으로 몰려 죽은 이택징의 손자라는 점에서 역모의 주인공으로 더할 나위 없었다.

이문목과 유태수가 입을 열다

추국 관리들의 보고에 따르면 이문목은 '엄한 매질을 조금만 가하면 허둥지둥 어쩔 바를 몰라' 했다. 반면 유태수는 '고개를 숙이며 혀를 꽉 물고 심문해도 아무런 말이 없었고', '아침부터 저녁까지 음식을 전혀 먹지 않으며 스스로 지레 죽으려는 의도를 노골적으로 드러내기'까지 했다. 추국 관리들은 때로는 매질로, 때로는 얼러 가며 이문목의 입에서 주모자의 이름을 듣기 위해 노력했다. 이문목은 화가인 임경화林慶華와 떠돌이 훈장 문재질文載質을 주모자로 지목했다. 그리고 추국 관리들이 원하던 역모에 대해 털어놓았다.

> 사당이 해 준 말을 들으니, '거사 패거리들이 만여 명에 이르는데, 여러 도에 두루 널려 있어 어렵게 여길 만하다' 했습니다. … 이창순이 말한 내용에 따르면, '작게는 명화적이고, 크게는 역적모의이다'라고 했습니다.

각지에 퍼져 있는 거사 패거리들이 만여 명에 이르고, 서로 도모해 도적질하는 것도 모자라 급기야 역적모의까지 하고 있다는 이문목의 진술로 인해 추국은 더욱 속도를 내기 시작했다. 추국청은 임경화와 문재질을 잡아 와 이문목과 대질시켰지만, 쪽지의 출처에 대해서는 끝내 밝혀낼 수 없었다. 할 수 없이 다시 유태수를 불러와 이문목과 마주 앉혔다. 매 앞에 장사 없다고 했던가. 버티고 버티던 유태수는 드디어 입을 열기 시작했다.

> 그 서간은 본래 삼수三水의 좌수座首인 우덕하에게서 나와 저에게 전해졌던 것입니다. 우덕하가 일찍이 이전에 전라도에서 귀양살이하다가, 근래에 비로소 석방돼 돌아온 자라고 했습니다. 저는 … 그의 사주나 혹은 관상을 보아 주었으며, 이 때문에 서로 친하게 되었습니다. 그런데 어느 날 제게 서찰을 주며 순안의 한가에게 전해 달라고 요구했습니다. 그러므로 제가 과연 받아 왔던 것입니다.

봉해진 쪽지를 이문목에게 받았다, 이문목이 불러 주고 유한경이 쪽지를 작성했다 등등 말을 바꾸던 유태수는 모든 걸 포기한 듯 삼수의 좌수 우덕하가 쪽지를 주었다고 털어놓았다. 그리고 이문목이 우덕하와 친분이 있다고 덧붙였다. 추국청에 다시 이문목이 불려 나갔다. 우덕하의 내력을 물었을 때 이문목은 다음과 같이 진술한다.

> 송환억宋煥億이 삼수에서 귀양살이할 때 서로 친하게 지냈습니다. 그리하여 송환억이 평사評事가 된 뒤에는 군관軍官으로 북청北青에 데려갔습니다. 그 이후에 송환억이 광주 부윤廣州府尹이 되었을 때, 우덕하의 아들이 관아에 오고 갔었습니다. 송덕상宋德相이 삼수에 귀양 되었을 때에는 우덕하가 밤을 틈타 찾아가서 만나 보고, 잇따라 양식과 찬거리를 대 주는 일까지 했습니다. 그러다가 일이 발각되어 해남海南으로 귀양 가기까지 했으며, 석방된 뒤에는 이전처럼 삼수 고을의 좌수와 중군中軍의 직임을 맡았습니다. 그리고 우덕하의 아들 우필모禹弼謨가 지난가을에 서울로 올라가 홍달수洪達洙의 집에 머물러 묵었는데, 지금까지 돌아오지 않았다고 했습니다.

이문목의 입에서 송덕상, 송환억의 이름이 나왔을 때, 추국 관리는 3년 전 있었던 이경래, 문인방의 역적모의 사건을 떠올렸다.

송덕상을 둘러싼 역모

송덕상은 조선 후기의 대표적인 문신 송시열의 4대손이다. 송시열은 1689년 숙종이 희빈 장씨와의 사이에서 태어난 왕자를 원자로 삼으려

송시열 초상 | 국보 | 국립중앙박물관

고 할 때 이에 반대하는 상소를 올렸다가 유배된 후 사약을 받았다. 하지만 1694년 폐출되었던 인현왕후가 복위되자 송시열의 관작은 복구되었고 서원도 건립되었다. 특히 정조는 송시열을 송자朱子라고 칭하며 국가의 스승으로 모셨다. 1778년 12월 12일 성균관의 좨주가 된 송덕상을 마주한 정조는 '나의 기쁜 마음이 진실로 평소보다 갑절이나 더하다'며 기쁜 마음을 금치 못했다.

송덕상은 정조의 파격적인 발탁으로 화려하게 출사하여 왕의 최측근인 홍국영과 힘을 합쳐 정조 대 초반의 국정 운영을 주도했다. 홍국영 역시 정조와 마찬가지로 송덕상에게 보내는 재야 유학자들의 지지를 이용할 필요가 있었기 때문이다. 송덕상이 좨주가 된 지 3개월 정도 지났을 때 병을 구실 삼아 관직에서 물러나자 그 즉시 유생 165명이, 한 달 뒤에는 321명이 상소를 올려 그가 다시 벼슬길에 오르기를 청했다. 이 사실만 보더라도 송덕상이 유생들에게 얼마나 인기가 있었는지 가늠할 수 있다.

하지만 도가 지나친 세도정치를 시도하던 홍국영은 1779년 9월 돌연 모든 관직을 사직하고 물러났고, 이어서 그에 협력하던 송덕상도 병을 이유 삼아 낙향하게 되었다. 그리고 1781년 4월 홍국영이 유배지인 강릉에서 숨을 거두자 송덕상에 대한 정조의 비난을 신호탄으로 재야 유학자들의 송덕상 흠집 내기가 시작되었다. 이후 1781년 9월 호서 지역의 유생들이 송덕상을 위해 편지를 주고받은 사건까지 발생하자 정조의 마음은 송덕상에게서 완전히 멀어졌다. 이 사건으로 송덕상은 삼수로, 송덕상의 조카 송환억은 추자도로 각각 유배형에 처해졌다.

송덕상의 제자들은 상소를 통해 송덕상의 유배 생활을 구제하려고 움직였다. 그중에는 이경래와 같이 다소 과격한 제자들도 있었다. 이경래는 문인방 등과 모의하여 송덕상의 구제를 빌미로 군사행동까지 준비했다. 그런데 이들과 행동을 같이했던 박서집의 추국장 진술 내용을 보면 흥미로운 내용이 나온다.

> 저는 어렸을 때 언문으로 써진 『정감록』을 보았는데, 고려高麗왕조 때부터 시작하여 그 말머리를 꺼냈다고 들었습니다. 제가 말하기를, 『정감록』 안에 나오는 바다의 섬海島은 곧 남쪽 바다의 섬을 가리킨다. 그런데 4백 년이 흘러 운수가 약해져 그해에 만일 해랑적海浪賊이 나타나면, 나무 목木 자 변邊의 성씨를 쓰는 사람이 토벌하여 평안하게 할 것이니, 국운에 연한을 두지 말라' 했는데, 문인방은 아무런 대꾸도 하지 않았습니다. 송덕상이란 이름자의 경우, 저를 귀양 보낼 때 작성해 보낸 배문配文 안에 들어 있어

문인방이 이 때문에 알게 되었습니다.

박서집은 송덕상을 위한 상소를 올린 일로 귀양 가게 된 신형하를 칭송하는 글을 썼다가 자신도 진도로 귀양을 가게 된 인물이다. 그는 그곳에서 문인방을 만나 그들이 송덕상을 위해 모반을 준비하고 있다는 이야기를 듣고 조정에 밀고했다. 이 사건으로 문인방, 이경래 등은 추국을 받은 후 능지처사陵遲處死형에 처해졌다. 이들에 의해 대선생大先生으로 추대되었던 송덕상은 추국 도중 감옥에서 숨을 거두었고, 송덕상을 도왔던 조카 송환억은 제주도로 위리안치되었다.

그리고 송덕상의 제자라고 밝힌 이경래는 1782년 7월에 역적으로 몰려 심문을 받다 죽은 이택징, 이번 사건의 이문목과 인척관계였다.

유배지의 네트워크

1782년 이경래, 문인방의 역적모의는 진도로 유배된 박서집이 문인방을 만나면서 시작되었다. 1785년 유태수, 이문목의 역적모의는 삼수 지역으로 유배된 송덕상, 이문목 등의 교류가 발단이 되었다. 1785년 사건의 중심에는 삼수읍의 좌수 우덕하가 있었는데, 송환억이 삼수에 귀양 왔을 때 그의 생활을 도운 것이 인연이 되어 북청北靑의 군관 및 삼수의 좌수가 될 수 있었다.

유배형은 조선시대에 시행된 형벌 중 하나로 모반 사건, 정부 규탄 상소나 불경죄, 뇌물 수수 등의 정치적인 중죄뿐만 아니라 술주정, 관직 사칭 등의 비교적 가벼운 죄에도 적용되는 형벌이었다. 하지만 정치적인 이유로 유배형을 받는 경우가 대부분으로, 조선 초기 관직에 오른 양반 중 4명에 1명꼴로 유배를 갔다는 통계도 있을 정도이다. 높은 벼슬에 올랐던 관리라면 유배를 가더라도 언제 다시 정계의 주요 관직으로 복귀할지 모를 일이다. 따라서 정계의 유력자가 유배를 당할 때에는 유배지로 향하는 경유지나 유배지에서의 대접이 소홀하지 않았다. 오히려 너무 융숭한 대접을 해서 문제가 되었을 정도이다.

송시열의 후손이자 정2품의 관직에 올랐던 송덕상이 삼수로 유배를 왔을 때, 삼수읍의 관리 우덕하는 송환억이 유배 왔을 때의 인연을 빌미로 송덕상을 후원했을 것이다. 이문목과 유태수는 모두 우덕하가 흉서를 건넸다고 진술했지만 우덕하는 끝까지 자신이 '흉서'를 지어내지 않았다고 이야기했다. '받아 온 곳도 없고 또한 스스로 지어낸 적도 없는데, 비록 매질을 당하다가 죽게 되더라도 어찌 지만할 수 있겠습니까'라며 버텼다. 추국 관리들은 모두 우덕하가 사건의 중심이라고 생각하고 자백을 받기 위해 매질을 서둘렀지만, 여섯 차례의 매질 끝에 우덕하는 감옥에서 숨을 거두고 말았다.

결국 우덕하가 흉서를 작성한 사람인지, 역적모의의 중심에 있었는지는 우덕하 본인만이 알 수 있는 사실이 되었다. 하지만 3년 전 이경래, 문인방 모반 사건에 뒤이어 발생한 유배지 네트워크 중심 모반 사건은 정조와 관리들에게 경각심을 불러일으켰다. 추국 관리는 다음과 같이 주장했다.

북도北道 지역의 풍속은 어리석고 사나워서 반역과 순종의 구분조차 가릴 줄 모릅니다. 또한 이번 사건을 가지고 말하자면, 삼수三水와 갑산甲山 지역의 인심이 차츰 유언비어에 물들 염려가 있습니다. 귀양살이하는 역적이 두 지역에 두루 가득하니, 깨우치고 타이르는 조치를 대대적으로 내려야 더욱 마땅합니다.

대표적인 유배지였던 삼수와 갑산 쪽에서 유배인들과 관련된 역적모의가 끊이지 않자 추국 관리들이 주장한 해결책은 '깨우치고 타이르는 조치'였다. 이때 '깨우치는 조치'는 죄인을 범죄가 일어난 지역으로 돌려보내, 백성이 보는 앞에서 국법대로 처형하여 징계하는 뜻을 보이는 것이다. 이에 따라 최광수, 황인택, 이문목은 삼수로 돌려보내져서 삼수 사람들 앞에서 처형됨으로써 본보기가 되었다. 한편 거사 유한경과 유태수는 결안을 바치자마자 바로 능지처사되었다. 당시 일반적인 범죄에 대한 사형은 만물이 생장하는 봄과 여름을 피해 가을에 집행하는 것이 관례였으나, 둘은 모반대역 조에 해당해 봄이었음에도 바로 처형되었다. 하지만 정조는 조사받은 다수의 죄수를 석방하며, '반역과 순종의 구분을 가지고 하나하나 잘 타일러서 문제가 없는 평민이 되도록 하라'고 명했다. 채찍과 당근을 적절히 섞은 것이다.

홍국영의 실권失權에서 시작되어 송덕상의 유배와 함께 벌어진 정조 시대 초기의 혼란은 『정감록』이 얽힌 두 번의 역모 사건을 정리하면서 진정되었다. 정조는 붕당정치를 조절하고 외척 세력을 제거하기 위해 홍국영과 송덕상을 이용했다. 그리고 그들에게 권력이 집중되자 관련 인물을 『정감록』 사건으로 정리하고 탕평을 안정시킬 수 있었다.

왕의 수명을 줄여라

1872년 김응룡·오윤근 사건

한승훈

서종태 역주, 『추안급국안』 86, 2014, 259~322쪽.

구혹조진 口或祚盡

1872년 4월 24일, 즉위 9년 차를 맞은 만 스물한 살의 군주 고종은 급박한 보고를 받았다. 영의정 김병학金炳學과 우의정 홍순목洪淳穆이 의금부 당상관들과 좌우포도대장左右捕盜大將을 모두 거느리고 와서 알현을 청한 것이다. 각지에서 민란이 일어나고 서구 열강의 위협이 가시화되던 시기였다. 그런 상황에서 국가의 치안 체계와 관련된 관료들이 한꺼번에 몰려온 것이다. 중대한 일이 발생한 것임이 틀림없었다.

긴장 속에 어느 사건에 대한 보고가 이루어졌다. 아마도 왕이 처음 느꼈을 감정은 '황당함'이었을 것이다. 그것은 농민들의 봉기도, 서양 군함의 침공도, 외국과 연계한 천주교 신자들의 활동도 아니었다. 그저 황해도의 백성인 오윤근吳潤根과 김응룡金應龍이 산속의 절에서 수상한 기도를 올리고 있었던 것이 적발되었다는 것이다. 도저히 대신들과 의금부, 포도청의 수장들이 호들갑을 떨며 국왕에게 직접 보고할 사안이 아니었다.

그러나 상세한 내막을 듣던 왕은 경악을 금치 못했다. 죄인들이 기도에 쓰고 있었던 축문이 압수되었는데, 그 내용이 대단히 "흉악"하였던 것이다. 왕은 이례적이게도 포도청에 갇혀 있는 죄인들을 불러와 직접 심문하기로 했다. 고종이 친국親鞠을 한 또 다른 사례는 1871년의 한 추국 사건이었는데, 당시의 죄인들은 병인양요丙寅洋擾와 오페르트 도굴 사건 때에 외국인들에게 협력한 조선인 천주교 신자들이었다.[33] 고종이 이 사건을 어느 정도로 심각하게 생각하고 있었는지를 짐작할 수

고종 어진 | 대한제국 | 국립중앙박물관

있는 대목이다.

친국의 규모는 한 해 전의 전례에 따라 정해졌다. 장소는 삼군부三軍府였고, 우의정 홍순목이 위관委官을 맡아서 추국을 조직하였다. 또한 국왕이 직접 지휘하는 만큼 모든 의금부 도사가 동원되어야 했다. 당시 한 명의 젊은 도사가 부모의 병환 때문에 휴가를 내고 지방에 가 있어서 참여할 수 없다는 사실까지 국왕에게 보고될 정도였다. 그의 이름은 훗날 고부 군수가 되는 조병갑趙秉甲이었다.

그리고 마침내 훈련도감 군사들의 엄중한 호송을 받으며 네 사람의 죄인이 끌려왔다. 먼저 44세의 오윤근은 황해도 해주海州 사람으로 문제가 된 축문을 써서 기도를 올린 혐의를 받고 있었다. 29세의 김응룡은 황해도 배천白川 출신이었다. 그는 풍수 등의 술법에 능한 사람으로 오윤근에게 기도를 권하고 제사를 주관한 인물이었다. 한편 26세의 김응봉金應鳳은 김응룡의 동생으로 마지막 한 사람의 죄인인 29세의 김준문金俊文과 함께 오윤근을 협박해 돈을 뜯어내려 했다는 사실이 밝혀져 있었다.

이런 혐의 내용은 분명 역모와는 별 관계가 없어 보인다. 더구나 국왕이 직접 심문에 나서야 할 정도로 심각한 사건으로 생각되지도 않는다. 그럼에도 불구하고 일이 이렇게 커진 것은 앞서 언급한 축문 때문이었다. 김응룡의 첫 번째 심문에서 추국관들은 그를 다음과 같이 비난하였다.

> 이른바 축문의 글자 가운데 "구혹조진口或祚盡"이라는 네 글자의 흉악한 말은 위로 종묘사직과 관련되어 있기 때문에 신하와 백성들이 모두 너희를 원수로 여기고 있다. 그 아래 한 구절의 말도 어찌 감히 방자하게 마음에서 솟아나 글에 쓸 수 있는 내용이라는 말이냐? 너처럼 지극히 흉악한 놈은 단 한순간도 이 세상에 살려 두는 것을 용납할 수 없다.

이에 의하면 "구혹조진"이라는 말이 종묘사직과 관련된 흉언凶言의 실체라는 것을 알 수 있다. 이 말은 그 자체로는 의미가 통하지 않는다. 암호화된 파자破字이기 때문이다. 그러나 당시 사람들에게 파자는 가벼운 놀이나 점술에 활용될 정도로 일상적인 문화였다. 따라서 이 말을 해석하는 것은 그다지 복잡하거나 어려운 일이 아니었다. 그것은 "국조진國祚盡", 즉, "나라에 주어진 수명이 다했다"라는 의미였다.

연등을 보며 세상을 원망하다

그들은 왜 축문에 그런 '정치적'인 메시지를 담았을까? 그리고 왜 국가는 그들의 행위를 위험한 것으로 보아 처벌하려 하였을까? 이 사건의 전말을 이해하기 위해서는 추국 자료만이 아니라 포도청에서 이루어진 관련자들의 1차 심문 자료를 함께 살펴볼 필요가 있다. 이야기는 추국으로부터 1년 전인 1871년 봄부터 시작된다. 오윤근은 황해 감영黃海監營에 소속된 아전 출신으로 건강 문제 때문에 직을 내어놓고 집에 머물고 있었다. 그러던 그에게 김응룡이 찾아왔다.

김응룡은 황해도 배천 사람으로 풍수지리를 배워 황해도와 평안도를 유랑하는 인물이었다. 그러나 오윤근에게는 강원도 철원에서 온 지사地師라고 자처했다. 오윤근은 그의 이름도 김태기金泰基 또는 김태의金太義로 알고 있었다. 김응룡은 자신이 풍수로 뛰어난 승려 성탁聖卓의 제자라고 하며 오윤근의 집에 머물렀다. 오윤근의 증언에 의하면 "그의 용모는 유생 같았고, 술법도 할 수 있었다." 특히 오윤근을 매료시킨 것은 "모래를 쌀로 바꾸는[化沙爲米]" 술법이었다. 김응룡이 입안에 모래를 머금고 있으면 그것이 쌀로 변하는 것이었다.

김응룡을 완전히 신뢰하게 된 오윤근은 그를 식객이자 스승으로 삼아 풍수지리 등 여러 술법을 배우려 하였다. 두 사람은 함께 명당을 보러 다니며 더욱 친밀해졌다. 그러다 4월 8일이 되었다. 석가탄신일 저녁의 연등회를 보던 중에 김응룡은 다음과 같은 시 한 수를 읊었다.

남쪽 누각에 발길 끊어지고 저녁 종 울리어	南樓躡罷暮鍾鳴
멀리 가까이 바라보니 눈에는 안개가 끼네	遠近看來眼霧生
땅에 가득 이어진 가게들은 은하수처럼 펼쳐 있고	滿地連舖星海散
하늘 가운데 떠다니는 등은 화산처럼 밝네	中天浮動火山明
사람들은 부처를 목욕시킨다 하고는 속세로 돌아간다 하고	人稱浴佛言歸俗
나는 임금을 칭송하기를 기뻐하니 목소리 있음이 감사하다	我喜頌君德有聲
오늘 밤 비로소 등 밝힌 시장이 좋은 줄 알았으니	今夜始知燈市好
집집마다 극락이고 세상은 태평하다	家家極樂世界平

여기에서는 김응룡이 술수를 알 뿐만 아니라 운에 맞춰 한시를 읊을 수 있을 정도의 교양을 갖춘 인물이었음을 확인할 수 있다. 그가 "유생과 같았다"는 오윤근의 평가는 과장이 아니었던 셈이다. 그러나 이날 이 시를 들은 오윤근은 심기가 상했다. 그는 이렇게 따졌다.

네 시는 왜 그리도 세상에 아첨하는 게 심한가? 지금 온 나라에 원망이 가득하고 백성이 편하게 살아갈 수 없는 가혹한 정치가 이를 데 없는데 태평하다니 가당키나 한 말인가? 대여섯 번이나 원납願納을 해서 가산을 탕진하니 잘못된 시절에 태어난 게 한스럽다.

오윤근이 세상에 불만을 가진 원인은 다름 아니라 흥선대원군興宣大院君이 경복궁景福宮을 다시 세우기 위해서 징수한 기부금인 원납전願

納錢[34]이었다. 김응룡이 처음부터 오윤근의 재산을 노리고 접근했는지, 아니면 오윤근과 함께 지내는 사이에 그가 세상에 불만을 가졌다는 것을 알고서 음모를 꾸미게 되었는지는 확인할 길이 없다. 그러나 원납전에 대한 한탄을 늘어놓던 그가 목소리를 낮추며 농담 반 진담 반으로 이렇게 말했을 때 그의 계획은 본격적으로 시작되었을 것이다. "나는 네가 재주가 있는 걸 안다. 혹시 사람의 수명을 줄이는 법을 아느냐?"

김응룡은 그가 "수명을 줄이려" 하는 사람이 누구인가를 금방 알아챘다. 오윤근은 자기가 재산을 크게 잃은 것이 국왕 고종 때문이라고 생각해서 왕을 요절하게 할 방법이 없는지를 묻고 있는 것이다. 그는 "산제山祭를 지내면 된다"고 답하며 그의 스승인 승려 성탁을 만나서 제를 올리자고 했다. 아마도 김응룡은 오윤근의 집에 머무는 동안 그가 거액의 원납전을 내고도 여전히 상당한 재산을 가지고 있다는 것을 파악한 것 같다. 그는 친구 김준문, 동생 김응봉과 짜고 오윤근을 함정에 빠트리기로 했다. 위험천만한 사기극의 시작이었다.

삼인검 三寅劍

왕의 수명을 줄이기 위해 산속에 들어가 제사를 지내기로 한 두 사람이었지만, 어느 절로 갈 것인지에 대해서는 의견이 갈리고 있었다. 해주 사람인 오윤근은 지역의 유명한 사찰인 신광사神光寺로 가자고 했다. 『삼국유사』에도 등장하는 이 유서 깊은 절은 해주의 북숭산北嵩山에 있

해주 신광사 보광전 측면 | 일제강점기 | 국립문화재연구원

다. 원元의 마지막 황제인 혜종惠宗 순황제順皇帝가 황제가 되기 전 고려의 대청도에 귀양을 와 있을 때 원찰로 삼아서 중건했다는 전승으로도 유명하다.[35]

오윤근은 한때 김응룡에게 "지술地術이 가장 뛰어난 사람이 누구냐?"고 물었던 적이 있다고 한다. 김응룡은 이렇게 답했다. "옛날에는 금강산의 승려 일이一耳가 유명했습니다. 지금은 성탁이 뛰어납니다." 김응룡은 바로 그 성탁이 지금 배천의 강서사江西寺에 있다고 하며 신광사 대신 강서사에 가서 제를 올리자고 고집하였다. 물론 성탁에 대한 이야기는 핑계였고, 자신의 협력자들을 불러들일 수 있는 그의 실제 고향인 배천으로 가는 것이 목적이었다. 그들이 배천으로 향한 것은 1871년 8월의 일이었다. 그리고 김응룡은 제사에 필요한 "삼인검三寅劍"을 가

지러 가야 한다며 잠시 오윤근을 떠났다.

삼인검은 이름 그대로 인년寅年, 인월寅月, 인일寅日에 제작된 주술용 검을 말한다. 여기에 완성 시간까지 인시寅時에 맞추면 사인검四寅劍이 된다. 오늘날도 다수 남아 있는 조선시대 삼인검 또는 사인검은 금, 은으로 글자나 별자리를 새겨 넣는 등 화려하게 만들어졌다. 조선시대에는 집안에 삼인검과 삼진검三辰劍을 한 자루씩 비치해 두는 경우도 있었다고 한다. 각각이 상징하는 호랑이와 용의 기운으로 사악한 기운을 막으려고 하는 풍습이다.

이런 칼은 민간에서만이 아니라 궁중에서도 제작되었다. 특히 대량의 삼인검, 사인검 제작은 연산군의 수많은 폭정 가운데 하나였다. 병인년(1506)이 되자 연산군은 2백 자루의 사인검을 만들라 명하고 장인들을 가두어서 노역에 종사하게 하였다. 이렇게까지 무리한 요구는 분명 이례적이었지만 인년을 맞아 검을 만드는 관행은 조선 후기까지 이어졌다. 막대한 비용이 들고 좌도左道라는 비판도 끊이지 않았지만 "조종조의 관습"이라는 명분은 대단히 강력했다.

김응룡 또한 병인년(1866)에 삼인검을 만들어 짐 속에 넣고 다녔다. 그는 오윤근을 홀렸던 "모래를 쌀로 만드는 술법"만이 아니라 삼인검을 이용한 벽사辟邪의 술수도 행했던 것이다. 조선은 중국과는 달리 교단화된 도교道敎가 발달하지는 않았지만, 김응룡과 같은 민간의 술사들이 도사처럼 주술적 의례를 행하고 있었음을 확인할 수 있다.

추국장에서 김응룡은 자신이 항상 삼인검을 소지하고 다녔다고 진술하였다. 그것이 사실이라면 검을 가지러 간다는 말은 거짓말이었을 터다. 오윤근을 강서사로 먼저 보낸 그는 친구인 김준문과 동생 김응봉을 만나 자신의 계획을 털어놓았다.

> 우리들 모두 가난한데 한몫 잡을 일이 생겼다. 해주 사람 오윤근이 원래 재산이 있는 놈이라 여러 번 원납전을 내고도 꽤 많은 재산을 가지고 있다. 나라에 원망하는 마음을 품고 사람의 수명을 줄이는 술법이 있냐고 하길래 산에서 기도를 드리면 된다고 했다. 나와 오윤근이 강서사에 가서 기도를 할 텐데, 그 기도문에는 '존엄한 분'을 모욕하는 말이 가득할 것이다. 이 얘기가 남에게 새어 나가서는 안 된다. 네가 내 동생 응봉이와 함께 서울 포도청 포교라고 하면서 현장을 덮쳐서 축문을 압수하고 한양으로 끌고 갈 것이라고 협박하면 그놈이 살려고 재산을 내어놓을 것이다.

마침내 김응룡은 짐을 챙겨 강서사로 향했다. 행랑에는 삼인검과 제사에 쓸 은행 열매 여러 말, 그리고 축문을 쓸 종이가 들어 있었다.

'명복'의 이름

문제의 축문을 누가 썼는지에 대해서 추국장에 끌려온 오윤근과 김응룡의 주장은 엇갈렸다. 그도 그럴 것이 그 축문이야말로 이 '역모' 사건의 핵심적인 증거였다. 조금이라도 죄를 덜려면 가능한 한 축문 작성에 대한 책임을 상대에게 미룰 필요가 있었다. 4월 24일에 국왕 앞에서 이루어진 대질심문 자리에서 김응룡은 먼저 거세게 공격했다. "내가 너와 함께 죄를 지었다면 몰라도 어떻게 나에게 죄를 뒤집어씌울 수 있다는 말이냐?"

오윤근도 거세게 저항했다. "네가 먼저 우리 집에 와서 그렇게 하자고 하지 않았느냐?" 한편 김응룡의 전략은 물귀신 작전이었다. "네가 죄가 없다고 발뺌하면 나도 주문을 짓지 않았다고 하겠다." 그는 계속해서 이렇게 말했다. "내가 주문을 지었고, 너는 그것을 썼다. 그런데 함께 죄를 짓지 않았다는 말이냐?" 오윤근은 이에 대해서는 답하지 않고 따졌다. "너는 본래 큰 역적이다. 나를 흉악한 역적으로 모는 데 참고만 있으란 말이냐?"

그러나 김응룡은 계속해서 오윤근이 축문을 썼다는 것을 물고 늘어졌다. "너희 아버지를 잡아 와서 그 글씨 모양을 보게 하면 자기 아들 필적이라는 것을 알 수 있을 거다." 그가 이렇게까지 이 문제에 대해 자신감을 가진 것을 보면, 오윤근이 주문을 쓰게 하는 것이 그 계획의 일부였다는 것을 알 수 있다. 만일 일이 잘못되어 축문이 새어 나가더라도 오윤근의 필적으로 되어 있으면 빠져나갈 기회가 있으리라 생각했던 것이다. 이렇게 두 사람이 함께 끌려오는 것은 계산 밖의 일이었지만, 적어도 혼자 죄를 뒤집어쓰는 것은 피할 필요가 있었다.

오윤근은 끝까지 자신이 그 축문을 쓰지 않았다고 우기며 이렇게 말했다. "만약 주문을 적은 종이를 가져오더라도 이미 담뱃대에 구멍이 뚫렸을 것이다." 그러나 두 사람은 이미 누가 그것을 '썼는지'는 중요한 문제가 아니었다는 사실을 모르고 있었던 듯하다. 추국 자료에는 당시의 주문 내용이 직접 언급되어 있지 않으나, 포도청 문서에는 그 전문이 실려 있다.

신미년(1871) 9월 무자삭戊子朔 초하루 무자일戊子日에 황해도 해주 동부 사리에 사는 기축생己丑生 유학幼學 오윤근吳潤根이 삼신천존三神天尊께 감히 고합니다. 하늘의 신령함과 땅의 신령함을 살펴보건대 하늘과 땅 사이의 산악과 강, 바다 중에 오직 사람이 신령합니다. 지금 이 "구혹조진口或祚盡"의 때에 ○○가 나와서 진나라의 가혹한 법을 시행하니 세상일을 알 만합니다. 본생은 도에 어두우나 감히 수련에 힘쓰고자 합니다. 엎드려 빌건대, 신의 명교命教가 있기를 바라며 삼가 고합니다, 삼가 고합니다.[36]

이 기도 형식의 주문은 "삼신천존"이라는 신에게 바쳐진 것이었다. "삼신"은 불교, 도교, 민속 종교 등 다양한 전통에서 모두 사용되는 개념이니 이것만으로는 구체적으로 어떤 신을 말하는 것인지를 알 수는 없다. 문제는 당시를 "구혹조진의 때", 즉 나라의 운수가 다해 망조가 든 시기라고 말하고 있다는 점이었다. 그리고 더욱 심각한 것은 다음 구절이었다. 원문에도 ○○라고 되어 있는 두 글자는 필사 과정에서 일부러 지웠거나, 혹은 오윤근의 말대로 증거인멸을 위해 "담뱃대"로 지져 놓은 부분이었을 것이다. 그러나 관련자의 진술 내용을 살펴보면 그것은 "지존의 휘자[至尊之諱字]", 즉 왕의 이름이었음이 분명하다.

왕의 이름을 함부로 거론하는 것은 그 자체로 중죄였다. 심지어 '피휘避諱'의 법칙에 따라 왕의 이름에 들어가는 글자를 사용하는 것도 기피되었다. 그래서 왕위 계승 가능성이 있는 왕족들은 일부러 흔하지 않은 글자로 이름을 짓기 마련이었다. 그러나 애초에 먼 종친이었던 고종은 그런 관행을 따르지 않고 어린 시절 '명복命福'이라는 흔한 이름을 썼다. 게다가 그는 관례도 치르지 않은 어린 나이에 왕위에 올랐으니,

족보에 올라가는 정식 이름인 '이재황李載晃'을 쓸 기회는 거의 없었다. 따라서 오윤근, 김응룡 등이 알고 있을 정도로 민간에 알려진 "지존의 휘자" 두 글자란 바로 '명복'이었을 것이다.

즉, 이 구절은 이런 내용이다. "지금 이렇게 나라의 운수가 다한 때, '명복'이가 왕이 되어서 진나라의 가혹한 법을 행하니, 세상일을 알 만합니다."

"범상난언犯上亂言", 즉 임금을 모독하는 불경스러운 발언 자체가 극형에 해당하는 죄이던 시절이다. 게다가 조사 과정에서 밝혀진 바에 의하면, 그들이 이런 주문을 쓴 동기는 "임금의 수명을 줄이기 위해서"였다. 여기에는 실질적인 무장봉기 계획도, 동조자를 모으는 조직 활동도 없었다. 그러나 왕조 국가에서는 충분히 "잠시도 살려서 세상에 남겨 둘 수 없는" 죄였다.

서소문 밖 사형장

이 사건에 대한 추국이 진행되는 과정에서 고종과 우의정 홍순목 사이에는 한 가지 논의가 이루어지고 있었다. 그것은 사형 죄인의 처형 장소에 대한 것이었다. 전근대국가에서 사형은 봄, 여름을 피해 가을, 겨울을 기다렸다가 이루어지곤 했다. 이것은 고전적인 예서禮書들의 지침에 따른 것이기도 하고, "유사한 것이 유사한 결과를 낳는다"는 주술의 일반적인 원리에 따른 것이기도 했다. 즉, 생명의 기운이 왕성하고 농

서소문(西小門) 앞 전경 | 대한제국 | 국립민속박물관

작물이 생장하는 시기에 생명을 빼앗는 행위를 하는 것은 자연의 질서에 어긋나고 땅의 생산력을 떨어트릴 것이라는 믿음이다.

그러나 대역죄와 같은 중죄인의 경우는 예외였다. 이들은 세상에 살려 두는 것만으로도 국가와 세계에 좋지 않은 영향을 미치는 사악한 존재이기 때문에, 설령 위와 같은 손해가 있더라도 가능한 한 빨리 죽이는 것이 이익이라는 것이다. 심지어 사안에 따라서는 아직 사건의 진상이 다 밝혀지기 전이라도 자백한 죄인을 곧바로 죽여 버리는 바람에 공범을 밝혀내는 조사가 차질을 겪는 사례마저 있었다. 그만큼 중죄인의 처형은 촌각을 다투는 시급한 문제로 여겨졌다.

이것을 적절한 때를 기다리지 않고 곧바로 시행한다고 해서 "부대시 不待時" 사형이라고 하지만, 대체 어느 정도로 빨리 죽이는 것이 이상적인가 하는 문제가 있었다. 조선 후기에 부대시로 처형해야 할 중죄인들은 흔히 군기시軍器寺 앞에 있는 무교武橋에서 처단되었다. 그런데 김응룡과 오윤근의 혐의가 밝혀져 가고 있던 시점에, 국왕 고종은 이렇게 문제를 제기한다. "죄인을 무교에서 처형하는데, 이곳은 성안이라 마음이 편치 못하다."

위관을 맡은 홍순목은 부대시 사형의 취지를 설명하며 중죄인들의 경우는 일반적인 처형장인 서소문 밖으로 데리고 나가는 것도 오히려 더디다고 여겨 이런 관행이 생겼다고 말했다. 그러나 고종은 서소문 밖과 무교는 그렇게 멀리 떨어져 있지도 않은데 왜 꼭 불길하게 성안에서 처형을 하는지 물었다. 그리고 앞으로는 아무리 중대한 죄인이라도 적어도 도성 밖인 서소문 앞까지는 가서 집행하는 것을 규칙으로 삼으라고 지시하였다.

이 문제는 추국이 끝난 이후까지 논란이 되었다. 대신들은 정조 때에는 시급히 처형해야 할 일이 있으면 친국 중에 추국장에서 죄인을 곧바로 죽이는 일마저 있었다고 말하며, 부대시 사형에는 장소가 중요하지 않다고 주장하였다. 결국 국왕은 이런 의견을 수렴하여, 서소문 밖 처형을 원칙으로 삼되, 정말로 시급한 죄인이 있을 때는 종전처럼 무교에서 형벌을 시행하는 것도 가능하도록 규정을 정했다.

이 논의는 근현대에 이르기까지 서소문 밖을 조선시대의 대표적인 처형장으로 기억되게 한 계기이기도 했다. 분명 도성의 서문 밖은 언제나 가장 많은 사형이 집행되던 곳이었지만, 이처럼 국왕에 의해 공식화되면서 이전까지 분산되어 있었던 사형장의 상징성이 서소문으로 집중되는 결과로 이어졌다. 특히 동학농민전쟁의 지도자들이 이곳에서 집중적으로 처형되면서 이곳은 20세기 이후 동학 계열 종교들과 민족주의 역사학에서 중요한 의미를 가지게 되었다. 문제는 이곳이 19세기 천주교 박해 과정에서 가장 많은 순교자들이 목숨을 잃은 장소이기도 했다는 것이다.

2010년대에 이르러 서울시의 서소문역사문화공원 개발 사업이 진행되면서 이 역사적 장소의 의미는 서로 다른 신념 집단들 사이의 갈등 소지가 되기도 하였다. 천주교 순교 장소로서의 의미를 강조하는 측에서는 서소문을 순례지로 조성하려 하는 반면, 시민사회 일각에서는 이곳이 동학농민군을 비롯한 수많은 저항 세력들의 처형 장소이기도 했다는 점을 들어 특정 종교만의 성지가 되는 것에 저항하고 있는 것이다.

이 문제는 역사적 장소의 의미를 시민공동체가 어떤 방식으로 기억해야 할 것인가 하는 사회적 논의의 주제이지만, 한 가지 간과해서는 안 되는 사실이 있다. 서소문 밖은 처형장이기도 했지만, 교통과 상업의 중심지인 당시 사람들의 일상적 삶의 공간이기도 했다는 점이다.[37] 체제를 위협하는 중죄인의 공개 처형은 그런 일상의 공간에서 이루어짐으로써 인민들에게 심대한 이데올로기적 메시지를 던져 주곤 했다는 사실을 잊어서는 안 된다.

상징적인 반란

다시 김응룡, 오윤근 사건으로 돌아가 보자. 두 사람이 한창 "왕의 수명을 줄이는" 제사를 올리려 할 때, 미리 계획한 대로 김준문과 김응룡을 태운 배가 강서사 앞에 도착했다. 김준문은 사공 강치화姜致和와 함께 현장을 급습해 오윤근의 가방을 뒤졌다. 그 안에는 삼인검과 은행 여러 말, 그리고 축문이 들어 있었다. 김준문은 포교를 사칭하며 무엇 때문에 산제를 지내냐고 따져 물었다.

겁에 질린 오윤근은 목숨만 살려 달라고 애걸하였다. 김준문은 글을 모르는 사람이었지만 미리 짠 대로 그를 협박해 입막음 뇌물로 2만 냥을 바치겠다는 증서인 수표手標를 받아 내는 데 성공했다. 오늘날 규장각, 장서각 등에는 조선 후기에 작성된 고문서 수표가 수백 건 남아 있다. 그것은 이 시기 신용거래의 주된 수단으로, 금전 지불만이 아니라 노역을 약속하는 내용도 있었다.

오윤근은 김준문의 지시에 따라 김응룡 형제의 해주 주소지로 수표를 써 주었다. 물론 그는 당시까지 김응룡을 철원에서 온 지사로 알고 있을 뿐, 본명과 실제 거주지는 몰랐기 때문에 자신이 그에게 돈을 내고 있다는 것은 짐작조차 하지 못했을 것이다. 다만 그는 축문이 발각되어 역모죄를 쓰게 되느니 남은 가산을 털어서라도 목숨을 부지하는 길을 택한 것이다.

돈의 전달은 황해도 금천金川에서 이루어졌다. 오윤근이 직접 나서는 것은 위험했으므로 돈은 그의 늙은 아버지 오용서吳龍書가 가지고 갔다. 수령은 김준문과 김웅봉이 맡았다. 수표에 약속한 금액은 2만 냥이었지만 오용서가 실제로 마련해서 전달한 것은 1,500냥이었다. 여기까지는 모든 것이 김웅룡의 계획대로 끝나는 듯했다. 그러나 김준문이 포교를 사칭한 것이 화근이 되었다. 이들의 체포 과정에 대해서는 상세한 기록이 남아 있지 않지만, 가짜 포교가 출몰한다는 소문이 퍼지면서 관련자 네 사람 전원이 적발되었다. 그리고 아마도 김웅룡이 협박을 위해 증거로 가지고 있었을 축문이 압수되면서, 그들의 운명은 이미 결정되었던 것이다.

오늘날의 관점에서 보면 이 사건은 김웅룡, 김웅봉, 김준문이 공모하여 오윤근을 협박하여 돈을 뜯어낸 공갈사기죄에 지나지 않는다. 그러나 추국관들은 "지금까지 수많은 역적들이 있었지만 너희만큼 흉악한 놈들은 없었다"고 그들을 준엄하게 꾸짖었다. 그들이 보기에는 김웅룡 일당이 오윤근을 함정에 빠트린 것이나 거금을 갈취한 것은 사소한 일에 지나지 않았다. 문제는 그들이 그 과정에서 왕을 능멸하는 저주 행위를 했다는 것이었다.

우리가 지금까지 살펴본 다른 사례들에서도 알 수 있듯이, 조선시대에는 저주 그 자체가 중죄였고, 국왕을 모욕하는 발언이나 행위는 더 큰 죄였다. 상징적인 반란은 실제적인 반란보다 결코 사소하게 다루어지지 않았다. 19세기 후반은 실제적인 반란, 즉 무장봉기 형태의 지역적 민란이 대단히 빈번하게 일어난 시기다. 이런 사건들에 비교해 보면 고작 한두 줄의 불온한 기도문을 썼다는 죄에 대해 국가가 이렇게까지 과잉 대응을 하는 것은 기괴해 보인다. 그러나 당시의 세계관에서는 이런 행위 쪽이 백성들이 무기를 가지고 지방 관아를 장악하는 것보다도 더 직접적으로 체제를 위협하는 것으로 여겼을지도 모른다.

결국 김응룡과 오윤근 두 사람에 대한 능지처사陵遲處死가 결정되었다. 죄명은 대역범상부도大逆犯上不道였다. 이것은 부대시 처단의 조건인 십악十惡에 포함되는 것이었다. 추국청에서는 고종이 새로 내린 지침에 따라 즉시 두 죄인을 서소문 밖에서 처형했다. 대역죄의 무서운 점은 연좌連坐에 있었다. 죄인들의 아버지와 어머니, 아내와 첩, 아들과 딸, 할아버지와 손자, 형제와 자매, 아들의 아내와 첩, 백부와 숙부, 형제의 아들 등이 모두 대상이었다. 집안의 재산은 몰수되고 집은 허물어져 연못이 될 것이었다.

김준문과 김응봉은 어떻게 되었을까? 대역죄는 주범이든 공범이든 사형에 처해져야 했다. 그러나 이들에게는 사형이 아니라 유배형이 내려졌다. 추국에 참여한 대신들은 연명상소를 올려서 반대했다. 그러나 고종은 입장을 바꾸지 않았다. 김준문이 지시에 따라 오윤근의 돈을 뜯어내기는 했지만, 그는 글을 몰라 저주 문서가 뭐라고 되어 있는지도 몰랐다는 주장을 받아들인 것이었다. 그렇다면 그는 공갈이나 사기의 공범일지는 몰라도 대역죄인은 아니게 된다. 한편 김응봉은 달랐다. 그는 김응룡의 친동생으로 그의 계획을 더욱 자세히 알고 있었을 가능성이 있을 뿐만 아니라, 주문의 내용도 파악하고 있어서 김준문에게 넌지시 알려 주기까지 하였다. 그러나 왕은 김응봉이 "차마 형을 고발할 수 없어" 일에 가담했다는 진술을 받아들였다.

왕은 대신들에게 다음과 같이 답했다. "동생으로서 형의 죄를 증언하지 않은 것이니 윤리倫理가 아니겠는가? 흉악한 말을 듣지 못하고 단지 재물을 빼앗으려 한 것이니 우준愚蠢이 아니겠는가?" 왕과 대신들 사이의 신경전은 며칠이나 더 이어졌다. 죄를 감하여 주는 것은 국왕의 고유한 권한이었다. 원칙에 따른 엄벌을 주장하는 대신들과, 자신의 관대함을 과시함으로써 권위를 세우려는 임금 사이의 충돌은 드문 일이 아니었다. 특히나 아직 젊고 아버지 흥선대원군의 영향하에 있었던 고종으로서는 사소하지만 고집을 부려 볼 가치가 있는 일이었다.

결국 김응봉은 고금도古今島, 김준문은 금갑도金甲島로 압송되어 평생을 노비로 살게 되었다. 김응룡의 아내인 33세의 오조이吳召史는 어째서인지 전라도 만경현萬頃縣에서 노비 생활을 하고 있었는데, 이 일로 해주 감영에 끌려와 있다가 다시 유배길을 떠났다. 멀리 떨어져 살고 있던 남편의 역모죄에 연좌 죄인이 된 것이다. 기록에 얼마 남아 있지 않은 그들 부부의 가족사도 보통 기구한 것이 아니다.

원한을 가진 백성들

오윤근이 발각되면 목숨을 잃을 만큼 큰 죄인 것을 알면서도 왕의 수명을 줄이는 산제를 지내기로 결심한 것은 무엇 때문이었을까? 향리 출신인 그는 상당한 재력가로 원납전을 여러 차례 내어서 가산을 탕진했다고 울분을 터트리면서도 사기꾼들에게 거금을 낼 여력이 남아 있었다. 객관적인 삶의 조건으로 보자면 그는 그를 속인 김응룡 일당보다 훨씬 여유 있는 생활을 영위하고 있었던 셈이다. 그럼에도 불구하고 그는 조선왕조의 운수가 다했다고 믿고, 신의 힘을 빌려서라도 국왕을 빨리 죽게 해야 한다고 믿었다.

홍경래, 이필제 등과 같은 19세기의 대표적인 '반역자'들은 문자를 알고 일정한 학식을 갖추고 있는 경우가 많았다. 하지만 그들은 전통적인 의미에서의 양반과는 거리가 멀었고, 과거시험을 통해 관직에 진출하거나 향촌사회에서 지배적인 영향력을 가지는 것도 기대하기 어려웠다. 그럼에도 그들은 자신들이 '선비'라고 자처하며 "세상을 구제"할 것이라는 야심을 갖곤 했다. 그것이야말로 시시각각 멸망으로 향하는 왕조의 근간에서 끓어오르고 있던 저항적 에너지의 중요한 부분이었다.

구세救世에 대한 야심은 최제우의 동학과 같이 종교운동의 형태로 표현되기도 했고, 폭력적인 봉기의 형태로 분출되기도 하였다. 그런 가운데 오윤근이 택한 주술적인 방법은 대단히 기이하고 어리석어 보이지만 당시의 저항적인 민중 문화가 가지는 특징을 잘 보여 주는 사례이기도 하다. 그것은 다소의 정의감으로 포장된 원한과 분노의 감정이었다.

2 부

시대는   바뀌어도

역사는   이어진다

소 궁둥이에 풀 먹이기
1723년 어의 이시필 사건

문경득

변주승 역주, 『추안급국안』 39, 흐름, 2014, 153-220쪽.

소 궁둥이에 풀 먹이기, 어느 어의御醫의 어이없는 죽음

지금으로부터 300여 년 전인 1723년, 경종이 즉위한 지 3년째 되는 겨울 11월. 경종은 당시 30대 중반의 나이였으나 건강이 그다지 좋지 못했다. 스트레스가 만병의 근원이니 경종 개인의 힘난한 인생사가 건강에 영향을 주었을 것이다. '왕인데 인생이 힘난해?'라고 생각할 수도 있지만 조선시대에는 왕으로 태어나 살아가는 일도 쉽지 않았다. 미친 아들을 아버지가 죽여야 했던 사도세자思悼世子의 비극은 왕이라는 자리에서 마주칠 수 있는 문제가 얼마나 극단적일 수 있는지를 보여 주는 사례이다.

영조의 이복형인 경종의 인생도 결코 쉽지는 않았다. 경종의 어머니는 희빈 장씨, 즉 유명한 장희빈이다. 다들 알다시피 장희빈은 남편인 숙종이 내린 사약을 먹고 죽었다. 하지만 이 사건도 숙종이 권력을 강화하기 위해 남인과 서인을 두고 환국을 일으키는 과정에서 일어난 정치적 사건이었다. 경종은 왕위와 함께 그러한 정치적 유산, 정확히는 빚도 물려받을 수밖에 없었다.

이로 인해 경종은 왕위에 오른 뒤 신임옥사辛壬獄事라는 거대한 정치적 격변을 겪어야 했다. 신임옥사의 진행 과정을 살펴보면 다음과 같다. 경종 1년(1721), 노론은 경종이 이미 30대인데도 자식이 없다는 이유로 훗날 영조가 되는 연잉군을 왕세제로 책봉하고자 했다. 나름 이복동생을 아낀 경종은 이를 허락해 주었는데, 노론은 여기서 한발 더 나아가 아예 왕세제의 대리청정까지 주장했다. 경종은 이 요구조차 들어 주고자 했으나 소론이 격렬하게 반발하자 마음을 바꾸어 노론의 계획은 실패로 돌아갔다. 그리고 경종 2년(1722), 소론의 반격이 시작되었다. 노론이 경종을 죽이려 했다는 목호룡의 고변을 빌미로 소론 김일경 등이 노론을 공격해 많은 이들이 죽거나 유배를 가게 된 것이다.

부친에 의한 어머니의 사사부터 신임옥사에 이르기까지 격렬한 사건의 한복판에 있던 경종의 마음이 편할 수는 없었으리라는 점은 지금의 우리도 충분히 상상할 수 있다. 마음이 편하지 않으니 몸 상태도 좋지 않았을 것이고, 어의에게 치료받는 일도 잦았을 것이다. 1723년 당시 어의였던 이시필李時弼은 '임금님을 범하는 도리에 어긋난 짓을 저지른 죄'로 의금부 감옥에 갇혀 있다가 추국청에 끌려가 조사를 받게 되었다.

임금 가까이에서 건강을 보살피는 어의가 도대체 무슨 짓을 저질렀다는 것일까? 추국청에서는 이시필을 붙잡아다 놓고 먼저 '동궁東宮이 어떤 동궁인지 나는 모르고, 대전大殿이 어떤 대전인지 나는 모른다'라는 발언에 대해 추궁했다. 해당 발언은 당시 왕인 경종과 후계자로 동궁에 있는 왕세제 연잉군을 거론한 것으로 정치적으로 문제가 될 수 있었다. 즉, 누가 왕이고 누가 동궁인지 모르겠다는 이 발언은 경종이 왕답지 못하고 연잉군은 동궁답지 않게 나댄다는 뜻으로 오해할 소지가 있었다. 이시필은 터무니없는 모함이라고 반박하면서 뜬금없이 '소 궁둥이에 풀을 먹이는 꼴과 거의 같다'는 발언은 다른 동료 어의들에게 한 말이라고 변명했다.

이시필의 변명이 조금 이상하긴 하지만, 추국청에 붙잡혀 온 죄인이 목숨을 구하고자 발뺌하는 것은 흔한 일이었다. 추국청에서는 그를 고발한 동료 어의들을 체포해 추가 심문과 대질심문을 진행했다. 이 자리에서 동료 의관들은 이시필이 차비대령差備待令의 자리에 참석하지 못해 홧김에 '동궁은 누구이고 대전이 누구인가?'라고 했다고 진술했다.

그러나 동료 의관들은 처음 고발할 당시에는 이 발언을 언급하지도 않았고, 추국 전 진행된 의금부의 심문에서도 얼마간 심문이 진행되고서야 해당 발언을 문제 삼았다. 즉, 사안의 심각성만 놓고 보면 처음부터 나왔어야 할 이야기가 심문이 진행되면서 나온 것이다. 게다가 이시필이 8월 5일에 의금부에 붙잡혀 갔고, 다른 의관들은 10월 1일에 붙잡혔으니, 그동안 다른 어의들이 이시필을 모함하고자 입을 맞추어 꾸며냈을 가능성도 있었다.

결국 심문 방향은 '소 궁둥이에 풀 먹이기'라는 말을 누구에게 한 것인가로 흘러갔다. 대전과 동궁 운운한 발언은 다른 어의들이 꾸며낸 말이지만, '소 궁둥이에 풀 먹이기'는 이시필이 직접 했던 발언이기 때문이다. 실제로 동료 어의들은 이시필이 붙잡히자 아들을 시켜 이에 관한 진술을 '쇠귀에 경 읽기'로 바꿔달라고 시도했다고 진술하고 있다. 이시필도 이게 문제의 소지가 큰 발언이라는 점을 알았던 것이다. 그런데 이 말이 나온 경위에 대해서는 이시필과 동료 어의들 간의 진술이 조금 다르다.

경종은 종기를 앓고 있었는데, 조선 후기에는 이를 치료하기 위해 고약을 붙이곤 했다. 즉, 주로 고약을 상처부위에 붙이고 이게 떨어지지 않게 기름종이로 덮고 그 가장자리에 밥풀을 접착제 대신으로 써서 피부에 달라붙게 했다. 경종의 종기를 치료하기 위해 마찬가지로 고약을 찹쌀밥으로 붙이려고 했는데, 이게 자꾸 떨어져 제대로 치료가 되지 않았다. 이러한 상황에 대해 이시필은 고약을 촘촘히 붙이고 찹쌀밥을 주변에 두루 붙인 기름종이로 잘 고정시키라고 지시했다. 하지만 이시필에 따르면, 동료 의관들은 그의 말에 제대로 대꾸하지 않았고, 그들이 하는 말도 귀가 먹어 잘 들리지 않으니 답답하고 분통 터지는 마음에 동료 의관들에게 소 궁둥이 운운하는 발언을 했다. 그러나 동료 의관들에 따르면, 이시필의 질문에 대해 '의녀들이 고약을 붙이지 못한 정황'이 있어 그 방법대로 붙이지 못했다고 대꾸했는데, 이시필이 느닷없이 나라를 향해 예의 흉악한 발언을 했다는 것이다.

결국 이시필은 매를 맞으며 심문을 받다가 두 번째 형신에서 매 1대를 맞고 자백하고야 말았다. 즉, 경종이 종기를 앓고 있어 이를 치료하고자 했는데, 경종이 의관(醫官)의 말도 듣지 않고 나인(內人)도 가까이 오지 못하게 했다. 즉, 찹쌀밥을 이용해 고약을 피부에 붙여야 하데 경종의 거부로 이 처방을 처치할 수 없었다. 이를 전해 들은 이시필은 답답한 마음에 "이는 소 궁둥이에 풀을 먹이는 꼴과 같다"라고 했으며 "비록 상상감(上上監)께서 병환을 앓으시더라도 어찌할 수 없을 것이다"라고 발언했음을 시인했다.

종기는 조선 왕실의 고질병이었으므로 어의들은 어떤 의미에서 종기 치료의 전문가들이었다. 그런데도 경종이 치료를 거부하자, 이시필이 욱하는 마음에 내뱉은 발언이 문제가 되고 만 것이다. 사실 이 자백 자체도 조금 의심의 여지가 있다. 이광좌의 진술에 따르면 이시필은 평소 귀가 잘 들리지 않았다. 그래서 이시필의 처방에 대해 나인들이 제대로 못했다는 답변을 제대로 듣지 못한 채 의관들이 자기 이야기를 소홀하게 여긴다고 생각해 버럭 화를 내며 그런 말을 하지 않았겠냐고 이광좌는 보고 있었다. 즉, 이시필이 비록 임금을 향해 '소 궁둥이에 풀 먹이기' 같다고 폭언하기는 했지만, 이는 어디까지나 치료를 해야 하는데 제대로 할 수 없다는 답답한 마음에 나온 발언이라고 보았다. 그러므로 엄격한 법률 규정을 그대로 적용하기보다는 다소 정상참작을 해 줄 여지가 있었다.

이러한 주장이 나오자 추국에 참여한 관리들이 처벌 수위를 두고 논쟁을 벌였다. 『경국대전』에 따르면, 이시필의 행동은 '난폭한 말을 하는 자를 처단하는 조항[亂言條]'에 저촉되었다. 따라서 '임금을 범하는 짓을 저질러 정황이 아주 나쁜 자는 참형斬刑하고 집안의 재산은 관아에서 몰수한다'는 형률에 해당되었다.

대신大臣 이광좌는 위에 언급한 이시필의 사정을 들어 임금의 너그러운 처벌을 구하며 유배형을 청했다. 판의금부사 강현 등도 이시필이 '정황이 아주 나쁜 자'에 해당하지는 않으므로 집안 재산을 몰수하는 대목은 적용하지 않아도 좋다고 주장했다. 이에 대해 대간 등은 너그러운 처벌은 불가능하며 원칙대로 처벌해야 한다고 항의했고, 우부승지 유명응도 이에 동의했다. 논의 끝에 추국청에서는 일단 참형으로 처형하되 재산 몰수까지는 하지 않는 선에서 처벌을 결정했다. 그리고 같은 날 경종은 "이시필이 당한 일이 비록 흉악하다 하겠지만, 대신이 아뢴 내용이 지극히 정당하다. 죽을죄를 감하여 귀양 보내도록 하라"고 전교했다.

일견 문제는 해결된 것처럼 보인다. 그러나 끝나지 않았다. 경종의 전교가 있은 후에도 승정원의 승지들과 대각의 간관들은 이시필을 국법대로 극형에 처해야 마땅하다고 주장했다. 추국 이후의 『승정원일기』를 보면 이 논쟁은 한 달간 계속되었다. 경종은 대간의 글을 받아본 후 귀양 조치를 취소하고 이시필을 처단하라고 지시했다가, 좌의정 최석항崔錫恒이 차자箚子를 올리자 또다시 귀양 보내라고 말을 바꿨다. 이 결정에 승정원이 다시 반발했으나 일단 귀양 보내는 쪽으로 결정되었다. 이때가 경종 4년 1월이다.

결국 이시필은 제주도로 유배되었다. 하지만 이 조치에 대해 경종 4년 4월까지 계속 원칙대로 처벌해야 한다는 주장이 제기되었다. 이에 경종은 4월 5일 처형을 허락했다가 이광좌와 최석항의 설득에 다시 마음을 바꿨다. 그리고 다음 날이 되자 다시 처형하라는 전교를 내린다. 그러나 『승정원일기』 경종 4년 4월 24일 기사에 다시 정죄하기를 청하는 상소가 기록된 걸 보면, 이후에도 경종은 이시필의 처벌 수위를 두고 또다시 결정을 번복한 것으로 보인다.

정리하면 최종 결정권자인 경종의 변덕이 문자 그대로 죽 끓듯 해서, 이시필의 처벌이 여러 번 뒤집힌 것이다. 게다가 다시 이시필을 처벌하라는 지시를 내리는 4월 6일의 전교에서는 경종 본인이 결정을 번복했음에도 마치 남 탓을 하는 듯한 문장도 보인다.

> 그런데 죽을죄를 감해 주는 은혜로운 조치가 애당초 결안結案을 받은 뒤에 나왔으니 이미 너무나도 뜻밖이었다. 그리하여 법대로 집행하자는 요청에 가까스로 윤허를 내리자마자 곧바로 원래 진상대로 용서하자는 논의를 따랐으니, 앞뒤로 처분이 뒤죽박죽되고 훌륭한 조정에서 형벌을 집행하는 행정의 원칙이 어그러지게 되었다. 이 일을 어찌해야 한단 말인가?

즉, 분명 신하의 건의를 받아들여 경종 자신이 결정한 일임에도 마치 자기 결정이 아니라는 듯, '뜻밖'이라는 표현을 쓰면서 결과적으로 처분이 뒤죽박죽되어 형벌을 집행하는 원칙이 어그러졌다고 표현하고 있다.

이런 태도를 보면, 이시필이 당한 고난의 가장 근본적인 원인은 경종이었다. 즉, 경종의 변덕이 심한 성격과 치료를 거부하는 태도가 문제였다. 특히 치료를 거부하는 태도의 이면을 살펴보면, 어의는 임금의 측근에서 건강을 보살피는 중요한 직책임에도 경종은 이들을 그다지 존중하지 않았던 것 같다. 이시필 사건이 있기 전인 경종 2년 12월부터 3년 10월까지 수의首醫 이시성李時聖을 처벌하자는 논의가 여러 번 있었는데, 그중에 한 번은 경종이 교지를 내려 이시성 등을 추고推考하라고 했고, 나중에는 승지를 불러 '수의 이시성이 엄교嚴敎가 있고 난 뒤에도 여전히 근신하지 않으니, 나국拿鞫하여 정죄定罪하라'라고 직접 명령을 내리기까지 했다. 이처럼 어의 전체가 무시당하는 상황에서 치료에도 비협조적이었으니, 이시필이 경종을 치료하는 일은 '소 궁둥이에 풀 먹이기'와 같다고 한탄할 만하다.

이후 이시필의 운명은 어떻게 되었을까? 윤4월 9일 실록 기사에 따르면, 이시필은 유배지인 제주도에서 처형을 위해 잡혀 오는 도중에 자살로 삶을 마감하고 말았다. 결국 이시필의 입장에서는 자기 의무를 열심히 수행하다가 열받아서 한 말 때문에 자살로 내몰리고 만 것이다.

이 사건을 어떻게 봐야 할까? 경종의 성격이 나쁜 건 건강 탓도 있었을 것이다. 이시필이 죽은 지 몇 달 지나지 않은 8월 24일 경종도 승하하였다. 8월 25일 실록 기사에서 사관은 경종에 대해 다음과 같이 평했다.

> 근심과 두려움이 쌓여 병을 이루었고 깊어 갈수록 더욱 고질화해서, 즉위한 이래로 정사를 다스리는 데 게을리하였고 조회에 임하여는 침묵으로 일관하였으며 정사를 여러 아래 신하들에게 맡겼다.

즉, 원래부터 몸이 약하고 아프니 정신적으로도 문제가 생겨 만사를 귀찮아했던 것이라고도 할 수 있다. 하지만 권력의 문제라는 측면에서도 볼 수 있다. 경종은 왕이었으니까 제멋대로 할 수 있었고, 그런 제멋대로인 왕 때문에 무고한 백성이 목숨을 잃은 것이다. 그런 측면에서 보면 전근대 왕조 국가의 부조리가 드러난 사건이라고 볼 수 있다. 하지만 방만해지고야 마는 게 권력이라면, 현대에서도 충분히 일어날 법한 사건이다. 예를 들어 '어떤 의사가 성격 나쁜 재벌 회장의 전담의가 되었는데, 재벌 회장이 치료에 비협조적이어서 욕했거나 프로포폴과 같은 약물을 불법적으로 투약하라는 무리한 요구를 거절했다면 어떤 일이 일어날까?'라고 생각해 보는 것이다. 자식이 맞고 왔다고 직접 깡패를 데리고 가서 상대를 두들겨 팬 재벌 회장이 실존하고, 자기 요구대로 접대하지 않았다고 항공기를 되돌리는 재벌 가족이 존재하는 현실이니, 재벌에게 밉보인 의사의 운명도 조선시대 이시필의 운명과 크게 다르지 않았을 것이다.

이런 관점에서 보면 이시필은 온전한 피해자였다. 환자의 비협조에 화를 내며 말을 심하게 했지만, 그가 그런 죽음에 이르는 화를 당한 것은 하필이면 그 환자가 권력자였기 때문이다. 따라서 이 사건에서 억지로 교훈을 뽑는다면, 권력자가 자의적인 권력을 행사할 수 없도록 적절한 견제가 이루어져야 한다는 점일 것이다.

그러나 한편으로는 조선이 권력자의 자의적 권력 행사를 제도적으로 견제했기 때문에 그래도 오랫동안 존속할 수 있었던 게 아닐까 생각한다. 당시 경종은 예민한 상태였으니 아마 '소 궁둥이에 풀 먹이기'라는 발언을 전해 듣고는 바로, '저 새끼 마음에 안 들어! 죽여 버려야겠어!'라고 생각했을 수도 있다. 결론적으로 이시필은 자살 당하고 말았지만 경종의 의도와 별개로 이시필에 대한 조사와 처벌은 적법한 절차를 거쳐 진행되었다. 즉, 사극에서 흔히 보이는 식으로 '저놈의 주리를 틀어라!' 하면서 바로 붙잡아다 때려죽이지 않았다. 먼저 의금부에서 조사를 진행했고 사안의 중대성을 감안해 추국청을 열었다. 이후 공식적인 심문과 자백을 통해 범행을 확정하고 결안을 받아냈으며 법률에 따라 처벌을 결정하였다. 이후에도 왕의 독단으로 결정이 이루어지지 않았으며, 여러 신하의 건의에 따라 왕이 결정하는 방식으로 진행되었다. 물론 그 과정에서 경종의 변덕과 번복이 있었고 결국 피해자인 이시필이 사망하고 말았지만, 그래도 각자의 원칙과 정의를 제도를 통해 구현하고자 했으며 왕조차도 이 과정에서 벗어나 홀로 권력을 행사할 수는 없었다.

그리고 지금 우리가 보고 있는 『추안급국안』과 『승정원일기』 그리고 이를 정리한 『경종실록』 등의 기록문화도 조선의 자의적 권력 견제 시스템 중 하나이다. 즉, 조선은 가능한 한 기록을 남겨 권력자라도 '역사의 심판'을 받게 하고자 했다. 특히 실록은 왕만큼은 절대 볼 수 없는 기록이기 때문에 신하였던 사관도 왕인 경종에 대해 '아파서 정무를 게을리했다'라고 평가할 수 있었다. 그리고 지금 우리는 그들이 열심히 기록을 남긴 덕분에 시대를 뛰어넘어 경종의 변덕이 심했음을 알게 되었고, 사건의 전모를 살피면서 권력과 시스템의 문제에 대해 생각해 보고 있다.

매 앞에 장사 없다
1728년 무신년 역적, 1731년 경술년 모반 사건 외

문경득

변주승 역주, 『추안급국안』 41, 흐름, 2014, 42~47 · 49 · 91~391쪽 외.

〈살인의 추억〉과 〈1987〉

1986년부터 1991년까지 경기도 화성 일대에서 10차례의 연쇄살인사건이 일어나면서 전 국민이 공포에 떨었다. 너무나 충격적인 데다가 범인이 잡히지 않았기 때문에 2003년에는 〈살인의 추억〉이라는 영화까지 만들어지기도 했다. 당시에 '화성연쇄살인사건'이라 불렸던 이 사건은 그 후 약 28년간 미제로 남아 있었으나 DNA 분석기술의 발달로 2019년에 진범이 밝혀졌다. 범인은 바로 다른 사건으로 감옥에 복역 중이던 이춘재였고, 화성연쇄살인사건은 '이춘재연쇄살인사건'이 되었다. 뒤늦게라도 진범이 잡혔다는 점은 참으로 다행이다.

문제는 그가 저질렀던 살인 중 8차 사건의 범인으로 이미 윤씨라는 사람이 감옥에 갇혀 있었다는 점이다. 그는 지적장애와 신체장애가 있었고, 증거가 매우 부족했음에도 수사 당국의 강압에 의해 살인을 했다고 허위로 자백하고 말았다. 그 결과 살인 사건의 범인이 아닌데도 무려 20년 넘게 갇혀 있다가 2019년에 이춘재가 사건의 진범임이 밝혀지고 나서야 풀려날 수 있었다.

이처럼 진범이 아닌데도 허위로 자백하는 일은 의외로 자주 일어나는 일이다. 특히 고문이 합법적으로 시행된 시대에는 더욱 많았고 고문을 동반한 수사 과정에서 죽는 일도 많았다. 일제강점기에는 일본 경찰과 조선인 앞잡이들이 독립투사를 고문했으며, 해방 이후에도 독재정권의 하수인인 이근안과 같은 고문기술자들이 민주화운동에 몸담았던 열사를 고문했다. '탁 치니 억 하고 죽었다'는 어처구니없는 발표로

영화 〈살인의 추억〉 포스터 | 2003 | 감독 봉준호

영화 〈1987〉 포스터 | 2017 | 감독 장준환

유명한 고 박종철 열사의 죽음이 아마 가장 널리 알려진 고문치사의 사례일 듯하다. 고문이 불법으로 규정된 '근대화'된 시대에서도 이러니, 옛날에는 더욱 심했을 것임은 두 번 말할 필요도 없다.

조선시대의 고신

"당장 저놈의 주리를 틀어라!"

사극에서 사또가 봉두난발을 한 죄인의 '주리[周牢]'를 틀면서 외치는 대사이다. 그러면서 '네 죄를 네가 알렸다'라고 덧붙인다. 네 죄를 니가 알 것이니 솔직히 말하라는 뜻이다. 이처럼 때리면서 캐묻는 절차는 조선뿐만 아니라 근대 이전의 문명권 대부분에 존재했다. 중세 유럽에 있었던 수많은 마녀사냥의 일화들은 그런 잔인함을 잘 보여 준다. 조금 다른 예이지만 뱀파이어의 기원으로 유명한 왈라키아(현 볼리비아)의 공작 블라드 3세Vlad III의 경우, 포로를 꼬챙이에 꽂아 죽였다는 일화로 유명할 정도다. 이러한 잔혹한 고문과 형벌은 중세시대에 흔한 일이었다.

다른 문명권의 고문 행태를 보면 조선은 차라리 '양반'이었다. 왜냐하면 드라마에서 흔히 보여 주는 것처럼 시도 때도 없이 막무가내로 주리를 틀지는 않았기 때문이다. 조선시대에는 고신拷訊 혹은 형신刑訊이라 하여 피의자를 때리면서 캐묻는 절차가 합법이기는 했지만 실행 권한과 방식 등에는 제한이 있었다. 즉, 재판관의 지위와 범죄의 심각성에 따라 쓸 수 있는 형구와 때릴 수 있는 횟수가 정해져 있었다. 예를 들어 일반 고을의 지방관인 사또들은 가벼운 범죄에 대해 태형笞刑만 집행할 수 있었고, 각 도의 책임자인 관찰사급에서만 무거운 범죄에 한해 흔히 곤장이라 알려진 장형杖刑을 집행할 수 있었다. 나아가 사형에 해당하는 범죄라면 왕의 판결이 있어야만 합법적으로 사형을 집행할 수 있었다.

이처럼 조선은 근대 이전의 최상위 '문명국'이었으므로 법률의 행사와 적용에도 나름의 규칙과 법도가 있었다. 게다가 주리틀기 등의 혹형은 법률에 규정되어 있지 않았기 때문에 아무 때나 사용할 수 있는 형벌도 아니었다. 오히려 주리틀기 등은 너무 가혹한 형벌이라 하여 영조 이후에는 법적으로 금지되었다. 즉, 근대가 되기 전부터 이미 잔인한 고문과 형벌은 금지되어 가는 추세였다.

하지만 이러한 제도적 안전장치에도 불구하고 고신이라는 행위 자체는 허위자백을 만들어 낼 수밖에 없었다. 그 누구도 처벌을 받고 싶지는 않을 테니 당연히 자신의 죄를 부인했을 것이고 심지어 죽을죄라면 일단 부인부터 하는 게 기본이었다. 그러니 심문관들은 '어서 바른 대로 고하라!'라고 하면서 고신을 반복하고는 했다. 추국청의 경우, 고신 1회당 30대가 기본이었는데, 하루에 1번씩 열흘만 조사를 받아도 300대를 맞을 수밖에 없었다.

이게 얼마나 고통스러운지 체감이 안 될 수도 있다. 필자가 고등학교 시절에 곤장보다 가벼운 '곡괭이 자루'로 약 30대 정도 맞은 적이 있는데, 검게 든 피멍이 약 한 달간 지속되었다. 곤장보다 가벼운 매로 30대가 저 정도였는데, 더 무거운 매로 300대면 얼마나 괴로울지 감히 상상이 가지 않는다. 실제로 추국 기록을 보면 3~4회 고신으로 100대 정도 맞으면 허약한 사람은 죽어 버리고는 했다. 그러니 계속 때리면서 죄를 자백하라고 하면 대부분의 사람은 너무 고통스러운 나머지 죽이지 않았는데도 죽였다고, 반란을 꾸미지 않았는데도 역모를 준비했다고 거짓으로 자백하게 되는 것이다.

설령 거짓으로 자백하지 않고 끝까지 버틴다고 하더라도 추국을 받는 죄인들이 무죄로 석방되는 경우는 드물었다. 즉, 죽어야만 추국장에서 나갈 수 있었다. 이처럼 고신을 받다가 자백하지 않고 죽는 경우에 대해 '물고物故'라고 했다. 가끔 사극에 '내 기어이 너를 물고 내고야 말겠다!'라는 대사가 나오는데, 이때의 물고는 네가 자백하지 않더라도 때려죽이고야 말겠다는 뜻이다. 이런 경우에는 끝까지 버텨 봐야 죽는 수밖에 없었다. 다만 물고를 당했을 경우, 매우 중대한 범죄행위에 따라붙는 연좌緣坐 등을 집행할 수 없게 된다는 차이가 있었을 뿐이다.

어느 영세 상인의 거짓말

『추안급국안』에서도 그렇게 고신을 당하다가 허위자백을 한 사례를 쉽게 찾을 수 있다. 그중 인상적인 사례로 계속 고신을 받다가 결국 한 편의 소설급으로 자백을 지어낸 강위징姜渭徵 사건이 있다. 원래 그는 장흥 사람으로 집이 가난해 어쩔 수 없이 호구지책으로 상업에 종사하는 영세 상인이었다. 주로 보령과 해미에서 청어靑魚를 사다가 장흥에 되팔며 생업을 영위했다. 다만 『추안급국안』 중 부안에서 그를 만났던 사람들이 남긴 진술에 보면 형편이 어려울 때에는 마을을 돌아다니며 구걸해 연명하기도 했다.[38]

이처럼 가난했던 영세 상인은 무신란戊申亂, 일명 '이인좌의 난'에 얽히면서 죽음을 향해 굴러가는 수레바퀴에 휘말리고 말았다. 무신란은 영조 4년, 1728년 무신년에 경기도·충청도·전라도·경상도에서 일어난 반란으로 영조의 즉위 이후 정권에서 쫓겨난 남인 일부와 급진파 소론[峻少]이 주동해서 일으켰다. 보통 조선시대에 일어난 반정이나 반란은 주로 군사를 동원할 수 있는 권력자들이 일으켰는데, 무신란은 당쟁으로 조정에서 쫓겨나 권력을 잃은 이들이 민간인을 모아 일으킨 반란이라는 점이 상당히 특이하다고 할 수 있다. 그러나 민간인들 위주였기 때문에 조정에서 파견한 토벌군과 지방의 관군, 그리고 의병의 공세에 보름도 채 지나지 않아 진압되어 버리고 말았다.

아무튼 강위징은 바로 이 반란이 토벌된 이후 가담자를 발본색원하기 위해 설치한 추국청의 조사에 걸려들어 10여 차례의 형신을 받다가 결국 반란에 가담했다고 자백하고 말았다. 그는 반란을 준비할 때 연락책으로 가담하여 경기도와 전라도 변산 사이를 오갔다고 하면서, 김수형, 이덕일, 정팔룡 등이 함께 반란을 준비한 이들이라고 지목했다. 그가 김수형 등의 범죄행위에 대해 상세히 고발한 내용을 간단히 정리하면 다음과 같다.

① 김수형 등은 반란을 위해 사사로이 배 10여 척을 만들었습니다.
② 그는 노비를 시켜 삼례역 앞에 있는 삼일장 장터에 영조가 경종을 독살했다는 등의 괘서(익명서)를 붙였습니다.
③ 여산 등지의 산에 올라가 큰 소리로 반란에 대해 외치게 했습니다.
④ 20년 전부터 병사를 양성했습니다.
⑤ 변산적邊山賊의 우두머리인 정 도령으로 추정되는 정팔룡鄭八龍이라는 자를 키워 냈습니다.[39]

게다가 핵심 인물인 정팔룡과 김수형 등의 외모까지 눈에 보이는 것처럼 묘사하고 있다.

김수형은 원래 큰 부자였습니다. 그는 정팔룡이라는 자를 키워 냈는데, 그는 변산의 청림사靑林寺에 오고 갔으므로 이를 따서 '청림병靑林兵'이라고 했습니다. 그의 나이는 34세이고, 키는 조금 큰 편이었습니다. 검푸른 얼굴빛에 자줏빛 수염이 듬성듬성했습니다. 정팔룡의 얼굴 생김새는 이현의 얼굴 생김새와 자못 닮았습니다. 남소동南小洞의 말 방목장에 자주 와서 은밀히 묵었는데, 남산南山에서 아래로 내려가 왼쪽 세 번째 기와집에서 지냈습니다. … 그의 형인 정팔웅鄭八熊은 광대뼈가 툭 튀어나오고 아주 크며, 얼굴빛은 조금 누렇고 수염은 듬성듬성합니다. 키는 중간 키를 넘지 않습니다. … 김수형은 얼굴은 아주 크고 약간 희며 구레나룻이 무성합니다. 키는 보통 사람보다 훨씬 크고 37세입니다. 금년 2월쯤 그를 보았습니다.[40]

정팔룡은 변산적의 우두머리라는 소문이 돌았던 자로 정 도령이라고 자처하기도 했다고 알려져 있다. 이 정팔룡, 정 도령은 본래 조선 중기에 정여립의 난이 일어날 당시부터 사용되던 가명이다. 이후 조선에는 '목자망 전읍흥木子亡奠邑興'이라는 예언이 점점 돌았는데, 목자木子는 이李씨를 뜻하고, 전읍奠邑은 정鄭씨를 뜻한다. 즉, 이씨가 세운 조선이 망하고 정씨가 세운 왕조가 일어날 것이라는 예언이었다. 이후 정팔룡은 정씨의 나라를 세울 것이라 믿어지던 사람의 이름으로 간간이 등장했다.

실제로 무신란에 가담한 경기 지역의 정세윤과 경상도의 정희량은 이런 예언의 힘이라도 빌릴 요량으로 각각 정팔룡을 자처했었던 듯하다.[41] 강위징도 이러한 소문을 들었기에 정팔룡을 거론한 것이라고 생각한다. 이러한 소문이 나중에는 정 도령이 와서 이씨 왕조를 무너뜨리고 정씨 왕조를 세운다는 내용의 예언서 『정감록鄭鑑錄』에도 어느 정도 영향을 주었다.

아무튼 강위징은 이처럼 변산적과 연관되어 있다고 자백한 뒤 사형을 당해 형장의 이슬로 사라졌다. 그 뒤 강위징에 의해 역모 주모자와 가담자로 지목된 김수형과 이덕일이 추국청으로 잡혀 와 조사를 받았는데, 김수형은 물고를 당해 죽고 말았고 이덕일은 더 이상 심문할 단서가 없어 풀려났다.

자백만 보면 강위징과 김수형, 이덕일은 역적모의를 했다고 볼 수 있다. 실제로 여러 연구는 강위징의 진술을 사실이라고 믿고 전라도 지역에서 일어난 무신란에서 변산적이 활약했다고 이해하기도 했다. 하지만 강위징의 행적을 보면, 그의 자백은 거짓이었으며 차라리 소설에 가깝다는 것을 알 수 있다. 일단 그는 직접 반란에 가담했거나 혹은 관련되어 있기 때문에 추국청에 잡혀간 것도 아니었다. 오히려 그는 반란군을 토벌하려는 의병에 가담했었다.

물론 강위징은 고작 영세 상인으로 나라로부터 받은 게 없으니 '비분강개悲憤慷慨'한 충성심에서 의병에 가담한 것은 아니다. 오히려 기회를 봐서 관군이 불리하면 반란군에 합류할 마음도 한구석에 품고 있었다. 그러나 무신란 당시 청주에서 반란을 일으킨 이들은 서울을 향해 북상하다가 안성과 죽산에서 관군에 패배하고 말았다. 수원 등지에서 머물던 강위징 등은 이 소식을 듣자 의병으로서 관군에 순순히 협력했다. 그래서 반란이 토벌되고 의병도 해체된 후에도 당시 그들을 눈여겨봤던 무관이 평안 병사가 되자 그들을 불러서 평안도에 다녀오기도 했다.

문제는 이후 추국청에서 진행된 반란군의 잔당에 대한 조사 과정에서 그가 거론되면서 시작되었다. 그저 부안과 변산 사이를 오가며 들은 소문을 전했다는 이유로 강위징은 변산적과 관련이 있다는 의심을 받았다. 무신란 당시 조정에서는 변산적이 마치 삼국지에 나오는 황건적黃巾賊이나 원나라를 무너뜨린 홍건적紅巾賊처럼 나라를 뒤집어엎으려는 도적 떼라고 생각하여 그 뿌리를 뽑고자 했다. 그렇기에 강위징에 대한 심문은 집요하게 진행되었다.

그는 총 11차례에 걸쳐 형신을 받았다. 중간에 사실대로 변산적과 관련이 없으며, 기회를 틈타 반란에 가담할 계획도 있었음을 자백하기도 했다. 그러나 막상 심문자들이 원하는 변산적에 관한 내용이 없었기 때문에 이후에도 형신이 계속되었다. 그 결과 총 234대의 곤장을 맞은 강위징은 무신란을 토벌하는 데 참여한 의병에서 반란의 가담자가 되어 심문자들이 원하는 대로 아주 구체적이고 상세하게 진술하고 말았다.

게다가 김수형과 이덕일 역시 반란과는 별다른 상관이 없었다. 예전에 강위징의 형색이 남루하고 거짓말을 하며 빌어먹고 다닌다는 이유로 푸대접했던 것이 이들을 변산적 관련자로 만든 것이었다. 어느 영세 상인의 허위자백은 자신을 고통에서 구했을 뿐, 목숨은 살리지 못했고 남도 죽이고야 말았다.

반역과 정치, 피도 눈물도 없는

이처럼 반란이라는 심각한 사건과 연관되었을 때, 계속되는 고신은 엄청난 거짓말을 만들어 냈다. 특히 이춘재연쇄살인사건처럼 국가적 관심 사안이 되면 그 정도는 더 심해진다. 영화 〈살인의 추억〉에서도 형사들이 범인을 잡지 못하자 발달장애가 있는 '백광호'와 변태남 '조병순'을 범인으로 조작하려 하는 모습이 적나라하게 묘사된다. 실제 사건에서도 윤씨처럼 허위자백을 하고 감옥에 갇힌 사람도 있고, 무려 5명이 고문과 협박을 당하다가 미치거나 죽거나 자살로 삶을 마감하고야 말았다.

그러니 왕조 국가에서 왕위 계승을 둘러싸고 반역 사건이 벌어지면 어떻겠는가? 상상하는 모든 끔찍한 일이 일어날 수밖에 없다. 영조의 형인 경종이 재위하던 당시에 벌어진 신임옥사辛壬獄事가 바로 그런 사건이었다. 이 사건은 사극에서 흔히 등장하는 희빈 장씨가 낳은 아들인 경종과 숙빈 최씨가 낳은 아들인 영조가 얽힌 사건이다. 숙종이 죽고 경종이 즉위했을 때, 경종은 몸도 약하고 자식도 없는 상황이었다. 그런데 경종은 희빈 장씨의 아들로 남인이 지키려던 왕이었고, 당시 권력을 쥐고 있던 이들은 노론이었다. 이런 상황에서 경종이 본격적으로 권력을 행사하기 시작하면 노론이 쫓겨나고 소론과 남인이 다시 권력을 차지할 미래는 불을 보듯 뻔한 일이었다. 이미 숙종 대에 여러 번 환국을 거치면서 정권 교체를 당한 경험이 있던 노론으로서는 또다시 그런 일을 겪고 싶지 않았을 것이다. 민주화 시대의 평화로운 정권교체와 다르게 환국으로 정권교체를 당하는 과정에서는 반역 죄인이 되어 목숨을 잃게 되는 경우가 있었기 때문이다.

그래서 노론은 선제적으로 행동에 나섰다. 먼저 경종의 후계자로 숙종의 또 다른 아들이자 경종의 이복동생인 연잉군을 세제世弟로 책봉하고자 했다. 즉, 자신들을 비호할 동생을 후계자로 삼게 했다. 이 일은 사실 대단히 무리한 일이었다. 보통 조선시대에 왕이 자식 없이 죽을 경우, 왕실의 가장 어른이 왕족 중에서 적당한 인물을 고르는 게 보통이었기 때문이다. 실제로 그렇게 왕위에 오른 사례가 하성군이었던 선조였다. 이후 강화 도령으로 유명한 철종도 이런 방식으로 정해졌다.

동생이 왕위를 물려받은 사례도 조선 초에 정종의 뒤를 이은 태종 이방원이 유일한데, 그나마도 '세제'가 아니라 '세자'로 책봉받아 왕위를 물려받았다. 이처럼 전례가 없는데도 노론이 억지로 세제 책봉을 밀어붙였으므로 당연히 소론은 극렬하게 반대했다. 그럼에도 동생을 아낀 경종은 연잉군을 세제로 책봉해 주었다.

그러자 노론은 한발 더 나가 왕세제의 '대리청정代理聽政'을 주장했다. 즉, 왕세제가 대신해서 정사를 다스리게 하자는 청이었는데, 이 또한 대단히 무리한 요청이었다. 보통은 반대로 왕이 세자에게 대리청정을 시키겠다고 하면, 후계자인 세자와 대신들이 나서서 명을 거둬 달라고 애원하는 게 정상이었다. 실제로 연잉군이 영조가 된 후 세자에게 대리청정을 시키겠다고 하자 사도세자와 신하들이 반대했고, 아예 왕위를 물려주겠다고 윽박지르고 나서야 세자에게 대리청정을 시킬 수 있었다.

반대로 신하들이 먼저 나서서 대리청정을 하게 해 달라는 것은 '너

이제 왕 노릇 그만해도 되니 네 후계자에게 슬슬 물려줘라'라고 말하는 것과 별반 다르지 않은 요청이었다. 그런데도 경종은 맨 처음에는 이 요청을 받아들였다. 그러나 소론 대신들의 간청으로 명령은 철회되었고, 이후 소론 김일경金一鏡이 노론을 탄핵하자 경종은 요청에 따라 노론을 쫓아내고 소론에게 정권을 쥐어 주었다. 소론 측은 다시 노론이 재기하는 일을 막기 위해 목호룡睦虎龍을 시켜 반역을 고변하게 했다. 노론 측에서 숙종 말년부터 경종을 죽이려고 세 가지 방법[三急手]을 준비했다는 내용이었다.

노론은 선제적으로 대응하려 했으나, 마치 숙명인 듯 그들이 우려한 상황이 최악의 형태로 일어나고 만 것이다. 이 고변으로 인해 추국청에 끌려온 많은 노론 측 인사들이 반역자의 혐의를 쓰고 처형되거나 고신을 받던 도중에 물고되었다. 심지어 연잉군도 이 사건에 연루되었다는 의심을 받았다. 반란 사건에 얽힌 왕족은 실제 죄가 있든지 없든지 간에 혐의만으로 처벌받기 일쑤였으니, 연잉군으로서는 목숨이 달린 위기가 코앞까지 온 셈이었다. 다행히 경종이 자기 이복동생만은 끝까지 보호하여 화를 입지 않은 채로 신임옥사가 마무리되었으나, 연잉군으로서는 결코 마음이 편했을 리 없었다.

이후 몸이 좋지 않은 경종은 재위 4년 만에 죽고, 영조가 마침내 왕위에 등극하였다. 영조는 당연히 자신을 죽일 뻔한 김일경과 목호룡을 추국청으로 잡아 와 심문하고 소론들을 조정에서 쫓아냈다. 그 와중에 실시한 추국에서 신임옥사 당시에 소론이 주도한 추국청에서 어떻게 반역 사건을 조작했는지에 대한 진술이 등장한다.[42]

① 자신들이 원하는 대로 진술을 바치면 살려 줄 뜻이 있다고 꼬드겨서 진술을 받고, 진술을 받은 뒤에는 그대로 결안을 만들어 처형했다.
② 자백한 진술을 먼저 써 두고 그 윗부분을 말아서 죄인이 알지 못하게 한 상태에서 죄인으로 하여금 강제로 서명하게 하여 결안을 만들고 처형했다.
③ 거의 죽게 되어 정신을 차리지 못하는 사람의 손바닥을 찍어 결안을 억지로 만들어 냈다.
④ 진술을 확인하기 위해 다른 죄인을 잡아 오게 하면서 매질을 멈추겠다고 아뢰었는데, 그런 확인 절차 없이 곧바로 자백했다고 결안한 문서를 올리고 처형했다.
⑤ 이미 십여 차례 매질을 당하고 난 뒤라 전혀 의식이 없었는데도 자백 진술에는 자세한 사실이 적혀 있어 거의 죽게 된 사람의 말이 아닌 경우도 있었다.

즉, 죄인을 속여 강제로 결안을 만들어 내 처형하거나 수차례의 고신 끝에 죽어 가는 사람의 자백을 조작하는 등 여러 불법행위를 통해 관련자를 처형했다는 고발이었다. 이에 신임옥사 당시의 아전과 나졸을 체포해 조사하자 이들도 처음에는 부인했지만, 매를 때리며 심문하겠다고 위협하자마자 실제로 그런 일이 있었음을 자백했다.

장세상은 여러 차례 매질을 당한 뒤에 멍하니 제정신이 아니었습니다. 심문 조항을 들이밀며 심문하였으나 대답을 받아내지 못했습니다. 겨우 입에서 지만遲晩(자백)한다는 말을 가까스로 끄집어냈습니다. 그래서 심문 조항 및 지만 두 글자를 주된 내용으로 삼아 진술서를 작성했습니다.

이우항의 경우, 다른 죄인을 잡아 오기 전이었는데 상태가 위독하여 도중에 죽어 버릴 듯하여 바로 자백을 받으려고 했습니다. 그러나 죄인의 숨이 끊어지려고 하여 말을 할 수 없었습니다. 여러 차례 심문 조항을 들이밀며 물으니 기어들어 가는 목소리로 '지만'한다는 말을 했습니다. 장세상과 마찬가지로 심문 조항 및 '지만' 두 글자를 가지고 진술서를 작성했으나, 결안을 작성하지 못한 상태에서 죽고 말았습니다.[43]

자살 '당'하는 시대

그러면 이처럼 추국청에 끌려갔을 때 남은 가족들은 어떻게 행동했을까? 슬프지만, 조선시대에는 가족이 구명하려 노력하기보다는 오히려 뇌물까지 써서 독약을 들여보내 자살을 종용하는 경우가 종종 있었다. 이는 바로 '연좌緣坐' 때문이었다. 연좌는 범죄자와 일정한 친족관계가 있는 자에게 연대적으로 그 범죄의 형사책임을 지우는 제도이다. 흔히 사극 대사 중 '네 구족九族을 멸하겠다!'라는 대사가 바로 이런 연좌로 가족까지 모두 처벌하겠다는 뜻이다. 참으로 야만적인 전근대적 제도라고 비난할 수도 있겠지만, 이러한 제도는 동양과 서양을 막론하고 근대 이전의 형법에서 보이는 공통점 중 하나였다. 심지어 근대 이후

대한민국에서조차 월북자의 가족 등에게는 연좌가 적용되어 많은 차별이 이루어져 왔으니 지금의 우리도 조선시대를 비난할 자격은 없다.

아무튼 조선시대에는 『대명률』에 따라 모반謀反이나 대역죄를 자백하면 본인은 사형 중에 목을 베고 사지를 절단하는 능지처사陵遲處死로 처벌했다. 그리고 그 가족에게는 연좌를 적용하여 그 아버지와 16세 이상의 아들은 일종의 교수형인 교형絞刑을, 15세 이하의 아들과 모·처첩·조손·형제자매 및 아들의 처첩은 공신가功臣家의 종으로 삼고 모든 재산을 몰수했다. 그리고 백숙부·조카는 같이 사는지 여부를 따지지 않고 유배형 중에 가장 무거운 3천 리 유배형에 처했다.

이러한 무거운 연좌의 예외로는 남자로 80세 이상인 자와 중병에 걸린 자, 여자로 60세 이상인 자와 중병에 걸린 자, 정혼한 남녀, 자손으로서 양자로 다른 집안에 들어간 자뿐이었다. 그 밖에 모반죄謀叛罪, 즉 일종의 내란 미수를 자백하면 죄인 본인은 목을 베는 참형에 처하고, 그 처첩과 자녀는 공신가의 노비로 삼고 재산을 몰수하며, 부모·조손·형제는 2천 리 떨어진 곳으로 유배를 보냈다.

이처럼 반란에 연루되어 고신을 당하다가 자백을 하기라도 하면, 한 집안이 풍비박산 나는 건 기정사실이었다. 그나마 본인은 죽지만 가족이라도 살릴 길은 자백하기 전에 죽는 물고뿐이었다. 앞서 이야기한 것처럼 결안이 없으면 아무리 반역죄라도 판결이 완결된 것이 아니므로 죄인의 가족까지 연좌하여 처벌할 수 없게 되어 있었기 때문이다.

물론 이 방법도 늘 통하는 것은 아니었다. 인조 때 반란을 일으킨 이괄李适과 한명련韓明璉을 결안 없이 처벌한 이래로 범인의 자백과 결안이 없더라도 정황이 명백하다고 생각되면 반역으로 처벌하고 연좌를 거는 경우가 종종 있었다. 그렇지만 일단은 추국청에서 조사받던 죄인이 물고되어야 그 가족이라도 구할 '가능성'이 있었기에 죄인과 가족들은 모두 죽느니 한 명만 죽고 끝내자는 극단적인 선택을 해야만 했다.

이러한 비극적 상황이 가장 자세하게 드러나는 사건은 영조 6년에 있었던 경술년 모반 사건이다. 일단 추국청의 조사 결과만 두고 보면 이는 무신란의 잔당들이 뼛가루를 들여와 궁궐에 묻어 저주하고, 심지어 영조의 아들과 딸에게 먹이기까지 했으며, 환관을 포섭해 궁궐에 불을 지르려 한 사건이었다. 이 뼛가루가 효과가 있었는지 없었는지를 떠나, 실제로 영조의 맏아들인 효장세자는 이 사건이 발각되기 2년 전인 영조 4년(1728)에 죽고 말았다. 그 뒤에 이들이 세자에게 뼛가루를 먹였다는 사실이 밝혀졌으니, 맏아들이 살해당했다고 생각하게 된 영조의 분노는 매우 격렬했을 것이다.

그러니 이 사건에 연루된 이들의 입장에서 보자면 영조가 지혜롭고 현명하게 무관한 사람은 살려 줄 것이라는 기대를 전혀 할 수 없는 상황이었다. 일반적인 사건도 아닌 왕실 구성원과 왕이 기거하는 궁궐에 대한 직·간접적인 공격이었으니까. 그래서인지 이 사건에서는 유독 여러 사람이 뇌물을 써서 독약을 구해 먹고 스스로 죽었다. 주모자로 지목된 박도창朴道昌 등을 비롯해 박도창의 처남 정태형鄭泰亨과 박도창과 친했던 공물주인貢物主人 김수창金壽昌, 또 다른 주모자 박재창朴再昌의 아버지 박장운朴長運, 그리고 무신란 당시 전라 감사이자 박도창의 상관으로서 경술년 모반 사건의 핵심 인물로 지목당한 정사효鄭思孝와 그의 아들 정도륭鄭道隆의 동서인 박지문朴址文 등도 독약을 먹고 죽었다.

박도창은 4차 형문에서 16대를 맞고 기절해 의금부로 이송되었는데, 죽기 직전 입과 코로 물을 토했기 때문에 의심을 받았다. 이로 인해 나졸羅卒과 구료관救療官이 조사를 받게 되어 박도창에게 독약을 전해 준 정황이 드러나게 되었다. 즉, 박도창이 먼저 몰래 가족에게 다음과 같은 편지를 보냈다고 한다.

> 내가 지금 앞으로 살지 못할 것 같다. 가족들은 잘 있어라. … 지금 상태로는 형문을 오래 견디지 못할 것 같고 형문을 받으면 죽지 싶다. 그러니 집장방執杖房에 돈을 좀 집어 주었으면 하니, 상사동 집에 있는 돈 30냥과 정가鄭哥인지, 아니면 송가宋哥인지 아무튼 그 집에 있는 쌀을 돈으로 바꿔 1백 냥을 마련해 외지기 나장[外直羅將]에게 들여보내도록 하라. 그렇게 정채情債를 쓰면 매가 좀 가벼워질 수 있을 것이다. 여러 차례 형문을 받는 것은 실로 어려운 일이다. 외지기 나장에게 돈을 주면 차라리 빨리 죽을 수 있는 길이 있을 것이다. 돈을 넉넉히 옮겨다 마련해 두고 외지기 나장에게 들여보내면 나장이 분명 독약을 구해 줄 것이니, 반드시 모름지기 차근차근 실수 없도록 해야 한다.[44]

이에 집안에서 독약을 구한 뒤에 뇌물을 써서 감옥 안으로 들여보내 박도창이 죽은 것이다. 이어진 조사를 통해 밝혀진 바에 따르면 이 편지를 받고 박도창의 처인 차숙과 첩 점화, 사위 노몽서 등이 독약을 준비했고 박도창의 비부婢夫인 만억 등이 이를 전달했다. 이 과정에서 편지를 외부로 전해 주고, 또 뇌물을 받고 독약을 들여보내 박도창을 죽게 한 사람은 의금부 나장 순창과 외직나장 김창휘, 문직나장門直羅將 권중삼, 형방 서리 이홍록, 형조 사령 서유건 등이었다.

결국 이 사건에서 박도창의 시도는 절반의 성공에 그쳤다. 비록 연좌와 가산 몰수는 피했으나 처인 차숙, 첩인 점화 모두 물고되었고, 사위인 노몽서는 경술년 모반 사건에 가담했다고 자백하고 처형되었다.

이처럼 가족들이 연좌를 피하고자 독약을 들여보내 죽게 하는 사건은 조선시대 사법제도의 구조상 흔히 일어날 수밖에 없는 일이었다. 그렇기에 조정에서도 수상한 정황이 있으면 검시檢屍를 하거나 관련자를 수사했다.

예를 들어 인조 11년(1633)에 일어난 고변 사건에서는 이일李逸이 조사를 받은 뒤에 풀려나자마자 사망하는 사건이 일어났다. 이에 한성부에서 검시하자 독약을 마시고 자살한 정황이 있었다. 이에 조정에서는 뭔가 숨기기 위해 약을 먹고 죽었다고 의심했으나, 동생인 이항李航은 고신 끝에 매를 맞은 상처로 인한 장독杖毒으로 사망했다고 주장했다. 결국 관련인을 잡아와 조사했으나 명확한 결론을 내리지 못했다.[45]

이후에도 이와 유사하게 독살 혹은 음독자살로 의심받은 사건이 효종 2년(1651),[46] 숙종 18년(1692),[47] 경종 1년(1721)[48] 추안 등에 실려 있다. 이처럼 괜히 물고가 나면 혹시 누군가 독약을 썼을까 의심받는 사례가 생겨나자 이를 피하려고 했다가 오히려 의심을 사서 처벌받는 사건도 일어날 정도였다.[49]

영조 31년(1755) 영조의 왕위 계승 정통성을 부정하는 글을 남겼다가 일어난 을해옥사 당시에 핵심 인물인 윤지尹志 등과 교유했던 윤상백尹尙白이 조사를 받던 도중 물고되자, 외직나장 김흥도金興道는 군사軍士 홍홍필洪興必을 시켜 몰래 소금을 윤상백의 입과 항문에 넣도록 했다. 이는 윤상백이 매질을 당한 부위의 상처가 심하지 않았는데도 물고되었기 때문에 혹시 검시할 때 탈이 나지 않을까 염려하여 행한 조치였다. 그런데도 검시 결과 독약에 의한 사망이라는 사실이 드러나 추궁을 받던 도중에 김홍도의 조치가 탄로 났다. 이로 인해 김홍도는 윤상백에게 독약을 주어 죽게 한 뒤에 이를 들키지 않게 은폐하려 했다는 의심을 받게 되었다.

그러나 이러한 의심스러운 정황과 다르게 김홍도는 스승 격인 신상윤申尙潤으로부터 "장독杖毒으로 인해 물고된 죄인은 소금을 입과 항문[穀道]에 넣으면 시체를 검사[檢屍]할 때 조금도 탈이 날 일이 없다"라는 말을 듣고 그대로 행한 일이라고 변명했다. 신상윤도 아까 소개한 영조 6년 경술년 모반 사건 이후 물고를 당한 시신을 검시하다가 은비녀의 색이 변했다는 이유로 외직나장이 벌을 받은 경우가 빈번하다고 하면서, 이런 검시에서 걸리지 않기 위해 전해 내려온 '비법'을 김홍도에게 전수해 준 것이라고 했다. 두 사람은 이후 여러 차례 계속되는 고신에서도 일관되게 이렇게 진술했다.

물론 이어지는 고신에 독약을 쓰고 속이려고 했다고 자백하기도 했다가 다시 진술을 번복하기도 했고, 김진웅金振雄과 김상구金尙九를 추궁한 결과 박찬신朴纘新의 아들 박태엽朴台燁이 사주하여 벌인 일이라는 자백 진술이 나오기도 했다. 즉, 박태엽은 윤상백이 자신의 아버지인 박찬신을 끌어들였다고 여기고 윤상백을 죽이면 아버지가 혐의를 벗을 수 있다고 여겨, 충훈부 아전 김진웅과 포도청의 하속 김상구를 통해 신상윤에게 뇌물을 주어 윤상백을 독살했다고 진술했다. 여기서 다시 거론된 신상윤도 다시 형신을 받다가 결국에는 김진웅·김상구를 통해 뇌물을 받고 김홍도를 시켜 윤상백을 독살했다고 자백했다.[50]

이상의 진술들을 살펴보면 최소한 죽은 윤상백의 입과 항문에 소금을 집어넣은 행위는 실제로 있었던 일로 보인다. 나아가 자백 진술이나 정황에 따르면 윤상백을 독살하고 검시에서 들키지 않으려는 조치로 볼 수 있다. 하지만 이미 살펴본 것처럼 고신을 당하다 보면 심문자가 원하는 진술을 상세하게 꾸며낼 수밖에 없다. 또한 실제로 의심스러운 상황에서 물고를 당하면 의금부 나장들이 곤욕을 치르는 일이 없는 것도 아니니, 이를 면하기 위해 수작을 부릴 법도 하다. 게다가 신상윤과 김홍도는 고신을 당하면서도 어디까지나 처벌을 피하기 위해서 한 일일 뿐이며 독살과는 무관하다고 일관되게 진술하기도 했었다. 즉, 엉뚱한 화를 면하기 위해 '비법'을 실행했다가 괜히 긁어 부스럼이 되었다고 볼 여지도 충분하다.

정의의 여신은 눈이 멀었다

지금까지 살펴본 사건은 범죄 처벌의 근거가 죄인의 자백과 이를 문서로 꾸민 결안이 있어야 한다는 조선시대 형벌제도의 대원칙으로 인해 벌어진 일이다. 이런 구조에서 고신 끝에 많은 이들이 짓지도 않은 죄를 자백하고 형장의 이슬로 사라지거나, 가족이 건넨 독약을 마시고 죽는 비극적인 일이 일어났고, 그 와중에 하급 관리들은 뇌물을 받고 독약을 주다 걸리거나, 높은 분들의 분노에 휩쓸려 엉뚱한 불똥이 튀어 처벌받기도 했다. 참으로 슬프고 비극적인 전근대의 풍경이다.

근대 이후 법원 앞에 세워진 정의의 여신은 검과 천칭을 들고 있으며 눈을 가리고 있다. 검은 사법의 권위와 권력을, 천칭은 법의 공정함과 공평함을, 눈을 가린 것은 선입견이 없음을 상징한다. 그러나 현실을 보고 있노라면 저울 한편에 권력이나 재물이 올라가면 판결이 기울어지며, 여신은 이러한 불의와 부조리, 불합리를 들여다보지 않는다고 해석하게 된다.

이춘재연쇄살인사건의 범인으로 억울하게 몰려 20년 넘게 감옥생활을 했던 윤씨가 재판을 받을 때, 마지막 재판인 3심의 주심은 나중에 대선 후보까지 올라왔다가 패배한 이회창이었는데, 그가 윤씨에게 사과했다는 뉴스는 보지 못했다. 게다가 얼마 전에는 박근혜 정부 시절 일어난 사법농단사건에 대한 수사와 재판이 이루어졌지만, 판사들은 죄를 지은 동료 판사들에게 면죄부를 주었다.

결국 근대 이후에도 법이라는 허울 이면에서 굴러가는 사법 체계의 불공정不公正과 불의不義, 그리고 그 시스템에 속해 있는 인간들의 오만함을 볼 수 있다. 군부독재 시절에는 총칼에 굴복해서 어쩔 수 없이 했다 쳐도, 민주화된 이후의 판사들은 이런 비판에서 결코 자유롭다고 할 수 없다. 그들은 저 왕조 시절의 서슬 퍼런 권력 아래에서 허위자백을 끌어내 사람들을 죽였던 추국청의 위관들이 이룩한 '사법 전통'을 잘 계승하고 있는 '훌륭한' 사람들이라고 할 수 있다.

권력과 기득권의 속성이 시대가 변해도 크게 달라지지 않은 것이다. 민본民本을 외친 조선시대에도 권력의 자의적 행사에 많은 사람들이 억울하게 죽어 갔다. 근대 이후에도 마찬가지로 짓지도 않은 죄를 자백하고 수많은 이들이 죽어 갔다. 시대는 바뀌었지만 문제가 계속 이어진 것이다. 그러므로 전근대를 현대와 단절된 시대로 단정 지어 버리기보다 연속성의 차원에서 문제의 본질을 파악하는 태도가 필요한 게 아닐까.

객사의 전패를 훔치고, 왕릉에 불을 지르다
1735년 최하징, 1725년 최석산 사건

문경득

변주승 역주, 『추안급국안』 41, 흐름, 2014, 21~90쪽.

전패작변 殿牌作變

『추안급국안』에는 대체로 반란 사건을 조사하고 심문한 기록이 실려 있다. 예를 들어 조선 중기~후기의 대표적 사건인 이괄의 난이나 무신란처럼 반란군이 진압군과 싸운 내전에 관한 사건부터, 온갖 황당무계한 반란 모의도 있고, 남을 해코지하기 위해 거짓으로 반란을 준비한다고 무고誣告하는 경우도 있다. 반면 21세기를 살아가는 한국인의 시각에서는 '이게 추국청에서 다룰 사건인가' 싶은 사건도 있다.

그나마 왕릉에 불을 지른 사건은 왕실에 대한 직접적인 모독이므로 추국청에서 다룰 법하다. 하지만 객사에 모시는 전패를 훔쳐내는 사건은 고개가 갸웃거려질 수 있다. 객사가 일제에 의해 파괴되어 몇 군데 남지 않았으니, 우리로서는 객사와 객사에 모셨다는 전패가 어떤 위상을 지녔었는지 와닿지 않기 때문이다.

객사에 대해 간단히 설명하자면, 객사는 지방 관아가 설치된 곳마다 둔 시설로, 해당 지역을 방문한 관리나 사신이 머무는 장소일 뿐만 아니라 왕을 상징하는 물건인 전패까지 모시는 건물이었다. 그러므로 수령이 근무하는 지방 관아보다 엄연히 격이 높은 건물이라고 할 수 있다. 따라서 객사에 함부로 들어가 왕을 상징하는 전패를 일부러 훼손하는 일은 삼강三綱 중 군주와 신하 사이에 지켜야 할 예의를 무너뜨리는 행위가 된다. 그러므로 왕실의 권위를 상징하는 전패의 훼손은 왕실에 대한 직접적인 모반이나 반역은 아니지만 반역이나 모반에 준하는 범죄로 보아 추국청에서 처리했다. 이런 점을 보면 현대를 살아가는 한국인의 관점에서 바라보는 조선시대는 우리의 생각과 많이 다르다는 생각을 하게 된다.

아무튼 『추안급국안』 전체를 보면 대략 5건의 전패작변殿牌作變과 5건의 왕릉 방화 사건이 기록되어 있다. 전패작변 중 현종 2년(1661)과 현종 11년(1670), 영조 12년(1736), 영조 25년(1749)의 사건은 모두 지방관을 쫓아내고자 하는 의도에서 일으킨 사건이고, 순조 7년(1807)의 사건은 지방관 및 동료 아전을 쫓아내기 위해 일으킨 사건이다. 왕릉 방화는 숙종 2년(1676)부터 영조 1년(1725) 사이에 주로 일어났다. 그중 1건은 능으로 들어가려는 산짐승을 잡기 위해 연기를 피우다 실수로 불을 낸 사건이고, 2건은 직장 상사 및 동료 등에 대한 원한에서, 1건은 능군에 대한 원한에서, 1건은 복직을 위해 현직자를 모함하려고 벌인 일이다. 『추안급국안』 41권에는 최하징 전패작변과 최석산 장릉 방화 사건이 연이어 기록되어 있다.

전패 | 조선 후기 | 국립경주박물관

먼저 최하징 전패작변 사건은 1735년(영조11) 음력 7월 27일 밤, 충청도 충원현忠原縣에서 벌어졌다. 이때 충원현은 지금의 충청도 충주忠州다. 원래 충주목忠州牧이었다가 무신란(영조4)에 가담한 역적의 출신지라는 이유로 읍격邑格을 강등시키면서 충원현으로 이름까지 바꿨다. 해당 지역에서 큰 죄를 지은 사람이 나왔다는 사실을 드러내 타 지역의 경계로 삼음으로써 지역 전체가 책임을 지게 한 것이다.

과연 그날 밤에 충주 객사에서는 무슨 일이 일어났던 걸까?

어둠을 틈타 충주 객사의 중심 건물인 중원관中原館에 4명의 남자가 몰래 숨어들었다. 그들은 주변을 두리번거리며 조심스럽게 발걸음을 옮겼다. 최하징崔夏徵이 앞에서 이끌고, 이북동李北同, 이이귀李以貴와 어둔於屯이 뒤를 따랐다. 최하징은 천천히 건물 문을 열었다. 자주 기름을 쳐 주는지 소리는 별로 나지 않았다. 넷이 조용히 들어서자 객사에 모셔진 전패가 어둠 속에 어슴푸레 보였다.

최하징은 앞장서서 들어가 전패를 모신 상 앞에 서서 모두 들어오길 기다렸다.

"이이귀, 문 닫아."

그의 지시에 이이귀가 살살 문을 닫았다. 문이 닫히면서 마지막에 조금 큰 소리가 나자 이이귀는 최하징의 눈치를 살폈다. 최하징은 얼굴만 찌푸리고는 다른 두 사람에게 낮은 목소리로 말했다.

"야, 이북동. 네가 올라가. 어둔 너는 상다리 잡아."

어둔은 바로 상다리를 잡았지만, 이북동은 주춤거릴 뿐 올라가지 않았다.

"빨리!"

최하징의 목소리가 좀 더 높아졌다. 어둠 속에서도 부라린 눈에는 살기가 번뜩였다.

이북동은 속으로 욕을 삼키며 상 위로 올라갔다. 이북동의 다리도 상다리도 부들거렸다.

최하징은 이북동의 다리를 꽉 잡아 버티며 어둔에게도 한마디 했다.

"똑바로 잡아!"

이북동은 떨리는 손으로 전패를 들고 내려와, 내팽개치듯 최하징에게 건넸다.

"옛소!"

생각보다 소리가 크게 울리자 이북동도 깜짝 놀라 입을 막았다.

"쉿! 조용!"

최하징은 이북동을 노려보곤, 품 안에 전패를 넣었다. 그러곤 문을 조금만 열고 밖을 살폈다. 인적이 없는 것을 보고 살살 문을 열고 다시 밖으로 나왔다. 이번에도 이이귀가 마지막에 나오며 문을 닫았는데, 세 사람은 그런 이이귀를 기다리지 않고 몸을 낮춘 채 객사를 벗어나고 있었다. 이이귀는 허겁지겁 세 사람을 뒤따랐다.

그들이 야음을 틈타 순라군을 피해 향한 곳은 시장이었다. 최하징이 사창司倉 안으로 들어가자, 그가 어디로 가는지 깨달은 이북동이 놀라 최하징의 팔을 잡았다.

"차라리 그냥 쪼개서 버립시다. 그래도 거긴 아니요!"

"어차피 이미 저지른 일이야! 이왕이면 크게 키워야지!"

최하징은 이북동의 팔을 뿌리쳤다. 목소리가 조금 커진 탓에 네 사람은 잠시 말을 멈추고 주변을 살폈다. 다행히 아무런 소리도 들리지 않았다.

"이이귀하고 어둔은 숨어서 사람 오나 안 오나 망보고 있어."
최하징은 사창 안으로 들어갔다.
"미치겠네."
이북동도 투덜거리며 뒤따라 들어갔다. 가축의 똥 냄새가 점점 심해졌다. 바로 돼지우리였다. 돼지들은 밤이 깊어 잠들어 있었다.
최하징은 품 안의 전패를 만지작거리면서 잠시 머뭇거렸다. 뒤따라온 이북동이 다시 한번 최하징을 말렸다.
"그냥 돌려놓읍시다. 그래도 이건 아니요."
그러나 되려 역효과였는지, 최하징은 바로 돼지우리 안으로 전패를 던져 넣었다. 그러고는 뒤도 돌아보지 않고 밖으로 나갔다. 돼지 한 마리가 잠에서 깨서 살짝 눈을 뜨고 살펴보았지만 아무도 없자 다시 잠을 청했다.

그들의 진술을 바탕으로 필자의 상상력을 더해 소설적으로 재구성해 보았다. 아마도 최하징이 돼지우리로 던진 전패는 돼지의 똥오줌이 범벅된 진흙탕 사이에 뒹굴게 되었을 것이다. 과연 이들은 왜 야밤에 객사에 숨어들어 가 전패를 훔쳐 돼지우리에 던져 넣었을까?

이 사건의 의미를 이해하기 위해서는 먼저 전패가 무엇인지부터 정확히 알아야 한다. 전패는 국왕을 의미하는 '전殿' 자를 목판에 새겨 만든 위패이다. 즉, 왕을 보기 힘든 향촌에서 국왕과 관부의 위엄을 간접적으로 보여 주는 대표적인 상징물이었다. 조정에서는 군현 관아의 객사마다 전패를 봉안했고, 지방에 출장한 관원이나 수령이 여기에 배례拜禮하기도 했다.

전패와 관련한 대표적인 의례가 바로 망궐례望闕禮로, 모든 지방관은 매월 초하루와 보름에 그리고 단오, 추석, 동지와 같은 명절이나 왕의 생일 등 특별한 날에 객사에 모셔진 전패 앞에서 궁궐을 향해 절을 올렸다. 이외에도 전문箋文을 올리는 의식, 교서敎書를 받는 의식, 내향內香을 맞이하는 의식, 관찰사觀察使를 맞이하는 의식 등 객사에서 열리는 여러 의례에 앞서 왕을 대신해 전패를 모셔 놓고 절을 하면서 시작할 정도였다.

이처럼 전패는 왕을 상징하는 물건이었으므로 이를 훔치거나 훼손하는 행위는 왕을 모욕하는 것과 동급으로 여겨 대역죄로 취급되었다. 그래서 직접 일을 저지른 자는 물론 공모한 사람도 주범과 종범을 가리지 않고 조선시대 형법상 최고 처벌인 능지처사陵遲處死[51]를 당했으며, 가족까지도 연좌되어 죽거나 노비가 되었다. 심지어 관리 책임의 문제를 들어 해당 지역의 지방관도 파직되는 등의 처벌을 받았다. 즉, 전패작변은 본인뿐만 아니라 가족까지 매우 무거운 처벌을 받는 중대 범죄였다.

그런데도 전패작변은 종종 발생했다. 그러나 그들이 전패를 훼손한 이유는 대개 왕을 모욕하고자 한 게 아니라 고을의 수령을 쫓아내기 위해서였다. 하지만 발각되면 자신과 가족에게 큰 피해가 갈 것이 뻔한 전패작변을 저지르는 것 외에 다른 방법은 없었던 걸까? 그들이 그런 위험을 감수하게 된 가장 직접적인 원인은 1420년(세종2)에 제정된 '부민고소금지법部民告訴禁止法'이다. 이 법에 따르면, 그 지역에 사는 사람들은 자기를 다스리는 수령의 잘못을 고소할 수 없었다.

이는 자식이 부모를 고소하는 행위는 패륜이라는 논리를 공적인 영역에 적용했기 때문이다. 정의보다 천륜을 우선하는 모습은 『논어』「자로子路」편에서 찾아볼 수 있다.

섭공葉公(초나라 대부)이 공자에게 말했다. "우리 마을에 정직하게 행동하는 자가 있으니, 그 아버지가 양을 훔치자 아들이 그것을 고발했습니다."

공자가 말했다. "우리 무리의 정직한 사람은 그와 다릅니다. 아버지는 아들을 위해 숨기고 아들은 아버지를 위해 숨겨 주니, 정직은 그 가운데 있습니다."

유교 국가를 꿈꾼 조선은 '부민고소금지법部民告訴禁止法'을 통해 부모 자식 간의 관계를 수령과 백성의 관계에까지 확장시켜 적용했던 것이다. 유교적 사고방식에서 보면, 그 지역의 백성[部民]이 수령을 고발한 것도 자식이 부모를 고발한 것과 같은 행위이므로 패륜이었다. 물론, 유교적 논리의 이면에는 양반들의 기득권을 지키려는 마음이 아주 없다고는 할 수 없겠지만.

하지만 모든 수령이 청렴하고 유능할 수는 없었으므로 불만은 생길 수밖에 없었다. 그런데도 고발은 할 수 없었으니 향촌의 사족들이 찾아낸 방법이 바로 전패작변을 일으켜 수령을 쫓아내는 방식이었다. 그런 의도가 확인되는 전패작변이 몇 차례 일어나자 1671년(현종12) 조정에서는 전패작변이 일어나도 수령을 처벌하지 않도록 했다. 이후 더 이상 향촌의 사족들은 전패작변에 개입하지 않았지만, 그 소식을 듣지 못한 지역의 아전衙前과 향임鄕任이나, 일반 백성들은 여전히 수령을 내치기 위한 의도에서 전패작변을 일으켰다.

효종 6년 이래로 조선이 망하기 전까지 약 78건의 전패작변이 일어났다. 왜 그랬을까? 아전이나 향임들은 나름의 의도를 가지고 사건을 벌여 상급자인 지방 수령을 쫓겨나게 하거나 경쟁자를 물리치는 등의 이익을 취하고자 했다. 하지만 일반 백성들의 경우, 어떤 이익을 얻기 위해서가 아니라 억울함의 표출 자체가 목적이었다. 특히 19세기는 세도가가 나라를 쥐고 뒤흔드는 시대였으므로, 백성들이 억울함에 전패작변을 일으키자 수령과 아전, 향임이 이를 은폐하려고 할 정도였다. 전패의 분실 자체로 처벌을 받지는 않지만, 수사 과정에서 자신들의 비리가 드러날 수 있기 때문이었다.[52]

그럼 최하징은 왜 전패작변을 벌였을까? 그는 충원현의 남창南倉을 맡은 아전이었다. 그는 수령에게 보고하지 않은 채 나락 1백 석 남짓을 빼돌려 마음대로 처리하여 사사로이 이득을 취하고 있었다. 그러다 새로 부임한 수령에게 발각될 듯하니, 수령을 파직시켜 돌려보내면 죄를 벗어날 수 있다고 생각해 전패를 훔치고자 했던 것이다.

사실 그는 사건 발생 2개월 전인 5월부터 사내종 어둔과 이이귀를 시켜 객사의 전패를 훔치고자 했었다. 그러나 어둔은 사내종이라도 그게 죽을죄라는 건 알고 있어서 상전의 명령에 따르지 않았다. 이에 화가 난 최하징이 마구 때려서 도망쳤는데, 아들을 찾아내라며 그의 어머니까지 두들겨 패서 어쩔 수 없이 다시 집으로 돌아갔다. 결국 사내종 신분인 어둔과 이이귀는 어쩔 수 없이 주인인 최하징을 따라 전패를 훔치는 일에 가담할 수밖에 없었다.

이북동은 충연현의 군기감고軍器監考였는데, 사건이 일어나던 7월 27일에 숙직을 서고 있었다. 정황에 따르면 최하징이 몰래 찾아가 돈 7냥과 무명 2필을 준다고 하여 끌어들인 것으로 보인다. 이에 그날 밤 이북동은 밤에 어둔과 이이귀를 불러내 군기고에 모였고, 최하징은 이들을 기다렸다가 객사로 이동해 전패를 훔쳐내고 돼지우리에 버렸다. 그러면서 전패의 관리 부실로 수령이 쫓겨나 자신의 죄가 벗겨지기를 바랐다.

하지만 앞서 설명한 것처럼 이미 현종 때부터 전패작변이 일어나도 수령은 처벌하지 않았다. 결국 최하징의 범행은 의도와 달리 수령을 쫓아내는 데 별반 효과가 없었다. 이 상황을 보면 J모 방송국에서 했던 추리 예능 프로그램인 〈크라임씬〉에서 추리를 다 끝낸 뒤 범죄를 재현해 보는 영상이 생각난다. 이때 성우는 범인들의 범행 은폐 시도를 설명하고, 마지막에 '완전범죄를 꿈꿨다'라고 하면서 해설을 마무리 짓는다. 최하징도 들킬 거라는 생각은 하지 않았던 것 같다.

그러나 조정에서는 직접 경차관을 파견해 사건을 조사하게 했고, 또 충주에서도 자체적으로 충주 영장과 충청 감사가 사건을 조사했다. 이 과정에서 최하징 역시 비리를 저지른 게 발각되어 수령을 쫓아낼 동기가 있다는 점이 드러나 붙잡히고 말았다. 결국 최하징은 추국청으로 이송되어 심문을 받고 처형되었고, 이북동, 어둔, 이이귀는 유배되는 선에서 사건은 마무리되었다.

왕릉 방화

뒤이어 실린 사건은 1725년(영조1) 음력 10월 22일 밤, 경기 파주 장릉長陵에서 있었던 방화 사건이다.[53] 그날 장릉의 수복방守僕房에는 수복守僕 이건이李建伊(57세), 능군陵軍 유충건劉忠建(36세), 최세정崔世丁(48세), 윤치선尹

파주 장릉 정자각 | 국립문화재연구소

致先(55세), 이오익李五益(39세) 등이 숙직을 서고 있었다.

이들의 진술에 따르면, 그날 밤은 바람이 많이 불었다. 삼경三更(오후 11시~오전 1시) 무렵, 이건이와 유충건 등은 불빛이 창문에 비추는 모습에 깜짝 놀라 밖으로 뛰쳐나갔다. 그러나 이미 불길은 왕릉의 바깥 계단을 불태우고 있었다. 이에 수복과 능군들은 웃옷을 벗어 불을 끄려고도 해봤지만, 하필이면 바람이 너무 심해 불길의 기세가 드세어 끌 수 없었다. 결국 이 불길은 왕릉 위까지 번지고 말았다.

왕릉이 방화로 불에 탄 사건이므로 즉각 보고되어 형조에서 조사가 진행되었다. 11월 10일에 관련자 모두를 잡아다 가두었고, 늦은 밤인 삼경에 의금부에서 추국이 열렸다. 이날 먼저 조사를 받은 수복과 능군은 모두 입을 모아 한 사람을 범인으로 지목했다. 바로 최석산崔錫山이었다. 그는 비록 일방적이긴 하지만 장릉의 능졸과 직접적인 원한

관계에 있는 사람이었다.

원한은 바로 최석산이 그 전해 5, 6월쯤에 왕릉의 나무를 훔친 사건에서 비롯되었다. 그 무렵 석공인 문필명文必明은 상전上典의 석물石物에 관한 일을 맡았는데 물력物力이 달려 공사를 시작하지 못하고 있었다. 이런 상황이라면 목장木匠 최석산 역시 나무를 구하지 못해 상전이 시킨 공사를 할 수 없었던 게 아닐까 싶다. 더군다나 그는 계약에 따른 고용인이 아니라 심沈씨 양반집의 계집종과 결혼한 비부婢夫로, 반쯤은 사내종이나 다름없는 위치였으니 상전의 독촉에 못 이겨 도벌盜伐에 나섰을 가능성도 있다.

즉, 문제의 근본적인 원인은 사납고 욕심 많은 상전이었다. 결국 '사나운 종놈을 돌봐 주어 재실齋室에서 버럭버럭 악을 썼다'는 대신의 보고가 영조에게 올라갔고, 보고를 받은 영조는 "사대부의 신분으로 일의 중요성을 모른 채 계집종 남편의 바람막이가 되어 주어 제멋대로 거리낌 없이 굴도록 하는 지경을 초래"했다고 하면서 상전에게도 의금부의 심문과 처벌을 받게 했다.

물론 그 양반 상전이 방화 사건의 직접적인 배후는 아니었다. 또한 왕릉의 소나무를 훔쳐 오라고 구체적으로 지시하지도 않았다. 현대의 갑질하는 상사가 흔히 그러듯, '어떻게든' 구해 오라고 닦달하고 재촉했을 따름일 것이다. 이에 최석산은 궁리 끝에 왕릉의 소나무를 몰래 벌목하기로 했다. 그는 왕릉의 소나무를 베면서도 당당하게 '이 나무는 잘라 내도 괜찮다'고 하면서, 서부선徐富先과 문필명 등을 시켜 잘라 낸 나무를 집으로 옮겨 와 굴뚝 뒤에 쌓아 놓았다.

왕릉의 능졸은 소나무가 잘려 나간 사실을 확인하고 수색하다가 결국 나무를 발견했다. 문필명과 서부선이 먼저 붙잡히고, 당시 배를 만들러 갔던 최석산은 좀 나중에 붙잡혔다. 주범은 최석산이었기에 그는 풍천豊川으로 유배를 가게 되었고, 다른 사람은 매 15대를 맞고 풀려났다. 즉, 어디까지나 잘못은 뻔뻔하게 왕릉의 소나무를 베어 간 최석산에게 있었을 뿐, 왕릉을 지키는 수릉군의 입장에서는 도난 사건에 대해 정당하게 대응했던 것일 뿐이다.

그러나 최석산은 그렇게 생각하지 않았다. 그는 도리어 자신을 붙잡아 귀양 보낸 능졸 무리에게 원한을 품었다. 게다가 함께 체포되었던 서부선 등에게도 원한을 품었는데, 최석산에 따르면, "너희들은 상전댁의 종이기 때문에 모면하고, 나는 계집종의 남편이기 때문에 홀로 죽을 지경에 빠졌"기 때문이었다.

그는 이듬해 9월 20일쯤에 귀양지인 풍천에서 도망쳐 파주로 돌아왔다. 그의 빈집에는 조이준 일가가 살고 있었다. 최석산은 먼저 조이준을 협박해 방화에 끌어들이려고 했다. 조이준은 최석산이 문필명과 서부선을 데리고 오기 전에 그의 협박을 피해 달아날까 생각도 했지만, 이미 가족까지 최석산의 집에 살고 있었으므로 도망칠 수 없었다고 진술했다. 즉, 최석산이 다른 사람을 데리러 자리를 비운 틈을 타서 도주를 생각하기도 했으므로 순서상 조이준을 가장 먼저 끌어들이고자 했다고 보인다. 또한 이후 사람들이 다 모였을 때 최석산은 "너는 이미 우리 집에 세를 들어 살고 있다. 또한 우리들이 이미 너의 집에 모여서 모의를 하였으니, 네가 어찌 감히 우리를 따르지 않겠느냐"면서 죽이네 살리네 협박을 하자 따라나설 수밖에 없었다.

최석산은 먼저 이유는 말하지 않고 문필명부터 불러낸 뒤 함께 서부선을 찾아가 왕릉 방화에 가담하라고 협박했다. 뒤에 조이준의 집에서 문필명을 다시 협박한 정황으로 봐서 아마도 이때 문필명은 밖에서 망을 보고 있었던 듯하다. 어디까지나 최석산은 유배지에서 도망친 신세였으니까. 이때 서부선은 "나는 이제 한창 병들어 누워 지내는 신세인데, 무슨 수로 함께 갈 수 있겠는가"라고 하며 동참하지 않으려 했으나, 최석산이 당장 죽여 버린다고 협박하여 어쩔 수 없이 따라갔다.

최석산은 두 사람을 데리고 조이준 집에 다시 모였다. 그 자리에서 최석산은 문필명에게도 왕릉에 방화하여 능졸 무리에게 복수하겠다는 뜻을 밝혔다. 문필명은 "당신이야 귀양까지 갔으니, 원수를 갚으려고 하는 것도 그럴 법하다. 하지만 우리들이야 단지 매 15대를 맞았을 뿐인데, 이처럼 죽을죄를 저지를 이유가 있겠는가" 하면서 참여를 거부했다. 그러나 최석산은 "네가 만일 우리를 따르지 않는다면, 너를 당장 죽여 버리겠다. 우리는 세 사람이니 네 한 몸쯤 꽁꽁 묶어 물에 빠뜨리는 데 무슨 어려움이 있겠느냐"고 협박해 문필명도 끌어들였다.

모의 다음 날 네 사람은 장릉 북쪽의 작은 길로 숨어 들어갔다. 최석산 등의 진술을 종합해 보면, 최석산은 장릉의 정자각 뒤편 서쪽에서 나머지 세 사람을 시켜 마른 낙엽을 모으고, 서부선에게 부시를 받아 이를 직접 두드려, 가지고 있던 화약심지에 불을 붙이곤 마른 낙엽 속으로 던졌다. 이날 거센 바람이 불고 있었으므로 불은 바로 크게 일어났으리라 생각된다. 그러자 조이준이 가장 먼저 도망쳤고, 서부선과 문필명은 함께 도망쳐 각자 자기 집으로 돌아갔다. 최석산도 도망쳐서 조이준의 집에 들렀다가 유배지인 풍천으로 되돌아갔다. 그러곤 처음부터 풍천에서 벗어나지 않은 것처럼 행세했다.

부시쌈지, 부시깃, 부시, 부시돌, 국립민속박물관

　하지만 결국 모두 붙잡혔고, 11월 10일 밤늦게 심문이 시작되었다. 심문 바로 다음 날 최석산, 서부선, 문필명, 조이준 모두 자백하며 추국청의 조사는 마무리되었고, 이들은 모두 법에 따라 능지처사되었다.
　두 사건의 전개와 처결 방식은 조선 사회의 한 단면을 드러낸다. 예를 들어 전패를 대상으로 하는 변란은 객사의 위상이 높은 조선시대에만 일어날 수 있는 범죄다. 또한 수사 중 충주 진영鎭營에서는 종을 통해 죄를 입증하여 옥안獄案을 작성하기도 했는데, 우의정 송인명宋寅明은 종으로 하여금 주인의 죄를 증언하게 하는 것은 유교적 가르침을 해치는 일이므로 경계해야 한다고 첨언했다. 이러한 사고방식은 유교적 신분제 사회가 아닌 지금은 이해하기 어렵다.
　하지만 전패작변이나 왕릉 방화 사건은 시대를 떠나 상징을 둘러싸고 일어나는 갈등의 한 측면이기도 하다. 대표적으로 1895년 을미개혁 당시 '단발령斷髮令'을 둘러싼 갈등도 이러한 사례라고 할 수 있다. 당시 양반들은 이 명령에 대해 '내 목은 자를지언정, 내 상투는 결코 자를 수 없다!'라고 반발하며 을미의병을 일으켰다. 이러한 저항의 배경에 대해 보통 '신체발부수지부모身體髮膚受之父母', 즉 신체와 터럭은 모두 부모로부터 받은 것이므로 이를 상하게 하지 않는 것이 효도라는 관념을 단발령이 정면으로 무시하는 것이기 때문에 의병을 일으켰다고 설명하곤 한다. 근대화를 중시하는 관점에서는 이러한 설명에 따라 '근대 개혁이 중요하지, 그놈의 상투가 중요한가?'라며 단발령에 저항한 양반들을 어리석게 생각하는 경우가 있다.

그러나 좀 더 깊이 생각하면 그렇게 단순한 문제는 아니다. 일단 근대 개혁이 좋은 것이냐의 가치평가와는 별개로, 단발령에 따라 상투를 자른다는 것은 당시 경복궁을 점령하고 친일내각을 구성하여 '듣도 보도 못한 개혁'을 쏟아내고 있는 일본에게 굴복하여 순응한다는 것을 공개적으로 드러내는 행위였기 때문이다. 즉, 상투를 자른 머리 모양 자체가 일제의 지배에 순응한다는 '상징'이자 '공개 대본'이었다. 그렇기에 '상투'를 지키고자 저항하는 행위는 단순히 효의 실천뿐만 아니라 나라를 지키고 외세를 배격하는 저항의 표현이었으며, 궁극적으로는 조선이라는 나라의 통치권을 둘러싸고 벌이는 투쟁이기도 했다.

단발령과 을미의병은 19세기 말에 있던 일이니 다소 와닿지 않을지도 모른다. 하지만 머리를 깎는다는 행위를 누가 어떻게 하느냐에 따라서 그 의미가 크게 달라진다는 점은 지금의 우리도 잘 알고 있다. 예를 들어, 독재정권 시절 있었던 '장발 단속'은 국가가 '장발'을 서구적 퇴폐성의 표상으로 봐서 일어난 일이다. 선생님의 '두발 단속'은 규격에 맞지 않는 머리 모양이 학생의 불량함을 보여 준다고 여겼기 때문에 이루

고종 황제, '평제' 서양식 군복을 입고 있는 고종 황제

어졌다. 한편, '삭발 투쟁'을 결의하고 공개적으로 머리를 깎는 행위는 요구의 관철을 위해 어떤 일도 불사하겠다는 굳은 의지의 표현이다.

이상의 사례에서 '머리카락'과 미용실에서 일상적으로 머리카락을 손질할 때의 '머리카락'의 무게는 전혀 다르다. 전자는 상징이기 때문이다. 그리고 '상징'에는 갈등과 투쟁이 담겨 있다.

드러난 동기만 보면 최하징의 전패작변은 자신의 다른 범죄를 은폐하기 위해서 벌인 일이었고, 최석산의 왕릉 방화는 정당한 처벌에 대한 비뚤어진 복수심에서 일어난 일이었다. 이것만 놓고 보면 최하징이나 최석산이 제정신이 아닌 욕심쟁이처럼 느껴진다.

그러나 상징의 관점에서 보면, 전패나 왕릉이라는 상징을 훼손하여 불만을 표출했다는 점에서 저항의 한 형태라고 할 수 있다. 물론 최하징이나 최석산이 의식적으로 체제에 저항하기 위해서 벌인 일은 아니고, 개인의 욕심이 많이 반영된 사건이라는 점은 분명하다. 그러나 개인의 선악은 궁극적으로 사회적 환경에 의해 조건 지어진다는 점을 생각할 필요가 있다.

이미 먼 옛날인 춘추전국시대에 맹자는 '항산恒產'이 있어야 '항심恒心'이 있다고 하면서, 백성들을 사람답게 하려면 먼저 배를 채우고 그 이후에 가르쳐야 한다고 주장했다. 이런 관점에서 보면, 남창을 관리하는 최하징이 곡식을 빼돌렸던 것도 당시 아전에게 제대로 녹봉과 같은 보상이 주어지지 않았기 때문에 벌인 일일 수도 있다. 최석산도 농민이 아니라 목공木工으로 살면서 양반가의 계집종과 결혼하여 비부로 전락했다는 점이 불만의 궁극적인 원인일 수도 있다. 그런 상황이었으니 지배층이 부여한 전패나 왕릉에 대한 상징성을 존중할 마음이 들지 않았던 것이다.

한편 현대적 관점에서 보면, 전패나 왕릉의 훼손은 고작해야 문화재 손괴이므로 사형을 선고하는 것은 과도한 처벌이라고 생각할 수도 있다. 특히 최근의 '왕릉 뷰' 아파트를 보고 있노라면, 조선시대를 대표하는 주요한 문화유산도 부동산을 둘러싼 광기 앞에서는 그다지 중요하지 않다는 점을 깨닫게 된다.

결국 이러한 비교는 옳고 그름의 기준이 사실은 시대에 따라 달라지며, 이는 사회적 합의에 따라 결정된다는 것을 단적으로 보여 준다. 즉, 상징을 두고 일어나는 여러 투쟁의 이면에는 상징의 의미와 무엇이 옳고 그른지에 대한 서로 다른 가치판단이 있다. 상징을 둘러싼 투쟁은 지금 우리 주변에서도 계속 일어나고 있다. 시대에 따라 겉으로 드러나는 상징물이 바뀌고, 옳고 그름의 기준이 달라질 뿐이다.

영조 친국의 막후
1753년 조관빈 사건 외

문경득

조윤선 역주, 『추안급국안』 62, 흐름, 2014, 75~88쪽.

전하, 사체事體에 합당하지 않습니다

정치의 특성은 여러 가지가 있겠지만, 가장 기본적인 성질로 옳고 그름을 따지기보다는 설득과 타협을 중시한다는 점을 들 수 있다. 그런데 정치·사회적으로 중요한 이슈나 갈등이 정치의 장에서 해결되지 못하고 재판을 거쳐 결정되는 경우가 있다. 이를 정치의 사법화司法化라고 한다.

최근 사례로 가장 먼저 떠오르는 것은 헌법재판소의 대통령 탄핵 심판이다. 2017년 3월 10일에 있었던 헌법재판소의 판결은 21세기 대한민국사에서 손꼽힐 정치적 사건이었다. 이외에도 헌법재판소에서는 「신행정수도건설법률」과 「국가보안법」 및 간통죄의 위헌 여부, 존엄사와 양심적 병역 거부 허용 여부와 같은 정치적 사안에 대해서 사법부의 판단을 내렸다. 이런 식으로 현재 대한민국에서 정치의 사법화가 증가한 것은 정당이나 국회 등 정치권이 적절한 결정을 하지 않았거나 사법부에 책임을 떠넘겼기 때문이라고 볼 수 있다.[54]

다만 정치의 사법화는 삼권이 분립되어 대의제 민주주의와 독립된 사법 시스템이 발전한 근대국가에서는 일반적으로 나타나는 현상이다. 그렇다면 정치의 사법화라는 관점으로 조선시대를 바라보는 건 말이 안 되는 게 아닌가? 하고 생각할 수도 있다. 전통적인 왕조 국가에서는 입법과 행정, 사법에 대한 권한이 모두 왕에게 있어 정치적 문제나 사법적 사안 모두 왕이 주재할 수밖에 없기 때문이다.

그러나 정치적 행위와 사법적 판단이 필요한 일은 그 성격이 다르므로 제대로 굴러가는 관료제 국가라면 정치와 사법의 구분에 대해서 서로 일정한 합의가 있을 수밖에 없다. 예를 들어 영조의 주요 업적 중 하나인 균역법均役法 실시를 논의하고 결정하여 시행하는 과정은 정치적 행위이다. 한편 영조 4년(1728)에 일어난 무신란을 토벌한 이후, 이와 관련된 범죄자들을 체포해 조사하고 처벌하는 일은 사법적 판단이 필요한 일이다.

이때 정치적 행위인지 사법적 판단이 필요한 일인지 등의 판단은 사체事體로써 구분하였다. 조선시대에 쓰인 단어 '사체'는 '일의 이치와 정황'이라는 뜻으로, 어떤 일을 수행할 때 목적에 따라 마땅히 준수해야 하는 규칙과 체재, 형식 등을 의미한다. 사체는 행위자뿐만 아니라 행위의 상대방 등 제3자도 존중해야 하는 규칙으로 동작했다.

예를 들어 '사헌부司憲府와 사간원司諫院으로 구성된 대각臺閣의 사체'라는 뜻인 '대체臺體'라는 단어를 보자. 대체는 '대각에서 하는 일의 이치와 남을 대하기에 떳떳할 만한 체재와 면목'을 말한다. 이와 관련된 용례를 찾아보면, '대각의 처치로 체차遞差당한 자는 비록 특별히 벼슬에 나오라는 하교가 있더라도 감히 명을 받들지 못하는 것은 공의를 두려워하고 대체를 중히 여기는 것'이라고 나온다. 즉, 어떤 잘못이 있어 대각에서 경질된 경우, 임금이 다시 나오라고 명령해도 이는 대체에 어긋나므로 냉큼 바로 나가면 안 된다는 것이다.

이처럼 '사체'는 왕이라고 할지라도 사회가 제대로 굴러가도록 하기 위해는 무시할 수 없는 규칙이었다. 그러므로 왕은 정치적으로 처리할 일과 사법적으로 처리할 일을 구분할 때도 각각의 온당한 '사체'를 존중해야 했다. 하지만 영조가 직접 죄인들을 잡아다 가둬 심문하는 행태를 보면 이 '사체'를 훼손하는 경우가 보인다. 요즘 식으로 말하면 국회에서 다뤄야 할 정치적 사안을 재판정으로 끌고 와 유무죄를 가리면서 동시에 정치적인 의도가 담긴 판결을 내려 정치에도 영향을 끼치는 행동으로, 정치의 사법화이자 사법의 정치화라고 할 수 있다. 물론 영조가 모든 친국에서 그런 식으로 사체를 어그러뜨린 것은 아니다. 하지만 자의적 선택으로 정치적 사안을 사법적 판단을 내려야 하는 추국장으로 가져오는 어떤 상황들이 있었다.

정치적 행위 아래 숨겨진 비밀 - 공개 대본과 은닉 대본

추국장에서 친국을 하며 영조가 정치를 사법화하고 다시 사법을 정치화하는 행동을 어떻게 분석해야 할까? 이에 관해 제임스 C. 스콧이 쓴 『지배, 그리고 저항의 예술-은닉 대본』이라는 책에 나오는 '공개 대본'과 '은닉 대본'이라는 틀이 유용하지 않을까 생각한다.[55]

위 책에서 공개 대본은 "지배하는 자와 지배받는 자들 사이의 공개된 상호작용"으로 "정교하고 체계적인 형태의 사회적 복종을 할 수밖에 없는 사람들에게 요구되는 공개적 연기"이며 "지배자의 면전에서 이루어지는 피지배자의 언설"이다.[56] 즉, 권력관계에서 발생하는 의례, 태도, 화법 등등 연장자나 강자에게 자신을 낮추는 모든 형태의 행동과 표현을 뜻한다. 가장 간단한 예로 '윗사람에게 존댓말을 써야 한다'는 예절도 이러한 공개 대본의 한 종류라고 할 수 있다.

『지배, 그리고 저항의 예술-은닉 대본』, 제임스 C. 스콧

반대로 은닉 대본은 "권력자의 직접적 시선을 피해 '막후'에서 생성되는 언설"로, "공개 대본에서 나타나는 내용을 확인하거나 부정하거나 굴절하는 막후의 언어, 몸짓, 관행으로 구성된 … 이차적 파생물"이다.[57] 물론 민주주의국가인 대한민국에서는 정치적이든 사회적이든 공개적으로 자기 의사를 표현할 수 있는 자유가 있으므로 근대 이전보다는 은닉 대본이 강하게 발동하지 않는다. 그러나 권력관계가 작동하는 학교나 직장에서는 여전히 은닉 대본이 강력하게 기능한다. 예를 들어 선생님이나 상사를 두고 학생이나 직원이 서로 나누는 '뒷담화' 같은 언설도 일종의 은닉 대본이라고 할 수 있다.

대부분의 권력관계에서 약자는 강자가 강요하는 공개 대본을 준수해야 하고, 강자의 눈이 미치지 않는 곳에서 불복종과 저항의 뜻이 담긴 언설을 몰래 주고받는다. 하지만 권력자라고 해도 이러한 대본과 상관없이 자의적으로 행동할 수 없다. 권력자 역시 "권력이 공식적으로 행사되는 경우에 동원하는 공개 대본과 무대 뒤에서만 안전하게 표출되는 은닉 대본 사이에 존재하는 불일치를 피할 수 없다." "엘리트들의 막후 대본도 … 그것을 담고 있는 단어나 몸짓이 공개 대본 속에 나타나는 것들의 왜곡, 모순 혹은 확증 등으로 구성"되어 있다.[58] 즉, 강자에게도 나름의 공개 대본과 은닉 대본이 존재한다.

스콧이 인용한 조지 오웰의 「코끼리를 쏘다」라는 수필은 그런 '권력의 가식'을 보여 준다. 1920년대 식민지 버마에서 경찰 부경감을 지내던 조지 오웰은 흥분한 코끼리 한 마리가 사슬을 풀고 나와 시장을 난장판으로 만들고 있는 현장에 출두하게 되었다. 사냥총을 든 오웰이 사람을 죽인 코끼리의 위치를 확인했을 때, 코끼리는 논에서 평화롭게 벼를 뜯어 먹고 있었을 뿐 더 이상 위협이 되지 않았다. 이성적으로 생각했을 때 오웰이 취해야 할 조치는 코끼리의 동태를 주시하다가 흥분이 가라앉았음을 확인하는 것으로 사건을 마무리 짓는 것이었다. 그러나 2,000여 명의 식민지 주민들이 그를 따라와 지켜보고 있는 상황에서는 고를 수 없는 선택지였다. 그는 "동양에 와 있는 모든 백인의 삶이란 요컨대 조롱을 당하지 않기 위한 하나의 오랜 투쟁"이었다고 쓰고 있다. 즉, "복종이 신뢰할 만한 정도의 겸손과 존경의 연기를 요구한다면, 지배는 신뢰할 만한 정도의 거만과 숙달의 연기를 요구"하는 것이었다. 그리고 이는 "그들 통치 배후의 이념 및 그들이 주장하는바 정당성의 속성"으로부터 나온 것이었기에, "권력을 뒷받침하는 근거와 공개적으로 모순되는 엘리트의 행동은 사뭇 위태"로울 수밖에 없다는 점을 보여 준다.[59]

이처럼 지배층과 피지배층은 사이에 공개 대본이 펼쳐지는 공적인 정치 영역을 두고 있지만, 막후에서는 각자의 은닉 대본을 감추고 있다. 제임스 C. 스콧은 피지배층의 은닉 대본에 좀 더 관심을 기울였지만, 이 글에서는 지배자인 영조에 좀 더 주목해 보았다. 영조가 직접 죄인을 심문하는 '추국장'이라는 장소에서 펼치는 '공개 대본'의 이면에 숨기고 싶은 '은닉 대본'이 감춰져 있지 않을까 하는 생각이 들었기 때문이다. 그리고 실제로도 영조의 친국에는 그가 숨기고 싶은 약점들이 숨어 있었다.

영조는 얼마나 친국을 했을까?

먼저 영조의 친국이 다른 왕과 어떻게 다른지를 알아보기 위해 추국이 얼마나 있었고, 그중 왕이 직접 심문에 참여하는 친국은 얼마나 일어났는지를 알아보자.

[표1]은 왕 대별로 『추안급국안』에 있는 추국 사건을 정리한 표이다. 이를 보면 영조가 제일 많은 83건이다. 물론 영조의 재위 기간은 52년으로 역대 왕 중 가장 오래 재위했기 때문에 다른 왕 대보다 사건 수도 많아질 수밖에 없다.[60] 그러나 그런 조건을 고려해도 재위 기간당 사건 수 역시 1.60건으로 가장 많다. 1년에 1건 이상 추국을 연 셈이다.

[표1] 왕별 재위 기간 및 『추안급국안』 사건 수(이하경, 36쪽)

왕	즉위년	양위년	재위 기간	사건 수	사건 수/재위 기간
선조	1567	1608	41	1	0.02
광해군	1608	1623	15	4	0.27
인조	1623	1649	26	28	1.08
효종	1649	1659	10	4	0.4
현종	1659	1674	15	3	0.2
숙종	1674	1720	46	51	1.11
경종	1720	1724	4	3	0.75
영조	1724	1776	52	83	1.60
정조	1776	1800	24	18	0.75
순조	1800	1834	34	28	0.82
헌종	1834	1849	15	9	0.6
철종	1849	1863	14	5	0.36
고종	1863	1907	44	29	0.66
합계				266	

[표2]를 통해 영조와 정조 대 연도별 사건 수를 비교해 보면, 영조 대의 경우 재위 기간 내내 전반적으로 추국이 많이 열렸으며 심한 경우 1년에 5회까지도 추국이 열렸음을 알 수 있다. 그에 비해 정조 대의 경우 집권 초에 사건이 집중되어 있으며, 이후에는 많아야 연 1회 정도 추국장이 열릴 뿐이었다. 이상의 자료를 보면 영조가 다른 왕들보다 더욱 적극적으로 추국을 진행했음을 알 수 있다.

그럼 추국 중에서 왕이 직접 주재하여 죄인을 심문한 친국은 얼마나 될까?

영조 어진 | 국립고궁박물관

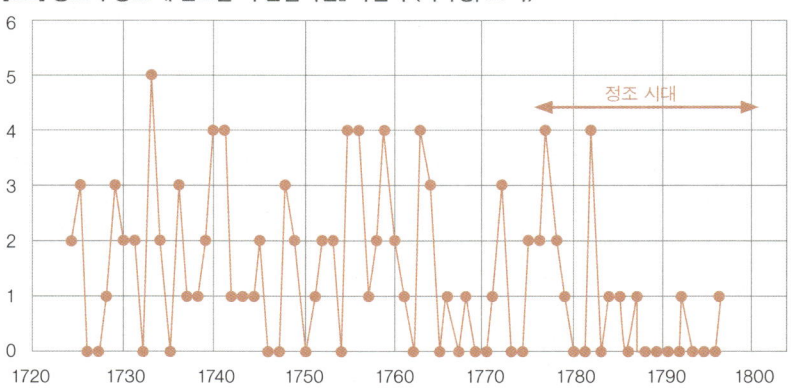

[표2] 영조와 정조 대 연도별 『추안급국안』 사건 수(이하경, 39쪽)

정조 시대

[표3] 영조와 정조 시기 『추안급국안』 사건의 추국 유형(이하경, 44쪽)

시대	종류/장소	사건 수	사건 비중(%)
영조	친국	53	64%
	정국	1	1%
	추국	20	24%
	복합 유형	9	11%
	소계	83	100%
정조	친국	9	50%
	정국	2	11%
	추국	4	22%
	복합 유형	3	17%
	소계	18	100%

    간단하게 영조와 정조만 비교해 보면, 영조의 친국은 전체 83건 중 53건이고 정조의 친국은 전체 18건 중 9건으로 각각 64%와 50%라는 비율로 친국이 이루어졌다. 즉, 영조는 특히 더 자주 친국했다. 여기에 '복합 유형'에도 친국이 포함되어 있다는 점까지 감안하면 친국의 비중이 전체 추국의 과반 이상을 차지한다는 사실을 알 수 있다.

    그럼 우리는 영조의 친국에서 무엇을 알 수 있을까? 공개 대본과 은닉 대본이라는 개념을 적용해 들여다본다면, 친국 자체는 공개 대본이라고 볼 수 있다. 그러나 한편으로, 친국은 의금부에서 이루어지는 추국이나 궁궐 내에서 이루어지는 정국에 비해 왕의 은닉 대본을 더 분명하게 들여다볼 수 있는 장이기도 하다. 추국이나 정국에서 왕은 어디까지나 결정권자로서 권한을 행사하지만, 친국에서는 추국하는 장소에 전좌殿座하여 심문 과정을 살펴보면서 바로바로 자신의 의견을 피력하기도 하고, 심하면 몸소 죄인을 심문하는 식으로 직접 개입하므로 왕의 의도가 드러나기 쉽기 때문이다.

고작 절도인데 친국은 아니옵니다, 전하

영조 대에 일어난 추국 사건을 살펴보면, 일단 그 유형이 다양하다. 하지만 그 비율을 보면 상소문이 문제가 된 경우가 23건, 기타 문건이나 언행이 문제가 된 경우까지 포함하면 39건으로 필화 사건이 추국 사건 전체의 약 절반을 차지한다. 즉, 실제 반란과 관련된 사건보다는 문건의 내용이나 언행이 문제가 되어 추국을 받게 된 사건이 많다. 그중 영조가 친국한 사건을 살펴보면 무신란[61]이나 영조 6년(1730)에 일어난 경술년 모반 사건,[62] 영조 31년(1755)에 있었던 을해옥사[63]처럼 사안의 중대성으로 인해 왕이 친국을 열어 조사해야 했던 사건들도 있지만, 친국까지는 필요하지 않았던 사건들도 있다.

[표4] 영조 시대 『추안급국안』의 사건 유형(이하경, 49쪽)

내용		사건 수
모반	반란모의	11
	반역자 비호	4
범상부도 (犯上不道)	상소	23
	시	2
	책	1
	편지	1
	경연	1

범상부도 (犯上不道)	익명서	4
	흉서	3
	흉악한 이야기	4
왕명을 거역		2
전패작변		2
위조		1
어사 사칭		1
능침 제사		1
방화		1
절도		3
잡술		2
무고(誣告)		16
소계		83

　이 중 영조의 개인적인 배경과 관련되어 주목할 만한 사건 유형은 왕이 친국할 필요가 없는 사건인데도 친국한 사건과 영조 자신의 권위나 친모가 관련된 사건, 그리고 당론黨論이나 당심黨心을 내세워 삼사三司 소속 언관들을 친국하며 핍박한 사건 등이다.

　영조가 친국하긴 했으나 사실 친국까지는 필요하지 않았던 사건들 중에는 궁궐 내 단순 도난이나 침범 사건이 있다. 영조 31년(1755), 중관中官 선우신鮮于愼이 약첩藥帖을 위조하여 삼료蔘料를 구하려 했는데 이게 발각되자 영조가 친국하였다. 사관은 고작 절도에 불과한데 영조가 친국하였다고 비판하는 사론史論을 남겼다.⁶⁴ 영조 39년(1763)에는 내관 김중광金重光의 종인 전유득田有得이 집상전集祥殿에 둔 금과 은으로 만든 어기御器를 훔쳐 달아났다가 붙잡혔는데, 이 역시도 영조가 친국했다.⁶⁵ 영조 36년(1760)에는 전의감 생도典醫監生徒 변치원卞致遠이 몰래 궁에 들어

오자 이를 친국했다. 변치원은 을해옥사 때 억울한 사람들이 많이 죽었다는 내용의 말을 들었다고 고변했는데, 사실은 자기가 맡은 공물貢物이 점점 이전 같지 않아서 생계를 잇기 어려워지자 원망하는 마음에 무고한 사건에 불과했다.66

한편 영조 51년(1775) 남양 부사南陽府使 박규수朴奎壽가 탐오貪汚로 어사의 고발을 당했는데, 영조가 남문에 나가 대대적으로 백성들이 함께 있는 자리에서 친국하려 했던 사건도 있다. 이 사건은 부패 관리에 관한 사건으로 아예 추국청에서 조사할 사안도 아니었을 뿐더러, 노환으로 몸이 불편한 영조가 직접 나설 사안은 더더욱 아니었다. 특히 이 시기는 붕어 1년 전으로 영조의 건강에 무리를 줄 수 있다는 우려가 있어, 신하들이 간청해 추국 장소를 남문이 아니라 청계천의 광통교로 바꿀 정도였다. 그러나 경기도에서 죄인이 올라오다 보니 밤이 늦어져 결국 친국하지 못하고 의금부에서 추국을 진행했다.67 이 사건에서 영조는 건강상의 문제에도 불구하고 궁궐도 아닌 남문에서 친국을 열어 백성들에게 부패를 엄단하는 모습을 보여 주려고 했다. 즉, 이 사건은 영조가 자신의 업적과 위엄을 드러낼 '공개 대본'을 보여 줄 수 있는 장소로 추국장을 활용하고 있음을 단적으로 보여 준다.

또한 영조는 자신의 권위가 공격당하는 사안에도 예민하게 반응했다. 예를 들어 영조 21년(1745)에 영조가 직접 후대 왕들의 치적에 도움이 되고자 교훈서인 『어제상훈御製常訓』을 지었는데, 그중 '존주尊周'라는 표현을 '존왕尊王'으로 고친 부분이 있었다. 이에 대해 홍계억 등이 그대로 '존주'로 두어야 한다고 상소하자, 영조는 홍계억 등을 잡아다 친국하고 처벌하면서 그 아버지인 전 판관判官 홍우집洪禹集 등까지 같이 추궁하고 처벌했다.[68] 요즘으로 치면 정치인이 지은 책에 오류가 있는 걸 대학생이 지적하자, 대학생을 잡아다 재판정에 세우고 그 아버지는 직장에서 쫓아낸 갑질이라고 할 수 있겠다.

영조는 친모와 관련된 사안이 되면 더욱 예민하게 반응했다. 영조 28년(1752), 생원 이세희李世熙가 송나라 인종仁宗이 유 태후劉太后가 친어머니가 아님에도 끝까지 잘 모셨다는 고사를 인용해 영조의 효성을 찬양하는 상소를 올렸다. 즉, 영조도 영빈寧嬪 김씨의 양자로 들어가 양어머니를 잘 모신 효자라는 일종의 찬양이었다. 그런데 인종은 본래 시녀의 아들이지만 유 태후가 소생이 없자 친아들처럼 길러 왕이 된 인물로 이 부분이 영조를 크게 자극했다. 영조는 화를 내며 이런 상소가 "질타할 역적보다 더 심한 것인데, 이는 나를 위한 것이 아니라 나를 욕하는 것이다"라고 하면서 이세희를 친국하여 배후를 추궁하고 관련자를 모두 유배 보냈다.[69]

영조 35년(1759)에는 수직守直하는 환관宦官 현창玄昶이 무뢰배와 결탁해 왕실의 휘장揮帳을 훔쳐내고, 그에 더해 왕실의 물건을 전당 잡혀 빌린 돈으로 투전鬪牋한 사실이 발각되었는데 이런 사건에도 영조가 친국을 거행했다.[70] 이를 수사하던 와중에 군졸 김석태金碩泰의 집에서 영조 어머니의 사당인 육상궁毓祥宮에서 도난당한 휘장이 발견되자 이 사건 역시 영조가 직접 친국하였다.[71] 분명 이런 사안들은 영조가 친국할 사안은 아니었다. 그런데도 영조는 친국을 거행했고, 신하들은 말리지 못했다. 역설적이게도 어머니의 문제는 영조가 숨기고 싶은 약점이면서, 자극을 받으면 친국장으로 직행하게 만드는 이른바 '발작 버튼'이었다.

네 이놈, 마음속에 당심黨心이 가득하구나

영조가 당론과 당심을 거론하며 친국한 사건은 공교롭게도 모두 언관에 대해서였다. 영조 15년(1739)에는 정언 성유열成有烈이 올린 상소 중에 무신란을 언급한 내용이 있다는 이유로 영조가 전례를 무시하고 친국을 열어 성유열을 직접 심문했다.[72] 영조 17년(1741)에는 지평 이광의李匡誼가 물고당한 죄인의 처벌에 관해 아뢰었는데, 영조는 소론이 당론을 내세워 자신을 모욕했다고 보고 이광의를 추궁하기도 했다.[73] 영조 18년(1742)에는 신임옥사로 죽은 민진원閔鎭遠의 자손들이 아버지의 신원伸冤을 청하는 상소를 올렸는데, 영조 17년에 국가의 기강을 바로 세우고 당쟁을 엄금한다는 내용의『어제대훈御製大訓』이 반포되었음에도 당심을 버리지 못하고 이런 상소를 올렸다는 이유로 조사를 받기도 했다.[74] 영조 20년(1744)에는 정언 이언세李彦世가 김재로金在魯·송인명宋寅明·조현명趙顯命 등 3정승을 무고하고 탕평책蕩平策에 불만을 드러냈다 하여 유배되었는데, 장령掌令 윤광천尹光天이 이러한 처벌을 거두어 달라고 아뢰자 영조는 윤광천도 대훈을 불만스럽게 여기며 당심을 드러냈다고 하면서 친히 국문하였다.[75] 그래도 이 시기는 신임옥사나 무신란, 탕평에 관한 어제서『어제대훈』등과 같은 구체적인 사안을 들어 친국을 열었다.

하지만 을해옥사 이후에는 그런 핑계조차 없이 언관들을 친국장으로 불러내기 시작했다. 영조 48년(1772)에는 대사헌 한필수韓必壽가 당론을 주장했던 조관빈趙觀彬·송명흠宋明欽을 탄핵하지 않고 피혐했다는 이유로 친국했다.[76] 같은 해 유언민兪彦民을 대사헌으로 임명했는데, 아직도 시골에 있다는 말에 이를 피혐하는 것으로 오해한 영조가 모두 당파 때문이라고 하면서 남문에서 유언민을 친국했다.[77] 역시 같은 해 대사헌 권도權導가 소론의 영수 최석항崔錫恒의 신원을 상소했던 조영순趙榮順을 두둔하고 보호했다면서 이를 당론으로 문제 삼아 친국했다. 권도는 자기도 모르게 당심이 있었다고 억지로 자백해야 했다.

영조의 행동은 여기서 그치지 않았다. 실록에 따르면 영조가 권도를 유배 보내라고 처결하자 대사헌 이계와 대사간 정창순이 더 강하게 처벌해야 한다고 청했다. 그러자 영조는 특별히 이를 감하여 좀 더 너그러운 처벌을 하도록 했다. 여기까지만 보면 영조가 자비를 베푼 것처럼 보인다. 하지만 이어지는 사론에는 이러한 대사헌과 대사간의 건의가 영조의 뜻을 따른 일이라고 기록하면서, 이후부터 대간들이 오로지 따라가는 것만 일삼게 되었다고 비판하고 있다.[78] 즉, 영조가 무언으로 강요하자 대사헌과 대사간조차 이에 어울려 영조의 너그러움을 드러내는 공개 대본에 맞추어 연기를 해야 했던 것이다.

이후에도 영조 51년(1775) 지평 황택인黃宅仁이 이조 판서 정상순鄭尙淳을 비판하며 탄핵하는 상소를 올리자, 영조는 이 상소도 당파에서 비롯되었다면서 황택인을 사판仕板에서 삭제하고 유배 보냈다가 다시 추국청으로 잡아 와 친국하며 배후를 심문했다.[79]

이처럼 영조가 친국한 사건 중 상당수는 추국의 사체에 맞지 않는 일이었다. 특히 언관들의 발언이나 상소를 문제삼아 추국장에 죄인으로 앉혀 놓고 친국하는 행태는 한국식으로 말하면 정당한 비판에 대해 사람을 잡아다가 '너 빨갱이지?' 하고 몰아붙이면서 아예 비판을 봉쇄해 버리는 방식과 비슷한 일이었다. 하지만 이런 행위가 조선시대에는 정치체계상 더 심각한 일이 될 수 있었다. 언관의 역할이 왕과 대신들의 자의적 권력 행사를 견제하는 것이었기 때문이다. 훌륭한 지도자는 예나 지금이나 쓴소리를 잘 받아들여야 한다. 그런데 영조는 그런 비판을 '당론', '당심'으로 몰아 추국장으로 잡아 와 친국했던 것이다.

죽책문은 종통을 이은 비빈만 가능합니다. 전하

이처럼 추국장이라는 사법적 판단을 내리는 곳으로, 정치적 사안을 끌고 들어가는 정치의 사법화이자 사법의 정치화를 보여 주는 대표적인 사건이 영조의 생모 추숭과 관련한 '조관빈趙觀彬 사건'이다.

영조의 생모인 숙빈 최씨淑嬪崔氏(1670~1718)는 원래 궁에서 물을 길어 나르는 무수리였던 것으로 알려져 있다. 그녀는 숙종의 눈에 띄어 1694년 숙의淑儀가 되고, 그해 연잉군延礽君 이금李昑(후의 영조)을 낳았다. 1695년에는 귀인貴人에 오르고 1699년 정1품 숙빈에 봉해졌지만, 끝내 왕비는 되지 못한 채로 1718년(숙종44) 병으로 세상을 떠났다.

이후 왕위에 오른 영조는 다양한 수단을 동원하여 숙빈 최씨의 지위를 높이고자 하였다. 아버지는 왕이라는 지고한 혈통이지만, 어머니의 신분이 낮았기 때문이다. 하지만 후궁이었던 생모의 추숭追崇은 광해군의 경우를 제외하고는 전례가 없던 일이었다. 그럼에도 영조는 어머니인 숙빈 최씨를 추숭하고자 지속적으로 노력했다. 즉위 후 1년째 되는 해(1725)에는 사당을 지어 숙빈묘淑嬪廟라 하였고, 1744년(영조20)에는 육상묘毓祥廟라고 높였다가 다시 1753년(영조29) 육상궁毓祥宮으로 승격시켰다. 묘소 또한 1744년 소령묘昭寧廟라고 올렸다가 1753년 소령원昭寧園으로 승격시켰다.

이처럼 사친을 추숭하는 작업의 일환으로 1753년 영조가 대제학 조관빈에게 숙빈 최씨에 대한 죽책문竹册文을 작성하라고 명령을 내렸는데 조관빈이 이를 거부하며 사건이 시작되었다. 다음은 숙빈 최씨의 죽책문을 작성하라는 영조의 명에 대한 조관빈의 상서上書이다.

… 신이 가만히 생각해 보니 죽책은 옥책玉册에 비해 비록 경중의 차이는 있지만, 나라의 크고 작은 책문은 종통宗統을 이은 비빈妃嬪이 아니면 이런 일을 할 수 없습니다. 경연 중에 이르러 대조(영조)께서 처음 이러한 하교를 내리시는 것을 우러러 들었는데 도리어 머뭇거리시는 뜻이 있으셨습니다. 그런데 신이 그때 숨이 막혀 끊어질 것 같아서 승선承宣(승지)에게 여쭙도록 하고 지레 물러났으므로 비록 아직 제 진정을 우러러 아뢰지 못하였기는 합니다만, 혹시 조금이라도 열조列朝의 전례典例에 어긋나는 점이 있는데 다시 깊게 생각해 보지 않고 명을 받들어 죽책문을 지어 바친다면 이는 국가를 저버리는 것입니다. 신은 은혜를 입음이 망극하므로 반드시 절의節義를 다하고자 하는 뜻을 가지고 있으나, 또한 어찌 감히 단지 임금님의 권위를 두려워하여 한마디 말도 하지 않을 수 있겠습니까? 이에 감히 만 번 죽을 각오를 하고 우러러 아뢰어 임금님의 밝으신 판단을 삼가 바라며 우러러 대조께 아뢰오니 때맞추어 잘 처리해 주시고, 만약 신의 말이 너무 지나치고 외람되다면 속히 해당 관청으로 하여금 죄를 심리하여 처단하게 하소서.[80]

조관빈은 죽책문이 종통을 이은 비·빈에게나 가능한 것인데, 숙빈 최씨는 후궁이기 때문에 죽책문을 쓸 수 없다고 비판하면서 끝내 그 명령을 이행하지 않았다.[81] 이는 영조의 추숭 작업과 왕권 강화 노력이 유교적인 명분, 즉 분의分義에 맞지 않다고 비판하면서 명령을 정면에서 거부한 것과 같았다. 여기에는 왕 또한 성리학적 도덕과 예의를 지켜야 한다는 전제가 깔려 있다.

영조는 사체에 어긋나는 일을 추진했다가 거부당하자 격노하여 조관빈을 친국했다. 체포 명령을 내린 당일 늦은 밤 사복시司僕寺에서 추국장이 열렸고, 영조는 전좌하여 조관빈을 두 차례 심문했다. 그러나 조관빈은 끝까지 죽책문을 쓰지 않겠다는 뜻을 굽히지 않았고, 옳지 않은 왕명을 거부하겠다는 자신의 의지가 확고함을 밝혔다. 결국 영조는 조관빈을 사형에서 감해 삼수부三水府에 위리안치圍籬安置[82]하도록 하면서 이틀 길을 하루에 걷게 하라는 처벌까지 덧붙였다. 다음은 조관빈의 추국장 마지막 발언이다.

제가 정신이 아득하고 혼란스러운 상태에서 문목의 사연辭緣을 들었으나 저는 하교에 따라 진술하였으니 제가 어찌 감히 털끝만큼이라도 불만을 가졌겠습니까. 그러나 어리석고 못난 탓에 이 지경까지 오게 되었으니 저의 죄는 만번 죽어 마땅하므로 저도 모르게 불만을 가지게 되었다고 지만해야 할 것입니다. 저는 불만을 가지게 되었다고 스스로 지만합니다. 제가 사람됨이 어둡고 변변하지 못해서 글의 내용이 마구 섞여 자연히 제가 불만스러운 마음을 가진 것으로 되어 버리긴 했으나 지시를 받은 적은 없습니다. 제가 어찌 감히 털끝만큼이라도 불만을 가졌겠습니까. 그러나 지만하지 않으면 매질을 당할 것이기 때문에 지만하는 것입니다. 이에 제가 불만을 가졌다고는 해도 남의 사주를 받은 적은 없습니다.[83]

얼핏 보면 자신의 죄를 인정하고 잘못을 뉘우치고 있다고 서술하는 것 같지만, "저도 모르게 불만을 가지게 되었다[不覺歸於不滿]"는 표현은 본의가 그 반대임을 보여 주고 있다. 심지어 "지만하지 않으면 매질을 당할 것이기 때문에 지만하는 것입니다"라고 말하기까지 한다. 이는 개인적인 불만에서 영조를 모욕하려 한 것이 아닌데, 영조가 바른말을 하는 신하를 매질하여 모욕할 것이므로 어쩔 수 없이 자백했다는 내용이라고 볼 수 있다. 영조도 이 "저도 모르게[不覺]"라는 표현이 암시하는 바를 알았기 때문에, 그 글자를 빼고 '불만이 있었다'는 내용으로만 자백을 받도록 했다.[84] 즉, 영조가 무리한 명령을 내려 거부했다기보다는 조관빈이 개인적인 불만으로 명령에 따르지 않았다고 호도하려 했다. 그러나 조관빈은 끝까지 죽책문을 쓰지 않았고, 결국 좌의정 이천보李天輔가 쓰게 되었으나 이 역시 절차적 정당성의 흠결은 해결하지 못한 조치였다.

영조의 명령과 이후의 친국 모두 무리한 일이었기에 공개적인 반대 외에 추국을 진행하는 여러 실무 관료의 소극적 저항이 있었다. 그중 영부사領府事 김재로金在魯는 다음과 같은 차자箚子를 올려 조관빈을 친국하는 일이 적절하지 않다고 비판했다.

조관빈의 서본을 신이 비록 미처 보지는 못하였으나, 대개 들으니, 의절儀節 사이의 일을 가지고 그 소견을 한 번 아뢰었는데 본디 조금도 악역惡逆

을 범한 말이 없다 합니다. 비록 필부匹夫·천례賤隷일지라도 오히려 악역이 아닌데 국문을 베푸는 것은 마땅치 않을 것인데, 더구나 국사를 돕는 높은 지위의 재상宰相이 한마디 말한 것이 합당하지 않다 하여 문득 삼목三木(칼, 차코, 족쇄 등의 형구)을 채우고 자루를 씌우고 묶어서 궐정에 데려오는 것이겠습니까? 이것은 사방에서 듣게 하거나 후세에 본보기로 전할 수 없는 것입니다. 삼가 원하건대, 성상께서는 노신老臣의 혈성血誠을 굽어살펴 빨리 친국하신다는 명을 정지하소서.[85]

그러나 영조는 친국을 강행했다. 국가 원로가 된 판돈녕判敦寧 박문수朴文秀도 친국 이후 "조관빈은 참으로 그릅니다마는, 전하께서 어찌 그 아비를 생각하지 않으십니까?"라고 아뢰면서 영조를 말렸다. 조관빈의 아버지가 바로 영조가 세제로 책봉하고 대리청정까지 할 수 있도록 노력했다가 소론의 반격에 죽은 노론 4대신 중 한 명인 조태채趙泰采였기 때문이었다. 그러나 영조는 박문수조차 파직시키고, 관리 중 조관빈을 문안하는 사람이 있으면 모두 파직하라는 명령을 내려 무리한 친국과 처벌에 대한 반대를 묵살하고자 했다.

이러한 공개적인 반대 외에도 금부도사禁府都事는 친국을 거행하라는 명령을 곧바로 실행하지 않았고, 문사낭청問事郎廳은 심문 문목의 초안[問目草]에 '죄인'이라는 두 자를 쓰지 않음으로써 저항했다. 이러한 추국 실무 관료의 저항은 영조의 친국에 대한 우회적 비판과 저항이라는 점에서 은닉 대본을 연상시킨다. 이러한 저항에 대해 영조는 이들 모두를 죄수를 국문하는 절차에 따라 붙잡아 놓고 위협을 가했다가 풀어주면서 다시 국문에 참여하게 하였다.[86] 공개적 반대를 무시하고 우회적 저항을 억압하면서 강제로 친국을 밀어붙인 것이다. 즉, 영조는 성리학을 공통된 이념으로 하는 관료층의 동의를 얻지 못한 채 자의적이고 강압적으로 행동하고 있었다.

심지어 영조는 왕위 계승의 정통성과 본인의 권위를 세우기 위한 무리한 시도와 이에 대한 관리들의 저항이라는 갈등 구조를 왕의 명령에 저항하는 사대부 전체의 기강 문제로 전환하고자 했다. 영조는 처음 조관빈의 상소문을 본 후, "명분과 지위[名位]가 이미 정해진 후인데 조관빈이 올린 글은 나에 대한 신하의 분수가 조금도 없으니 친문할 것이다"라고 했다. 즉, 처음에는 조관빈 개인이 신하로서 분의分義를 지키지 않았다고 주장하며 친국을 강행했다. 이후 조관빈이 진술을 마친 뒤 다시 2차로 심문할 때, 영조는 심문 문목의 말미에 "지금 또다시 진술하게 하는 것은 다만 내가 지극히 괴롭기 때문만이 아니라 조선 사대부의 기풍과 절개를 바로잡기 위한 것이다"라고 덧붙였다. 즉, 영조 본인의 잘못은 인정하지 않으면서 조선의 사대부 전체의 태도가 잘못되었기 때문에 이런 문제가 발생하고 있다고 주장하고 있다.

물론 조관빈은 이러한 영조의 지적에 동의하지 않았다.

저는 임금님이 베풀어 주신 후한 은혜를 입었고 중요한 자리의 벼슬을 많이 거쳤으므로 스스로 조선의 양반이라는 자부심을 가지고 있었는데 양반을 모아 놓고 이렇게 형편없는 일을 저질렀습니다. 저의 정신이 어둡고 혼란스러우며 말에도 조리가 없어서 아뢴 바가 이같이 되었습니다. 양반이 모였다는 말은 아래 위를 물론하고 평소 여러 사람들과 함께 매번 너네 나네 하며 우리 양반의 높고 낮음에 대해 비교하곤 했습니다. 그러나

이번에 글을 올릴 때는 모인 적이 없습니다. 이 밖에는 달리 아뢸 말씀이 없습니다.[87]

즉, 조선의 양반이라는 자부심도 있고 평소 모여서 이런저런 논의를 하기는 하지만, 이 글을 올릴 때 모인 적이 없으므로 사대부 기강 문제로 확대할 수 없다고 반박한 것이다. 이에 영조는 "마지막에서 바른대로 진술하던 중에 '특히 조선 양반은 그 양반들이 모이면 저절로 불만스러운 데로 간다'라고 했으니 이는 사건의 본 진상을 다 드러냈다고 할 만하다"라고 하면서, "나라의 체모를 엄하게 하고 분수와 의리를 중하게 하는 도리에 있어서 마땅히 해당하는 형률을 적용해야 할 것이다"라고 했다.[88] 즉, 영조는 조관빈의 진술을 자의적으로 짜맞추어 사대부들의 기강이 문제라는 자신의 주장을 정당화하고자 했다.

이후 영조는 조관빈에 대한 처벌이 무리한 처사임을 알고 이를 철회하고자 했으나, 이조차도 공식적으로 사과하면서 자기 잘못을 인정하는 게 아니라 경사를 맞이하여 자비를 베푸는 방식으로 이루어졌다. 먼저 자신의 친모를 모시는 육상궁에서 친제親祭를 지낸 뒤에 여러 관료에게 상을 주고, 의금부와 형조의 잡범을 석방하고, 처벌을 받은 관리들도 사면하도록 하면서 조관빈의 처벌을 완화하여 단천端川으로 유배지를 옮겨 주었다.[89] 이후 좌의정 이천보가 조관빈의 석방을 청하니 "그리하라. 내가 삼수에서 단천으로 옮길 때에 대개 석방할 뜻이 없지 않아서 그런 것이다"라고 하며 풀어 주도록 했다.[90] 결국 그해 11월 29일, 조관빈은 왕실의 다른 경사를 거행할 때 석방되었다.[91]

이러한 영조의 행동과 앞서 소개한 「코끼리를 쏘다」 속 조지 오웰의 행동은 어느 정도 겹쳐 보인다. 즉, 지배자도 공개 대본에 따라 행동해야 하며, 개인적인 나약함이나 잘못의 인정 등 지배의 정당성을 훼손시키는 행위를 공개적으로 해서는 안 되었다. 공개적인 사과는 잘못을 인정함으로써 약점을 드러나게 하여 지배의 정당성과 통치의 권위를 약화시키는 행동이기 때문이다. 특히나 영조는 정통성 측면에서 다른 왕들보다 약점이 많았기 때문에 공개적 사과와 같은 행위는 할 수가 없었다. 그렇기에 한층 더 강압적인 공개 대본을 꾸며낼 수밖에 없었던 것이다.

영조가 숨기고자 했던 것들, 그리고 그 결과

영조의 친국과 그의 발언, 조치 등을 보면서 영화 〈사도〉의 한 장면이 생각났다. 사도세자가 대리청정을 하면서 "모든 명령체계를 하나로 통합하라" 하고 명령하자, 영조는 뒤에서 이를 지켜보다가 사도세자를 따로 불러 "왕은 결정하는 자리가 아니야. 신하들의 결정을 윤허하고 책임을 묻는 자리다"라고 충고하는 장면이다. 이를 보면서 영조가 이렇게 말해야만 했던 이유는 무엇일까를 다시 한번 생각해 보게 된다.

영조가 친국할 정도의 사건이 아님에도 직접 친국한 사건들을 살펴보면, 크게 왕 자신의 권위와 당쟁이라는 두 가지 키워드와 관련되어 있다. 이 중 왕의 권위 문제는 천한 무수리 소생이라는 신분상의 문제뿐만 아니라, 노론 4대신 등에 의해 세제로 책봉되는 과정에서 있었던

'택군擇君'의 문제까지 복합적으로 얽혀 있다.

아버지 숙종은 연잉군의 출신이 약점이 되는 것을 막기 위해 연잉군을 노론 유력자인 김창집金昌集의 종질녀로서 후궁이던 영빈寧嬪 김씨의 양자로 삼기도 했다. 그러나 친어머니의 신분이 천하다는 약점을 극복하기에는 부족했기에 영조는 끊임없이 어머니의 지위를 높이고자 했다. 그렇기에 숙빈 최씨에 대한 죽책문을 거부한 조관빈을 친국했고, 육상궁에서 일어난 도난 사건에 대해서도 사체에 맞지 않게 친국을 거행했다.

'택군' 문제는 경종의 후계로 영조가 즉위하는 과정에서 노론에 의해 '선택되어' 왕세제로 책봉되었기 때문에 생긴 문제였다. 이전에는 왕에게 자손이 없더라도 그가 사망한 이후에서야 비로소 왕실에서 왕족 중 차기 왕을 선정했다. 선조宣祖가 바로 그런 사례였고, 헌종의 뒤를 이은 철종이나 철종의 뒤를 이은 고종도 마찬가지로 왕이 죽은 후 다음 왕으로 정해졌다.

그러므로 영조가 경종이 재위하던 도중에 왕세제로 책봉된 것은 예외적인 사례였다. 또한 그 와중에 노론 4대신의 역할이 결정적이었기 때문에, 영조가 선왕의 후계자로서 정당하게 왕위를 계승했다고 보기보다는 노론에 의해 택군되었다는 주장도 가능했다. 이러한 신분적 약점과 택군 문제는 영조의 정통성을 훼손하는 흠결이었으며, 이로 인해 영조는 왕조 국가의 왕임에도 자신의 즉위가 정당했음을 보여 주기 위해 끊임없이 노심초사 노력할 수밖에 없었다.

여기에 당쟁도 영조를 괴롭히는 문제였다. 즉위 초 영조는 붕당을 타파하고자 했으나 노론의 지지로 왕이 된 한계를 벗어나지는 못하였다. 결국 정권에서 소외된 남인과 급진파 소론[峻少]에 의해 영조 4년 무신란이 일어났고, 이후 이런 반란이 다시는 일어나지 않도록 '탕평'을 추구했지만 처음부터 기울어져 있던 구도를 해결할 수는 없었다.

먼저 경종 대 노론이 세제 책봉과 대리청정을 요구하는 과정에서 일어난 신임옥사는 영조가 즉위하자 노론으로 기울어진 운동장을 만들게 하였고, 경종에게 충신인 소론이 영조 자신에게는 역적이라는 충역 시비를 불러일으켰다. 게다가 무신란 당시에는 경종이 죽기 직전에 영조가 약 처방에 관여한 건이 와전되어 영조가 경종을 독살했다는 '경종 독살설'까지 나왔다. 왕위를 차지하기 위해 선왕을, 그것도 자신을 아낀 이복형을 시해한 것은 왕위 계승의 정당성을 훼손하는 치명적인 문제였다. 즉, 자식이 재산을 위해 부모를 죽이면 상속 자격이 박탈되듯, 후계자가 왕이 되기 위해 선왕을 죽이는 패륜을 저질렀다면 왕의 자격이 없다고 여겼던 것이다.

이런 일들을 겪었기에 영조는 당론·당심에 관한 발언이나 무신란 등 자신의 정통성과 관련된 사건은 친국으로 다스리면서 강경하게 대응했다. 그리고 역설적이게도 영조는 추국청에서 자신을 위협하는 사건들을 다루면서, 소론을 통제하고 노론의 반발을 제압하는 방법을 찾게 되었다. 예를 들어 무신란은 노론이 지나치게 자기 당파만 옹호하는 주장을 펼쳤기 때문에 일어났다고 하는 식이었다. 즉, 추국을 진행하는 과정에서 영조는 정치적으로 자신의 권위와 권력을 강화할 무기를 발견한 것이다. 이는 즉위 초반 권력 기반이 불안정하여 소론을 쫓아내고 노론을 들였다가 다시 노론을 쫓아내고 소론을 들이는 두 차례의 환국으로 신하들을 통제하고자 했지만 실패한 것과 대조된다.

무신란 이후로 표면적인 정국은 안정되었다. 그러나 탕평을 완성하기 위해서는 소론을 받아들여야 하는데, 영조 본인부터 자신을 비방하고 공격하며 왕이 아니라고 주장한 이들을 완전히 받아들이지 못했다. 이러한 한계 속에서 정권에서 소외된 소론 등은 영조 31년 나주괘서사건을 일으켰고, 이 사건을 친국하던 영조의 면전에 소론 신치운申致雲이 "신은 갑진년부터 게장을 먹지 않았으니 이것이 바로 신의 역심逆心이며, 심정연沈鼎衍의 흉서 역시 신이 한 것입니다"[92]라고 쏘아붙였다.

이는 '네가 음식을 일부러 잘못 올려 선왕을 죽게 만들지 않았느냐'라는 의미로 소론으로서 수십 년간 품고 있었던 의혹과 불만을 쏟아내는 발언이었다. 이 사건으로 그동안의 균형은 허울이며, 탕평책도 실패했음이 드러났다. 이후 영조는 '당론'이나 '당심'이라는 평계로 친국을 열어 대간들을 추궁하고 위협하는 방식으로 신하들을 통제하면서 자의적으로 권력을 행사했다. 즉, 정당한 비판일지라도 '너 당심!' 혹은 '너 당론!'이라고 낙인찍고 친국 자리에 불러내 위협하면서 권력으로 신하들을 찍어 눌렀다.

영조는 재위 내내 자신의 취약점을 숨기고, 권위와 지배의 정당성을 현시顯示하기 위해 친국을 활용했다. 즉, 정치를 사법의 장인 추국장으로 가져가면서 정치를 사법화했고, 추국장에서는 사법적 처결 대신 정치적 판단을 내리면서 사법을 정치화했다. 그러나 관료의 정당한 비판조차 문제 삼아 친국하는 행위는 정치와 사법의 경계를 흩뜨리는 일이었으며, 그 과정에서 옳고 그름조차 상대화되어 갔다.

문제는 영조의 이러한 행위가 조선이라는 나라를 굴러가게 한 성리학 기반 관료제의 '사체'를 훼손했다는 점이다. 언관에 대한 친국은 왕에 대한 비판을 허용하지 않음으로써 권력의 자정작용을 무력하게 만들었다. 또한 영조는 당쟁을 없앤다는 핑계로 이조 전랑의 자천제나 한림의 회천제 등을 폐지했는데, 이러한 조치들은 조선을 건전하게 유지시킨 정치 시스템이라고 할 수 있는 경연, 언론, 사관제도 등을 망가뜨렸다. 그렇기에 정조가 죽자마자 약 1세기에 걸친 탕평정치가 그대로 끝나 버리고, 외척이 권력을 잡는 세도정치가 출현한 것이다. 왕이 개인의 권력과 권위를 더 확보하려고 조선의 시스템을 흔든 결과, 세도정치기에는 반대로 왕이 개인의 권력과 권위를 스스로 쟁취하지 못하면 모두 상실할 수밖에 없게 되었다. 즉, 탕평정치와 세도정치는 동전의 앞뒷면이라고 할 수 있다.

조선이라는 왕조 국가는 이제 과거가 되었고, 세도정치도 청산되었다. 그러나 삼권이 분립된 민주주의국가에서도 정치의 사법화, 사법의 정치화는 여전히 일어나고 있다. 과거라는 거울은 이러한 행위가 중도를 벗어나면 국가의 시스템을 뒤흔드는 문제가 될 수 있다는 점을 보여 준다. 따라서 우리는 정치가 사법화, 사법이 정치화되는 현상을 경계하고, 관심의 끈을 놓지 말아야 할 것이다.

국역 『추안급국안』 권별 사건 구성

오항녕 외 역주, 『추안급국안』 1-90, 흐름, 2014.

01권	**선조34(1601)-광해군 즉위(1608)**	오항녕 역주	
	길운절(吉云節) 반역 사건(1)		신축년(1601, 선조34)
	길운절 반역 사건(2)		신축년(1601, 선조34)
	임해군(臨海君) 이진(李珒) 심문 기록(1)		무신년(1608, 광해군 즉위)

02권	**광해군 즉위(1608)**	오항녕 역주	
	임해군(臨海君) 이진(李珒) 심문 기록(2)		무신년(1608, 광해군 즉위)
	임해군 이진 심문 기록(3)		무신년(1608, 광해군 즉위)
	임해군 이진 심문 기록(4)		무신년(1608, 광해군 즉위)

03권	**광해군9(1617)**	오항녕 역주	
	흉악한 상소[凶疏]		정사년(1617, 광해군9)
	의견 수렴[收議]		정사년(1617, 광해군9)
	흉서(凶書)와 밀계(密啓) 등		정사년(1617, 광해군9)
	흉악한 상소(6)		정사년(1617, 광해군9)
	흉악한 상소(7)		정사년(1617, 광해군9)

04권	**인조1(1623)**	오항녕 역주	
	3월 이후 범죄 사건(상, 8)		계해년(1623, 인조1)
	역적 유전(柳湔) 범죄 사건 문서(2)		계해년(1623, 인조1)
	역적 이유림(李有林) 범죄 사건 문서(1)		계해년(1623, 인조1)

05권	**인조1(1623)-인조2(1624)**	오항녕 역주	
	역적 이유림(李有林) 범죄 사건 문서(2)		계해년(1623, 인조1)
	역적 이유림 사건 문서(3)		계해년(1623, 인조1)
	역적 이괄(李适) 범죄 사건 문서(1)		갑자년(1624, 인조2)
	역적 이괄 범죄 사건 문서(2)		갑자년(1624, 인조2)

06권	**인조2(1624)**	오항녕 역주	
	역적 이괄(李适) 범죄 사건 문서(4)		갑자년(1624, 인조2)
	역적 이괄 범죄 사건 문서(5)		갑자년(1624, 인조2)
	역적 이괄 범죄 사건 문서(6)		갑자년(1624, 인조2)
	역적 이괄 범죄 사건 문서(7)		갑자년(1624, 인조2)

07권 인조2(1624) | 인조8(1630) | 오항녕 역주

역적 이괄(李适) 범죄 사건 문서(8)	갑자년(1624, 인조2)
이경검(李景儉) 반역 사건	경오년(1630, 인조8)
김정립(金廷立) 사건	갑자년(1624, 인조2)
박건갑(朴乾甲) 범죄 사건 문서	갑자년(1624, 인조2)
박홍구(朴弘耉) 범죄 사건 문서(1)	갑자년(1624, 인조2)
박홍구 범죄 사건 문서(2)	갑자년(1624, 인조2)

08권 인조2(1624)-인조3(1625) | 오항녕 역주

박홍구(朴弘耉) 범죄 사건 문서(3)	갑자년(1624, 인조2)
박홍구 범죄 사건 문서(4)	갑자년(1624, 인조2)
박홍구 범죄 사건 문서(5)	갑자년(1624, 인조2)
윤안형(尹安亨) 옥사 문서	을축년(1625, 인조3)
박응성(朴應晟) 범죄 사건 문서(1)	을축년(1625, 인조3)
박응성 범죄 사건 문서(2)	을축년(1625, 인조3)

09권 인조3(1625)-인조6(1628) | 오항녕 역주

박응성(朴應晟) 범죄 사건 문서(3)	을축년(1625, 인조3)
정윤복(鄭允福) 범죄 사건 문서	을축년(1625, 인조3)
유효립(柳孝立) 범죄 사건 문서(2)	무진년(1628, 인조6)
유효립 심문 기록(3)	무진년(1628, 인조6)
유효립 심문 기록(4)	무진년(1628, 인조6)

10권 인조6(1628)-인조7(1629) | 김우철 역주

송광유(宋匡裕) 옥사 문서(1)	무진년(1628, 인조6)
송광유 옥사 문서(2)	무진년(1628, 인조6)
끗치(喾致) 옥사 문서	기사년(1629, 인조7)

11권 인조7(1629)-인조9(1631) | 김우철 역주

역적 이충경(李忠慶) 문서(1)	기사년(1629, 인조7)
역적 이충경 문서(2)	기사년(1629, 인조7)
한선내(韓善乃) 추안	경오년(1630, 인조8)
김대기(金大器) 추안급국안	경오년(1630, 인조8)
원충립(元忠立) 추안급국안	신미년(1631, 인조9)

12권　인조9(1631) | 김우철 역주

정한(鄭澣) 옥사 문서(3)	신미년(1631, 인조9)
정한 옥사 문서(4)	신미년(1631, 인조9)
정한 옥사 문서(7)	신미년(1631, 인조9)
정한 옥사 문서(8)	신미년(1631, 인조9)
정한 옥사 문서(10)	신미년(1631, 인조9)
정한 옥사 문서(11)	신미년(1631, 인조9)

13권　인조10(1632)-인조11(1633) | 김우철 역주

추안급국안	임신년(1632, 인조10)
역적 임석간(林碩幹) 등 추안	계유년(1633, 인조11)

14권　인조11(1633)-인조17(1639) | 김우철 역주

이탁(李倬) 등 추안	계유년(1633, 인조11)
역적 이기안(李基安) 등 추안	을해년(1635, 인조13)
역적 박천건(朴天建) 등 추안	을해년(1635, 인조13)
나인[內人] 등 저주(咀呪) 옥사 추안	기묘년(1639, 인조17)

15권　인조21(1643)-인조22(1644) | 김우철 역주

추안급국안	계미년(1643, 인조21)
추안급국안	갑신년(1644, 인조22)

16권　인조22(1644)-인조24(1646) | 김우철 역주

추안급국안	갑신년(1644, 인조22)
역적 안익신(安益信) 등 추안(1)	병술년(1646, 인조24)

17권　인조24(1646) | 김우철 역주

역적 안익신(安益信) 등 추안(2)	병술년(1646, 인조24)
저주(咀呪) 역적 의정(義貞) 등 추안	병술년(1646, 인조24)

18권　인조25(1647) | 김우철 역주

저주(咀呪) 역적 예옥(禮玉) 등 추안(1)	정해년(1647, 인조25)
저주 역적 예옥 등 추안(2)	정해년(1647, 인조25)

19권	**효종2(1651)**	이선아 역주
	김자점(金自點) 등 역적 사건 심문 기록(1)	신묘년(1651, 효종2)
	김자점 등 역적 사건 심문 기록(2)	신묘년(1651, 효종2)

20권	**효종2(1651)**	이선아 역주
	김자점(金自點) 등 역적 사건 심문 기록(3)	신묘년(1651, 효종2)
	김자점 등 역적 사건 심문 기록(4)	신묘년(1651, 효종2)

21권	**효종3(1652)-현종12(1671)**	이선아 역주
	김자점(金自點) 등 역적 사건 심문 기록(5)	임진년(1652, 효종3)
	심문 기록	계사년(1653, 효종4)
	심문 기록	갑오년(1654, 효종5)
	서변(徐忭) 등 역적 사건 심문 기록	병신년(1656, 효종7)
	전패(殿牌)를 훔친 죄인 생이(生伊) 심문 기록	임인년(1662, 현종3)
	전패를 훔친 죄인 애립(愛立) 심문 기록	신해년(1671, 현종12)

22권	**숙종1(1675)-숙종2(1676)**	문용식 역주
	유필명(柳弼明) 심문 기록	을묘년(1675, 숙종1)
	제릉(齊陵) 방화(放火) 장득선(張得善) 심문 기록	병진년(1676, 숙종2)
	요승(妖僧) 처경(處瓊) 심문 기록	병진년(1676, 숙종2)

23권	**숙종6(1680)**	문용식 역주
	역적 허견(許堅)·이남(李枏) 심문 기록(상)	경신년(1680, 숙종6)
	윤휴(尹鑴)·박헌(朴瀗)·이환(李煥) 심문 기록	경신년(1680, 숙종6)

24권	**숙종6(1680)	숙종15(1689)**	문용식 역주
	이입신(李立身) 등 심문 기록	기사년(1689, 숙종15)
	역적 오정창(吳挺昌)·정원로(鄭元老) 등 심문 기록(상)	경신년(1680, 숙종6)

25권	**숙종6(1680)**	문용식 역주
	역적 오정창(吳挺昌)·정원로(鄭元老) 등 심문 기록(중)	경신년(1680, 숙종6)
	역적 오정창·정원로 등 심문 기록(하)	경신년(1680, 숙종6)

26권 **숙종6(1680)-숙종7(1681)** | 김우철 역주

    오시수(吳始壽) 추안   경신년(1680, 숙종6)
    박상한(朴相漢) 추안   신유년(1681, 숙종7)
    허협(許浹)·양국정(梁國楨) 추안   신유년(1681, 숙종7)

27권 **숙종8(1682)** | 김우철 역주

    노계신(盧繼信) 추안   임술년(1682, 숙종8)
    역적 허새(許璽)·허영(許瑛) 추안(상)   임술년(1682, 숙종8)
    역적 허새 추안(하) -전익대(全翊戴)를 합해 기록-   임술년(1682, 숙종8)

28권 **숙종13(1687)-숙종14(1688)** | 김우철 역주

    양우철(梁禹轍) 추안   정묘년(1687, 숙종13)
    안계리(安繼李) 추안   정묘년(1687, 숙종13)
    김성기(金成器) 추안   정묘년(1687, 숙종13)
    역적 여환(呂還) 등 추안   무진년(1688, 숙종14)

29권 **숙종14(1688)-숙종15(1689)** | 김우철 역주

    이민재(李敏材) 추안   무진년(1688, 숙종14)
    김영준(金永俊) 추안   무진년(1688, 숙종14)
    박업귀(朴業貴) 추안   무진년(1688, 숙종14)
    김익훈(金益勳) 등 추안   기사년(1689, 숙종15)

30권 **숙종15(1689)-숙종17(1691)** | 김우철 역주

    이사명(李師命) 추안   기사년(1689, 숙종15)
    오두인(吳斗寅) 등 친국(親鞫) 추안   기사년(1689, 숙종15)
    김영하(金永河) 추안   신미년(1691, 숙종17)
    차충걸(車忠傑) 추안   신미년(1691, 숙종17)

31권 **숙종18(1692)-숙종20(1694)** | 김우철 역주

    이첨한(李瞻漢) 추안   임신년(1692, 숙종18)
    연최적(延最績) 추안   계유년(1693, 숙종19)
    최태웅(崔泰雄) 추안   계유년(1693, 숙종19)
    함이완(咸以完)·김인(金寅) 등 추안 천(天)   갑술년(1694, 숙종20)

32권 **숙종20(1694)** | 김우철 역주
    김인(金寅) 등 추안 인(人)   갑술년(1694, 숙종20)

33권 **숙종22(1696)-숙종23(1697)** | 김우철 역주
    응선(應先)·김천추(金天樞) 등 추안   병자년(1696, 숙종22)
    체종(體宗) 추안   병자년(1696, 숙종22)
    이영창(李榮昌) 등 추안   정축년(1697, 숙종23)

34권 **숙종23(1697)-숙종26(1700)** | 김우철 역주
    홍기주(洪箕疇) 등 추안   정축년(1697, 숙종23)
    곽제숭(郭齊嵩) 추안   정축년(1697, 숙종23)
    안사현(安士賢) 등 추안   무인년(1698, 숙종24)
    김윤창(金胤昌) 추안   경진년(1700, 숙종26)

35권 **숙종27(1701)-숙종32(1706)** | 김우철 역주
    죄인 조영식(曺永植) 추안   신사년(1701, 숙종27)
    숙정(淑正)·설향(雪香) 등 추안   신사년(1701, 숙종27)
    죄인 주명철(朱命哲) 추안   갑신년(1704, 숙종30)
    죄인 임부(林溥) 등 추안(1)   병술년(1706, 숙종32)

36권 **숙종32(1706)** | 김우철 역주
    죄인 이잠(李潛) 추안   병술년(1706, 숙종32)
    죄인 임부(林溥) 등 추안(3)   병술년(1706, 숙종32)

37권 **숙종33(1707)-숙종38(1712)** | 변주승 역주
    죄인 박의량(朴義良) 등 추안   정해년(1707, 숙종33)
    무고 죄인 장천련(張千連) 등 추안   신묘년(1711, 숙종37)
    죄인 정렴(鄭濂) 등 추안   신묘년(1711, 숙종37)
    죄인 이천재(李天栽) 추안   임진년(1712, 숙종38)
    죄인 이운(李橒) 추안   임진년(1712, 숙종38)
    죄인 서종철(徐宗哲) 추안   임진년(1712, 숙종38)

38권 **숙종39(1713)-숙종41(1715)** | 변주승 역주

죄인 이동석(李東奭) 등 추안	계사년(1713, 숙종39)
죄인 김상현(金象鉉) 등 추안	갑오년(1714, 숙종40)
죄인 이세경(李世卿) 등 추안	을미년(1715, 숙종41)

39권 **경종1(1721)-영조 즉위(1724)** | 변주승 역주

죄인 조성복(趙聖復) 추안	신축년(1721, 경종1)
죄인 김승석(金承錫)·최수만(崔壽萬) 추안	임인년(1722, 경종2)
죄인 이시필(李時弼) 추안	계묘년(1723, 경종3)
죄인 이의연(李義淵) 추안	갑진년(1724, 영조 즉위)
김일경(金一鏡)·목호룡(睦虎龍) 추안	갑진년(1724, 영조 즉위)

40권 **영조1(1725)** | 변주승 역주

죄인 방만규(方萬規) 추안	을사년(1725, 영조1)
죄인 목시룡(睦時龍) 등 추안(1)	을사년(1725, 영조1)
죄인 목시룡 등 추안(2)	을사년(1725, 영조1)
조덕린(趙德隣) 추안	을사년(1725, 영조1)

41권 **영조1(1725)-영조12(1736)** | 변주승 역주

최하징(崔夏徵) 등 추안	병진년(1736, 영조12)
죄인 최석산(崔錫山) 등 추안	을사년(1725, 영조1)
역적 사건 추안(1)	무신년(1728, 영조4)

42권 **영조4(1728)** | 변주승 역주

역적 사건 추안(2)	무신년(1728, 영조4)

43권 **영조4(1728)** | 변주승 역주

역적 사건 추안(3)	무신년(1728, 영조4)

44권 **영조4(1728)** | 변주승 역주

역적 사건 추안(4)	무신년(1728, 영조4)
역적 사건 추안(5)	무신년(1728, 영조4)

45권	**영조4(1728)** | 변주승 역주	
	역적 사건 추안(6)	무신년(1728, 영조4)
	역적 사건 추안(7)	무신년(1728, 영조4)

46권	**영조4(1728)** | 변주승 역주	
	역적 사건 추안(8)	무신년(1728, 영조4)

47권	**영조4(1728)** | 변주승 역주	
	역적 사건 추안(9)	무신년(1728, 영조4)
	역적 사건 추안(10)	무신년(1728, 영조4)

48권	**영조5(1729)-영조6(1730)** | 변주승 역주	
	친국(親鞫) 죄인 황소(黃熽) 추안	기유년(1729, 영조5)
	추안급국안	기유년(1729, 영조5)
	죄인 이석효(李錫孝) 추안	기유년(1729, 영조5)
	죄인 세국(世國) 추안	경술년(1730, 영조6)

49권	**영조6(1730)** | 조윤선 역주	
	역옥(逆獄) 추안(1)	경술년(1730, 영조6)
	역옥 추안(2)	경술년(1730, 영조6)
	역옥 추안(3)	경술년(1730, 영조6)

50권	**영조6(1730)** | 조윤선 역주	
	역옥(逆獄) 추안(4)	경술년(1730, 영조6)
	역옥 추안(5)	경술년(1730, 영조6)

51권	**영조6(1730)** | 조윤선 역주	
	역옥(逆獄) 추안(6)	경술년(1730, 영조6)
	역옥 추안(7)	경술년(1730, 영조6)

52권	**영조6(1730)** | 조윤선 역주	
	역옥(逆獄) 추안(8)	경술년(1730, 영조6)
	역옥 추안(9)	경술년(1730, 영조6)

53권	**영조6(1730)**	조윤선 역주
	역옥(逆獄) 추안(10)	경술년(1730, 영조6)
	역옥 추안(11)	경술년(1730, 영조6)

54권	**영조6(1730)-영조7(1731)**	조윤선 역주
	역옥(逆獄) 추안(12)	경술년(1730, 영조6)
	역옥 추안(14)	신해년(1731, 영조7)

55권	**영조7(1731)-영조9(1733)**	이향배 역주
	죄인 성탁(成琢) 심문 기록	신해년(1731, 영조7)
	김삼금(金三金) 심문 기록	신해년(1731, 영조7)
	이제동(李濟東) 심문 기록	계축년(1733, 영조9)

56권	**영조9(1733)**	이향배 역주
	심문 기록	계축년(1733, 영조9)
	원팔(元八) 심문 기록	계축년(1733, 영조9)
	김계보(金繼寶) 심문 기록	계축년(1733, 영조9)
	심건이(沈建伊) 심문 기록	계축년(1733, 영조9)

57권	**영조10(1734)**	이향배 역주
	서무필(徐武弼) 심문 기록	갑인년(1734, 영조10)
	남극(南極) 심문 기록	갑인년(1734, 영조10)

58권	**영조12(1736)-영조15(1739)**	조윤선 역주
	추안·국안	병진년(1736, 영조12)
	김성탁(金聖鐸)·안세복(安世福) 등의 추안	정사년(1737, 영조13)
	양시박(楊始搏) 등의 추안	무오년(1738, 영조14)
	성유열(成有烈) 추안	기미년(1739, 영조15)

59권	**영조15(1739)-영조16(1740)**	조윤선 역주
	김태성(金兌成) 등의 추안	기미년(1739, 영조15)
	-양찬규(梁纘揆)가 관련된 국안-	경신년(1740, 영조16)
	박동준(朴東峻)의 추안	경신년(1740, 영조16)

60권 **영조16(1740)-영조21(1745)** | 조윤선 역주

양재구(梁再九) 추안	경신년(1740, 영조16)
김원재(金遠材) 추안	경신년(1740, 영조16)
노택(魯澤) 추안	경신년(1740, 영조16)
여문표(呂文杓) 추안	신유년(1741, 영조17)
이광의(李匡誼) 추안	신유년(1741, 영조17)
송익휘(宋翼輝) 추안	신유년(1741, 영조17)
이광덕(李匡德) 추안	신유년(1741, 영조17)
민창수(閔昌洙) 추안	임술년(1742, 영조18)
김은창(金殷昌) 추안	계해년(1743, 영조19)
윤광천(尹光天) 추안	갑자년(1744, 영조20)
이득중(李得中)·조징(趙徵) 추안	을축년(1745, 영조21)
홍우집(洪禹集) 등 추안	을축년(1745, 영조21)

61권 **영조24(1748)-영조25(1749) | 숙종16(1690)** | 조윤선 역주

팔금(八金) 추안	무진년(1748, 영조24)
죄인 이지서(李之曙) 추안	무진년(1748, 영조24)
죄인 윤용리(尹用履) 추안	무진년(1748, 영조24)
안변(安邊)의 전패(殿牌) 작변(作變) 죄인들 추안	기사년(1749, 영조25)
권숭(權崇) 등 추안	기사년(1749, 영조25)
홍충선(洪忠先) 추안	경오년(1690, 숙종16)

62권 **영조27(1751)-영조31(1755)** | 조윤선 역주

죄인 김정구(金鼎九) 추안	신미년(1751, 영조27)
죄인 윤봉오(尹鳳五) 등 추안	임신년(1752, 영조28)
죄인 이세희(李世熙) 등 추안	임신년(1752, 영조28)
죄인 남태적(南泰績) 추안	계유년(1753, 영조29)
죄인 조관빈(趙觀彬) 추안	계유년(1753, 영조29)
포도청 추안	을해년(1755, 영조31)
역적 윤지(尹志) 등 추안	을해년(1755, 영조31)

63권 **영조31(1755)** | 조윤선 역주

역적 심정연(沈鼎衍) 등 추안(1)	을해년(1755, 영조31)
역적 심정연 등 추안(2)	을해년(1755, 영조31)
죄인 강유(姜維) 등 추안 -죄인 선우신(鮮于愼) 추안 첨부	을해년(1755, 영조31)
역적 이성(李㮒) 등 추안	을해년(1755, 영조31)

64권　영조32(1756)-영조35(1759) | 김우철 역주

죄인 이온(李昷) 등 추안	병자년(1756, 영조32)
죄인 박석명(朴錫命) 추안	병자년(1756, 영조32)
역적 이운징(李雲澄) 등 추안	병자년(1756, 영조32)
역적 이지완(李枝完) 등 추안	병자년(1756, 영조32)
죄인 홍술인(洪述人) 추안	정축년(1757, 영조33)
죄인 김봉갑(金鳳甲) 추안	무인년(1758, 영조34)
죄인 김경약(金景躍) 추안	무인년(1758, 영조34)
죄인 유함(柳涵) 추안	기묘년(1759, 영조35)
죄인 전석조(田錫祚) 등 추안	기묘년(1759, 영조35)

65권　영조35(1759)-영조39(1736) | 김우철 역주

죄인 현창(玄昶) 등 추안	기묘년(1759, 영조35)
죄인 김석태(金碩泰) 등 추안	기묘년(1759, 영조35)
죄인 변치원(卞致遠) 추안	경진년(1760, 영조36)
죄인 신후일(愼後一) 등 추안	경진년(1760, 영조36)
죄인 이정(李涏) 등 추안	신사년(1761, 영조37)
죄인 배윤현(裵胤玄) 추안	계미년(1763, 영조39)
죄인 전유득(田有得)·김중광(金重光) 등 추안	계미년(1763, 영조39)
죄인 주영흥(朱永興) 등 추안	계미년(1763, 영조39)
역적 심내복(沈來復) 등 추안	계미년(1763, 영조39)

66권　영조40(1764)-정조 즉위(1776) | 김우철 역주

죄인 이여대(李如大) 등 추안	갑신년(1764, 영조40)
죄인 홍득여(洪得輿) 등 추안	갑신년(1764, 영조40)
역적 이태정(李太丁) 등 추안	갑신년(1764, 영조40)
죄인 이정섭(李廷燮) 추안	병술년(1766, 영조42)
죄인 황응직(黃應直) 등 추안	무자년(1768, 영조44)
죄인 고세양(高世讓) 등 추안	신묘년(1771, 영조47)
죄인 한필수(韓必壽) 등 추안	임진년(1772, 영조48)
죄인 유언민(兪彦民) 추안	임진년(1772, 영조48)
죄인 권도(權噵) 추안	임진년(1772, 영조48)
죄인 황택인(黃宅仁) 등 추안	을미년(1775, 영조51)
죄인 박규수(朴奎壽) 추안	을미년(1775, 영조51)
죄인 이명휘(李明徽) 추안	병신년(1776, 정조 즉위)
역적 이도현(李道顯) 등 추안	병신년(1776, 정조 즉위)

67권 **정조1(1777)** | 변주승 역주

죄인 이종악(李宗諤) 등 추안	정유년(1777, 정조1)
죄인 김방행(金方行) 추안	정유년(1777, 정조1)
역적 전흥문(全興文) 등 추안(1)	정유년(1777, 정조1)

68권 **정조1(1777)-정조2(1778)** | 변주승 역주

역적 전흥문(全興文) 등 추안(2)	정유년(1777, 정조1)
죄인 이성진(李成鎭) 추안	정유년(1777, 정조1)
죄인 홍낙임(洪樂任) 추안	무술년(1778, 정조2)
역적 홍양해(洪量海) 등 추안	무술년(1778, 정조2)

69권 **정조3(1779)-정조6(1782)** | 변주승 역주

죄인 정력(鄭櫟)·이진후(李鎭厚) 등 추안	기해년(1779, 정조3)
역적 이유백(李有白)·이택징(李澤徵) 등 추안	임인년(1782, 정조6)

70권 **정조6(1782)** | 변주승 역주

역적 권홍징(權泓徵) 추안	임인년(1782, 정조6)
역적 김정채(金貞采)·송환구(宋煥九) 추안	임인년(1782, 정조6)
역적 문인방(文仁邦)·이경래(李京來) 등 추안	임인년(1782, 정조6)

71권 **정조8(1784)-정조9(1785)** | 변주승 역주

죄인 김하재(金夏材) 추안	갑진년(1784, 정조8)
역모에 동참한 죄인 유태수(柳泰守) 등 추안(1)	을사년(1785, 정조9)

72권 **정조10(1786)-정조20(1796)** | 변주승 역주

역모에 동참한 죄인 유태수(柳泰守) 등 추안(2)	병오년(1786, 정조10)
죄인 이광운(李匡運)·한채(韓采) 등 추안	정미년(1787, 정조11)
죄인 윤구종(尹九宗) 추안	임자년(1792, 정조16)
죄인 정호인(鄭好仁) 등 추안	병진년(1796, 정조20)

73권 **순조1(1801)** | 이상식 역주

사악한 천주학 죄인 이가환(李家煥) 등 심문 기록	신유년(1801, 순조1)
사학(邪學) 죄인 이기양(李基讓) 등 심문 기록	신유년(1801, 순조1)

| 74권 | **순조1(1801)** | 이상식 역주 |

사학(邪學) 죄인 강이천(姜彛天) 등 심문 기록   신유년(1801, 순조1)
사학 죄인 김여(金礪) 등 심문 기록   신유년(1801, 순조1)
심문 기록   신유년(1801, 순조1)

| 75권 | **순조1(1801)** | 이상식 역주 |

역적 임시발(任時發)·윤가기(尹可基) 등 심문 기록   신유년(1801, 순조1)
사학(邪學) 죄인 황사영(黃嗣永) 등 심문 기록   신유년(1801, 순조1)

| 76권 | **순조4(1804)** | 이상식 역주 |

오재영(吳載榮)·이성세(李性世) 등 심문 기록(1)   갑자년(1804, 순조4)
오재영·이성세 등 심문 기록(2)   갑자년(1804, 순조4)

| 77권 | **순조4(1804)** | 이상식 역주 |

죄인 권유(權裕)·이안묵(李安默) 등 심문 기록(1)   갑자년(1804, 순조4)
죄인 권유·이안묵 등 심문 기록(2)   갑자년(1804, 순조4)

| 78권 | **순조4(1804)-순조11(1811)** | 이상식 역주 |

죄인 이달우(李達宇)·장의강(張義綱) 등 심문 기록   갑자년(1804, 순조4)
전패(殿牌) 사건을 일으킨 죄인 조근환(趙謹煥) 심문 기록   정묘년(1807, 순조7)
죄인 이광욱(李光郁)·이관호(李觀鎬) 등 심문 기록   정묘년(1807, 순조7)
오태성(吳泰性) 등 심문 기록   무진년(1808, 순조8)
죄인 조경(趙橄) 심문 기록   기사년(1809, 순조9)
임금에게 큰 죄를 진 죄인 장몽서(張夢瑞) 심문 기록   기사년(1809, 순조9)
임금에게 큰 죄를 진 죄인 허윤(許倫) 심문 기록   신미년(1811, 순조11)

| 79권 | **순조12(1812)-순조17(1817)** | 김우철 역주 |

죄인 이진채(李振采) 등 추안 곤(坤)   임신년(1812, 순조12)
죄인 박동직(朴東稷) 추안   계유년(1813, 순조13)
난언범상(亂言犯上) 죄인 백태진(白兌鎭) 등 추안   계유년(1813, 순조13)
죄인 이희조(李希祖) 등 추안   정축년(1817, 순조17)

80권 **순조19(1819)–순조26(1826)** | 김우철 역주

죄인 김재묵(金在默) 등 추안	기묘년(1819, 순조19)
대역부도(大逆不道) 죄인 이인백(李仁白) 국안	갑신년(1824, 순조24)
죄인 김치규(金致奎)·이창곤(李昌坤)·유성호(柳性浩)·이원기(李元基) 국안	
	병술년(1826, 순조26)

81권 **순조26(1826)–순조29(1829)** | 김우철 역주

죄인 박형서(朴亨瑞)·정상채(鄭尙采)·신계량(申季亮) 국안	
	병술년(1826, 순조26)
시부(弑父) 죄인 김말손(金末孫) 국안	기축년(1829, 순조29)
대역부도(大逆不道) 죄인 이노근(李魯近) 국안	기축년(1829, 순조29)
죄인 신의학(愼宜學)·송수겸(宋守謙) 등 국안	기축년(1829, 순조29)
추안급국안	기축년(1829, 순조29)

82권 **헌종2(1836)–헌종5(1839)** | 서종태 역주

죄인 강시환(姜時煥) 국안	병신년(1836, 헌종2)
범상부도(犯上不道) 죄인 정규흠(鄭奎欽) 옥안(獄案)	병신년(1836, 헌종2)
역적 남공언(南公彦)·남응중(南膺中)·남경중(南慶中)·문헌주(文憲周) 옥안	
	병신년(1836, 헌종2)
대역부도(大逆不道) 죄인 원대익(元大益) 심문 기록	정유년(1837, 헌종3)
사학모반(邪學謀叛) 죄인 양놈·유진길(劉進吉) 등 안(案)	기해년(1839, 헌종5)

83권 **헌종6(1840)–헌종14(1848)** | 서종태 이상식 역주

죄인 김정원(金鼎元) 옥안(獄案)	경자년(1840, 헌종6)
역적 민진용(閔晉鏞)·이원덕(李遠德) 등 옥안	갑진년(1844, 헌종10)
죄인 김필(金鐼) 심문 기록	병오년(1846, 헌종12)
죄인 이목연(李穆淵)·이승헌(李承憲) 심문 기록	무신년(1848, 헌종14)

84권 **철종4(1853)–철종13(1862)** | 이상식 역주

김수정(金守禎)·홍영근(洪榮瑾) 심문 기록	계축년(1853, 철종4)
상전을 살해한 죄인 복동(福同) 심문 기록	기미년(1859, 철종10)
죄인 염종수(廉宗秀) 심문 기록	신유년(1861, 철종12)
죄인 김순성(金順性)·이긍선(李兢善) 심문 기록	임술년(1862, 철종13)
역적 임일희(任馹熺) 심문 기록	임술년(1862, 철종13)

85권 고종3(1866)-고종6(1869) | 서종태 역주

병인사옥(丙寅邪獄) 죄인 남종삼(南鍾三)·홍봉주(洪鳳周) 등 국안	병인년(1866, 고종3)
삼성추안(三省推案)	병인년(1866, 고종3)
사학(邪學) 죄인 이재의(李在誼) 등 국안	무진년(1868, 고종5)
사학 죄인 조연승(曺演承) 등 국안	무진년(1868, 고종5)
모반대역(謀反大逆) 죄인 정덕기(鄭德基) 등 국안	무진년(1868, 고종5)
역적 민회행(閔晦行) 등 국안	기사년(1869, 고종6)

86권 고종7(1870)-고종9(1872) | 서종태 역주

진주(晉州) 죄인 김희국(金熙國) 등 국안	경오년(1870, 고종7)
역적(逆賊) 김창실(金昌實)·김여강(金汝江) 등 국안	신미년(1871, 고종8)
역적 이필제(李弼濟)·정기현(鄭岐鉉) 등 국안	신미년(1871, 고종8)
의금부 역적 김응룡(金應龍)·오윤근(吳潤根) 등 국안	임신년(1872, 고종9)
의금부 역적 심담응(沈聃應) 등 국안	임신년(1872, 고종9)

87권 고종10(1873)-고종18(1881) | 서종태 역주

죄인 최익현(崔益鉉) 심문 기록	계유년(1873, 고종10)
죄인 박우현(朴遇賢) 심문 기록	계유년(1873, 고종10)
죄인 손영로(孫永老) 심문 기록	갑술년(1874, 고종11)
죄인 신철균(申哲均) 등 심문 기록	병자년(1876, 고종13)
죄인 이병연(李秉淵) 등 심문 기록	정축년(1877, 고종14)
죄인 이만손(李晩孫)·강진규(姜晉奎) 등 국안	신사년(1881, 고종18)
죄인 홍재학(洪在鶴) 국안	신사년(1881, 고종18)

88권 고종18(1881) | 허부문 역주

대역부도(大逆不道) 죄인 안기영(安驥泳) 등 국안	신사년(1881, 고종18)

89권 고종18(1881)-고종20(1883) | 허부문 역주

대역부도(大逆不道) 죄인 안기영(安驥泳) 등 국안	신사년(1881, 고종18)
대역부도 죄인 김장손(金長孫) 등 국안	임오년(1882, 고종19)
죄인 윤상화(尹相和) 국안	임오년(1882, 고종19)
대역부도 죄인 허욱(許煜) 등 국안	계미년(1883, 고종20)
죄인 백낙관(白樂寬) 국안	계미년(1883, 고종20)

90권 **고종21(1884)-고종29(1892)** | 허부문 역주

대역부도(大逆不道) 죄인 이희정(李喜貞) 등 국안	갑신년(1884, 고종21)
대역부도 죄인 김춘영(金春永)·이영식(李永植) 국안	을유년(1885, 고종22)
모반대역부도(謀叛大逆不道) 죄인 윤경순(尹景純) 등 국안	을유년(1885, 고종22)
모반대역부도 죄인 성인묵(成仁默) 등 국안	병술년(1886, 고종23)
죄인 신기선(申箕善) 국안	정해년(1887, 고종24)
모반부도(謀叛不道) 죄인 박홍근(朴弘根) 등 국안	임진년(1892, 고종29)

미주

왕족이 되고자 한 요승

1 『숙종실록』 5권, 숙종 2년 11월 1일, http://sillok.history.go.kr/popup/viewer.do?id=ksa_102110
2 『태종실록』 6권, 태종 3년 8월 18일, http://sillok.history.go.kr/id/kca_10308018_001
3 『연산군일기』 49권, 연산 9년 4월 23일, https://sillok.history.go.kr/id/kja_10904023_003
4 『추안급국안』 22, 188쪽.
5 《조선왕조실록》, 인조 23년 6월 27일.
6 장정란, 「昭顯世子 硏究에 있어서의 몇 가지 問題」, 『교회사연구』 제9집, 한국교회사연구소, 1994, 194쪽.
7 《조선왕조실록》, 현종 6년 9월 18일.
8 『추안급국안』 22, 269쪽.

제주 삼성혈의 저주

9 『三國史記』 권6, 「新羅本紀」 6, 文武王 2년 2월; 『高麗史』 권57, 「地理」 2, 耽羅縣; 『元史』 권95, 「外夷」 1, 耽羅.
10 여타의 기록에 의하면 탐라의 세 시조는 양(良), 고(高), 부(夫)씨였지만, 이 시기에는 '良' 자가 '梁' 자로 바뀌어 있었다. 오늘날에도 제주 양씨는 '梁' 자를 쓴다.
11 김우철, 『조선후기 정치·사회 변동과 추국』, 경인문화사, 2013, 79~108쪽.
12 조윤선, 「英祖代 남형, 혹형 폐지 과정의 실태와 欽恤策에 대한 평가」, 『조선시대사학보』 48, 조선시대사학회, 2009; 정진혁, 「17~18세기 추국청의 혹형(압슬형(壓膝刑), 낙형(烙刑)) 시행 추이」, 『역사학보』 256, 역사학회, 2022.

왕의 상을 가진 노비

13 마르크 블로크, 박용진 역, 『기적을 행하는 왕』, 한길사, 2015, 276~291쪽.
14 『白虎通義』 권下, 「聖人」.
15 오항녕 역주, 『추안급국안』 1, 흐름, 2014, 38~39쪽.
16 김우철 역주, 『추안급국안』 10, 흐름, 2014, 22쪽.
17 김우철 역주, 『추안급국안』 12, 흐름, 2014, 183쪽.
18 일반적인 술사(術士)와 술관(術官)의 차이에 대해서는 다음을 참조. 한승훈, 「조선후기 변란에서의 점복」, 『역사민속학』 61, 한국역사민속학회, 2021, 41~43쪽.

두 명의 진인과 승려들의 군대

19 정석종, 「소설 『장길산』의 재료가 된 「추안급국안」과 정약용의 「경세유표」」, 『역사비평』 18, 역사비평사, 1992.
20 한승훈, 『조선후기 변란의 종교사 연구』, 서울대학교 박사학위논문, 2019, 150~152쪽.
21 『錦營啓錄』 6책, 「延豊縣捉囚罪人等招辭」 辛未(1871년) 8월 16일; 『崔先生文集道源記書』.

어느 미역 장수의 반란 음모

22 서정민, 『한국 전통형법의 무고죄』, 민속원, 2013.
23 『肅宗實錄』 권52, 숙종 38년(1712) 8월 무오(7일).
24 김우철, 『조선후기 정치·사회 변동과 추국』, 경인문화사, 2013, 221~249쪽.
25 『肅宗實錄』 권50, 숙종 37년(1711) 4월 무자(30일).
26 『大東野乘』, 「松窩雜說」; 『正祖實錄』 권19, 정조 9년(1785) 3월 을축(16일); 김우철 역주, 『추안급국안』 79, 2014, 30~31쪽.
27 최종성 외, 『국역 차충걸추안』, 민속원, 2010.

거사들의 거사

28 『선조실록』 2권, 선조 1년 9월 21일 기사.
29 『정조실록』 20권, 정조 9년 12월 20일 기사.
30 원문은 "千萬爲群"로 되어 있다. 천만 명이 아니라 천 명에서 만 명 사이를 뜻하는 표현으로 여겨진다.
31 『예종실록』 6권, 예종 1년 6월 29일 기사.
32 『효종실록』 21권, 효종 10년 윤3월 26일 기사.

왕의 수명을 줄여라

33 서종태 역주, 『추안급국안』 86, 2014, 151~211쪽.
34 본래 흥선대원군(興宣大院君)이 경복궁(景福宮)을 다시 세우기 위해서 강제로 징수한 기부금을 가리키는 말이었지만, 이 시기에는 이미 경복궁의 중건은 완료된 상태였다. 그러나 이후로도 원납전 징수는 종종 이어지고 있었다. 병인양요(1866), 신미양요(1871) 등 외세의 압력이 점차 심해지면서 군비 증강의 필요성이 늘어났지만 19세기 조선의 재정은 만성적인 부족 상태에 있었기 때문이다. 특히 오윤근이 거주하는 황해도는 해안 방어를 위한 포대 설치가 시급한 상황이었다. 1871년 1월, 조정에서는 황해 수영(水營)에 조세권을 부여해서 스스로 포군 운영을 위한 재원을 마련하게 하였다. "대여섯 번이나 원납을 해서 가산을 탕진"했다는 오윤근의 말은 이런 상황과 관련되어 있을 것이다.
35 이정 편, 『한국불교 사찰사전』, 불교시대사, 1996, 377~378쪽.
36 『右捕廳謄錄』 25책, 壬申(1872년) 4월 24일 報議政府草, "維歲次辛未九月戊子朔初一日戊子. 黃海道海州東部四里居, 己丑生幼學吳潤根, 敢昭告于, 三神天尊之下. 伏以天之靈, 地之靈, 山岳江海間於天地, 惟人是靈. 今此口或祚盡時, 出○○, 爲秦苛法, 時事可知. 生本昧道, 敢生修鍊之心, 伏惟神其命知, 用伸虔告虔告."
37 김선필, 「서소문역사문화공원 조성사업의 쟁점과 함의」, 『경제와 사회』 112, 비판사회학회, 2016.

매 앞에 장사 없다

38 강위징의 고발로 붙잡혀온 이덕일과 김수형의 진술에서 이러한 행적을 알 수 있다. 변주승 역, 『추안급국안』 47권, 51~52쪽, 영조 4년(1728) 8월 5일 김수형 진술; 같은 책, 105쪽. 영조 4년 12월 9일 이덕일 진술.
39 강위징의 자백 전문은 변주승 역, 『추안급국안』 46권, 356~359쪽, 영조 4년(1728) 7월 10일 강위징 자백 기사에서 확인할 수 있다.
40 변주승 역주, 『추안급국안』 46권, 358~359쪽, 영조 4년(1728) 7월 10일 강위징 자백.
41 문경득, 「영조대 무신란(戊申亂) 관련 변산적(邊山賊)의 성격」, 『한국사학보』 63, 2016 참조.
42 변주승 역주, 『추안급국안』 40권, 2014, 129~130쪽, 영조 1년(1725) 3월 16일 사헌부 보고.
43 변주승 역주, 『추안급국안』 40권, 2014, 161~163쪽. 영조 1년(1725) 4월 6일 이만준 자백.
44 조윤선 역주, 『추안급국안』 49권, 2014, 306쪽. 영조 6년 4월 13일 이흥록 진술.
45 김우철 역주, 『추안급국안』 14권, 2014, 「계유년, 이탁(李俒) 등 추안(推案)」.
46 이선아 역주, 『추안급국안』 20권, 2014, 「신묘년, 김자점(金自點) 등 역적 사건 심문 기록(3)」.
47 김우철 역주, 『추안급국안』 31권, 2014, 「임신년, 이첨한(李瞻漢) 추안(推案)」.
48 변주승 역주, 『추안급국안』 39권, 2014, 「신축년, 죄인 조성복(趙聖復) 추안(推案)」.
49 조윤선 역주, 『추안급국안』 62권, 2014, 「을해년, 포도청 추안(推案)」.
50 『영조실록』 영조 31년(1755) 3월 26일.

객사의 전패를 훔치고, 왕릉에 불을 지르다

51 능지처참(陵遲處斬)이라고도 한다. 흔히 언덕을 천천히 오르내리듯[陵遲] 고통을 서서히 최대한으로 느끼면서 죽어 가도록 하는 잔혹한 형벌로, 팔다리와 어깨, 가슴 등을 잘라내고 마지막에 심장을 찌르고 목을 베어 죽였다고 알려져 있다. 청나라 말기 서양인이 관찰한 기록에서는 많은 사람이 모인 가운데 죄인을 기둥에 묶어 놓고 포를 뜨듯 살점을 베어내되, 한꺼번에 많이 베어내서 출혈과다로 죽지 않도록 조금씩 베어 참을 수 없는 고통 속에서 죽음에 이르도록 하는 형벌이라고 묘사된다(티모시 브룩 외 지음, 박소현 옮김, 『능지처참- 중국의 잔혹성과 서구의 시선』, 너머북스, 2010, 26~86쪽 참조). 하지만 조선시대에는 일단 죄인을 처형한 뒤에 그 시체를 머리·왼팔·오른팔·왼다리·오른다리·몸통의 순서로 잘라 각지에 보내어 백성들에게 보이는 방식으로 시행되었다. 즉, 죄인을 고통스럽게 죽이는 형벌이 아니라 죄인의 시체로 산 자에게 경고하는 공개처형의 한 방식이었다.

52 전패작변에 대한 자세한 내용은 다음을 참조. 윤석호, 「조선후기 殿牌作變 연구」, 『한국민족문화』 58, 한국민족문화연구소, 2016.

53 시간 순서대로라면 이 왕릉 방화 사건이 먼저 나와야 하겠지만, 글의 전개를 위해 편의상 이 사건을 뒤에 소개하였다.

영조 친국의 막후

54 박형남 서울고등법원 부장판사, 「법정에서 못다 한 이야기(10) 정치의 사법화, 사법의 정치화」, 『주간경향』 1411호(2021.01.18.)

55 제임스 C. 스콧 지음, 전상인 옮김, 『지배, 그리고 저항의 예술·은닉 대본』, 후마니타스, 2020.

56 제임스 C. 스콧, 앞의 책, 27~28, 31쪽.

57 제임스 C. 스콧, 앞의 책, 31~32쪽.

58 제임스 C. 스콧, 앞의 책, 40~41쪽.

59 제임스 C. 스콧, 앞의 책, 41~43쪽.

60 다만 『추안급국안』에 모든 추국청 사건이 수록된 것이 아니므로 이 통계는 정확성보다는 왕대별 추세를 확인하는 수준으로만 봐야 한다. 자세한 내용은 이하경, 「추국장에서 만난 조선 후기 국가 -영조와 정조 시대 『추안급국안(推案及鞫案)』을 중심으로」, 서울대학교 박사학위논문, 2018, 36~39쪽 참조.

61 무신란은 1728년(영조4) 3월 중순에 경기·충청도와 전라도, 경상도에서 영조가 경종을 독살했다고 주장하면서 왕위 계승의 정당성을 부정하며 일어난 반란으로 관군과 '의병'에 의해 그해 4월에 토벌되었다. 무신란 관련자에 대한 조사는 영조 4년 3월부터 이듬해인 영조 5년까지 이어져 무려 10권의 조사 기록을 남겼다. 변주승 역, 『추안급국안』 41~47권, 흐름출판사, 2014.

62 경술년 모반 사건은 영조 6년(1730)에 궁중에서 세자와 옹주에 대한 저주가 발각되고 뒤이어 궁궐에 방화하려다 미수로 그친 사건이다. 무신란과 다른 방식으로 영조와 왕실을 공격해 정권을 탈취하기 위한 모반으로 인식되어 영조 6년(1730) 3월부터 시작된 조사는 영조 7년(1731) 10월까지 이어져 이 역시 방대한 분량의 조사 기록을 남겼다. 조윤선 역, 『추안급국안』 49~54권, 흐름출판사, 2014.

63 을해옥사는 영조 31년(1755)에 나주에 괘서가 걸렸던 사건과 이를 토벌한 기념으로 설행한 토역경과정시(討逆慶科庭試)에서 영조와 조정을 비방하는 내용의 익명 고변서가 나온 사건을 함께 가리킨다. 영조가 무신란 이래 추구해 온 탕평을 부정하는 사건이라 평가할 수 있다. 관련 조사 기록은 조윤선 역, 『추안급국안』 62~63권, 흐름출판사, 2014에 있다.
64 조윤선 역주, 『추안급국안』 63권, 454~459쪽, 『영조실록』 영조 31년 7월 2일.
65 김우철 역주, 『추안급국안』 65권, 247~277쪽, 『영조실록』 영조 39년 1월 21일~2월 2일, 『승정원일기』 영조 38년 윤5월 22일~영조 39년 2월 2일.
66 김우철 역주, 『추안급국안』 65권, 121~144쪽, 『영조실록』 영조 36년 2월 21~22일, 『승정원일기』 영조 36년 2월 21~22일.
67 김우철 역주, 『추안급국안』 66권, 309~328쪽, 『영조실록』 영조 51년 10월 21일, 『승정원일기』 영조 51년 10월 21일~영조 52년 1월 21일.
68 조윤선 역주, 『추안급국안』 60권, 419~433쪽, 『영조실록』 영조 21년 9월 10일.
69 조윤선 역주, 『추안급국안』 62권, 49~66쪽, 『영조실록』 영조 28년 12월 22일, 23일.
70 김우철 역주, 『추안급국안』 65권, 33~69쪽, 『영조실록』 영조 35년 12월 2~10일, 『승정원일기』 영조 35년 12월 2~11일.
71 김우철 역주, 『추안급국안』 65권, 71~120쪽, 『영조실록』 영조 35년 12월 6~11일, 『승정원일기』 영조 35년 12월 6일.
72 조윤선 역주, 『추안급국안』 58권, 265~279쪽, 『영조실록』 영조 15년 10월 11~12일.
73 조윤선 역주, 『추안급국안』 60권, 203~223쪽, 『영조실록』 영조 17년 5월 20~23일.
74 조윤선 역주, 『추안급국안』 60권, 285~299쪽, 『영조실록』 영조 18년 1월 27일, 29일.
75 조윤선 역주, 『추안급국안』 60권, 339~355쪽, 『영조실록』 영조 20년 10월 17일.
76 김우철 역주, 『추안급국안』 66권, 251~262쪽, 『영조실록』 영조 48년 7월 11일~8월 20일.
77 김우철 역주, 『추안급국안』 66권, 263~269쪽, 『영조실록』 영조 48년 11월 22~23일, 『승정원일기』 영조 48년 11월 22~23일.
78 김우철 역주, 『추안급국안』 66권, 271~283쪽, 『영조실록』 영조 48년 12월 25일, 『승정원일기』 영조 48년 12월 25~26일.
79 김우철 역주, 『추안급국안』 66권, 285~308쪽, 『영조실록』 영조 51년 6월 26일~7월 25일, 『승정원일기』 영조 51년 6월 26일~7월 25일.
80 『승정원일기』 영조 29년 7월 29일 51번째 기사. 조윤선 역, 『추안급국안』 62권, 77~78쪽에도 같은 내용이 실려 있다. 『영조실록』 영조 29년 7월 29일 첫 번째 기사에는 축약되어 수록되어 있다.
81 이하경, 앞의 논문, 53~54쪽.
82 위리안치는 죄인을 유배지에서 달아나지 못하도록 가시로 울타리를 만들고 그 안에 가두는 형벌로, 일반적인 유배형보다 무거운 처벌이다.
83 조윤선 역주, 『추안급국안』 62권, 86~87쪽.
84 『영조실록』 영조 29년 7월 29일 세 번째 기사.
85 『영조실록』 영조 29년 7월 29일 네 번째 기사.
86 『영조실록』 영조 29년 7월 29일 세 번째 기사.
87 조윤선 역주, 『추안급국안』 62권, 87쪽.
88 조윤선 역주, 『추안급국안』 62권, 87~88쪽.
89 『영조실록』 영조 29년 8월 6일.
90 『영조실록』 영조 29년 9월 28일.
91 『영조실록』 영조 29년 11월 29일. 이 무렵에 숙종 등의 휘호를 올리는 일을 거행하면서 경사를 기리는 차원에서 조관빈을 풀어 준 것으로 보인다.
92 『영조실록』 영조 31년 5월 20일.

왕의 수명을 줄여라

1판 1쇄 인쇄 2024년 03월 04일
1판 1쇄 발행 2024년 03월 11일

지은이 | 편용우 한승훈 문경득
발행인 | 한명수
편집자 | 이향란 이현아
디자인 | 이선정
발행처 | 흐름출판사
주　소 | 전북 전주시 덕진구 정언신로59
전　화 | 063-287-1231
전　송 | 063-287-1232

ⓒ 2024 편용우 한승훈 문경득

ISBN 979-11-5522-372-7 03910

값 18,000원

＊이 책에 실린 내용은 저자와 흐름출판사의 동의 없이는
　무단 전재와 복제를 할 수 없습니다.